U0033466

台灣語言人與事

我的南島語學思追想

李壬癸／著

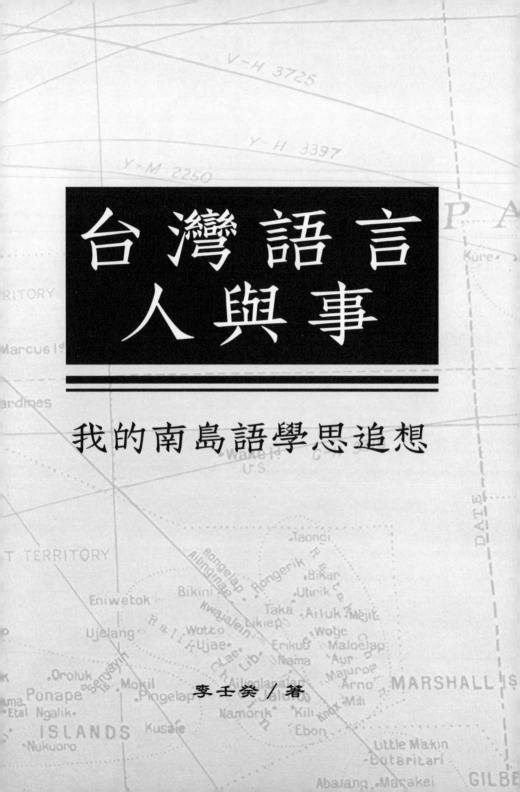

【序】

立足台灣，胸懷國際

　　我在台灣從事學術研究已超過半個世紀了，絕大多數的對象都是台灣鄉土語言。過去數十年來我寫了一些文章常是有關台灣學術發展，感念我的良師益友，他們對提升台灣國際學術地位都有很大的貢獻。假如缺少他們，台灣語言學研究恐怕就不會如此地蓬勃發展和有聲有色了。

　　這些文章包括這幾大類：關懷鄉土與憶往、紀念先賢的學術貢獻、懷念良師益友、台灣學術寶藏、台灣學術爭論、島嶼奇遇、獲獎感言、序文等。以上很多都跟台灣學術發展有關，但也有一部分只是個人對鄉土和親友的感懷，例如〈冬山河憶往〉。這些文章絕大多數都是最近二十年內所寫的，而且大都已在期刊、專書或報紙上發表過了，但在本書中內容有些都已更新過了。最早的一篇寫於1966年，是留美的小品文。只有少數是最近才特爲本書的出版而撰寫的，如小矮人、發音人、東加羅林群島、活火山、雅普島、南島語言書寫系統這六篇。

　　台灣在國際學術界能佔有一席之地，我們都要感謝前輩學者有遠見和大力提倡。胡適首先在台灣倡導成立「國家長期發展科學委員會」，後來改名爲「國家科學委員

會」，數十年來對台灣學術發展和提升台灣國際學術地位確有深遠的影響。台灣語言學界是表現得比較突出的一種人文社會科學研究領域，我們得要感謝日本和中國的傑出語言學家小川尚義、趙元任、李方桂等人所奠定的基礎和他們所培植的後進。董同龢和林瑜鏗於1950年代率先分別在台灣大學和台灣師範大學講授語言學，許世瑛在這兩個大學講授聲韻學，他培植了不少優秀的漢語音韻學者和漢語方言學者，如丁邦新、鄭錦全、竺家寧、姚榮松等人。以上就是本書幾篇文章所涵蓋的這兩個主題：紀念先賢和懷念良師益友。我的良師除了林瑜鏗（密斯林）、梁實秋、許世瑛、李方桂、帥德樂（Starosta）這五位恩師之外，還有其他中學和大學的許多老師，不勝枚舉（請詳見拙著《八十自述》）。1994年我們在荷蘭萊頓大學參加國際南島語言學會議時，曾經給我獎學金的前夏威夷大學語言學系主任George Grace教授，他得知我成為台灣南島語言調查研究的領導人，他感到很欣慰，當年對我的投資確實產生了效果。我的益友也很多，包括李亦園、丁邦新、土田滋、白樂思Robert Blust、龔煌城、王士元、鄭錦全、湯廷池、曾永義等幾位教授，如今難得其中有少數幾位還健在。撫今追昔，令人感慨萬千！

　　台灣要走出去，要國際化，得要同時發展我們的硬實力和軟實力，硬實力如台積電，軟實力如台灣的自由民主和南島語言。各種台灣南島語言都是我們的學術寶藏，我好幾篇文章都是在呼籲國人大家要珍惜我們現有的

學術寶藏。國際南島語言權威學者Robert Blust一向很重視台灣南島語言，我們六個南島語學者合作把他的巨著 *Austronesian Languages*《南島語言》翻譯成中文，已於去年（2022）由聯經出版。我跟齊莉莎（Elizabeth Zeitoun）前後花了四年的時間編輯了一套台灣南島語言論文集，動員了三十六位台灣南島語言專家學者撰寫了共60篇論文，涵蓋各層次的語言現象，是劃時代的論著，今年（2023）內要在國際著名的出版社Brill出版網路版和紙本版。

　　台灣南島語言書寫系統雖然政府已經公布使用十幾年了，但是仍然存在一些問題，尚有待修正。漢語的拼音系統要採取哪一種方案，二、三十年前曾經引起很大的爭論，我有三篇文章討論這個問題。台灣學術發展，尤其人文與社會科學各研究領域，何去何從？我有兩篇文章討論其困境與挑戰。

　　五十多年前，在我留學夏威夷大學時代，我幸得有機會到太平洋一些島嶼去做田野調查或旅途路過，行蹤所至，所見所聞學到不少新奇事物。有四篇文章記錄這種奇遇。我曾到過南太平洋今稱萬那杜群島（Vanuatu）上，幾乎每晚我都會遙望著離海平面上很近的「十字星」（cross stars），四顆星成十字形，其形狀和高度隨著地球自轉而改變，過不久就完全消失不見了。這已是55年前（1968年）的事，至今記憶猶新，恍如昨日！1969年夏天我從夏威夷飛經關島前往東加羅林群島（Eastern Caroline Islands），先飛抵Truk島，再搭小小的水上飛機，以海面上作為跑道起飛和

降落，其聲勢頗嚇人，到達Ponape島上去。那年夏天美國太空人首次成功登陸月球，我們都圍坐在收音機旁傾聽廣播其精彩過程，大家都非常興奮：人類有史以來首次在月球上漫步！2009年元月我首度踏上雅普島（Yap）上，親自體驗他們還保存的傳統習俗，包括純真性情、上半身裸體。

我很榮幸獲得不少重要獎項，包括總統科學獎、行政院傑出科技榮譽獎、教育部學術獎和終身奉獻獎、國科會語言研究傑出獎、台美基金會傑出人才成就獎等等，也是我學術研究進展的里程碑，得獎感言留下了部分實況記錄。之前，教育部教育研究委員會在1994-2003年間每年舉辦「原住民族語言教育文化著作獎」，我幾乎年年獲獎，1996年我更榮獲「特殊貢獻獎」，這些獎項實有助於後來我獲得更重大的獎，如前所述。所有這些獎都在肯定台灣南島語言的重要性及其學術價值。

我的序文大都是為台灣重要學術出版品而寫，那些論著或許還值得國人參考。

最後，我要感謝歷年來資助我各種專題研究計畫的單位，包括國家科學委員會、中央研究院、蔣經國國際學術交流基金會、哈佛燕京學社等，讓我的調查研究工作計畫都順利進行，持續不斷有不錯的研究成果問世。

李壬癸 序于南港舊庄中研院，2023/04/16

目錄

輯三 懷念良師益友

輯一

關懷鄉土與憶往

台灣史前移民史
與小矮人

　　人類的起源地在非洲東部，大約七萬年前現代智人才從東非一帶離開非洲並擴散開來，大約五萬年前到達亞洲東南部。人類最早到台灣來是在何時？他們是哪一種人？這一直是近百多年來重要的學術研究課題。最近幾年在台東縣長濱鄉八仙洞遺址出土的舊石器器物顯示其上限年代至少到三萬年前（臧振華2016）。他們是屬於哪一個民族？

　　各種語言學和考古學的證據顯示：台灣南島民族的祖先大約在五千年前至五千五百年前之間到台灣，他們更早大概在亞洲東南部從侗傣民族和南亞民族（Austric）的合體分化出來，到台灣才成為南島民族，後來才擴散到東南亞島嶼和太平洋各群島去。六千年前到三萬年前的人種是什麼？這一直是一個謎。

　　有趣的是，台灣南島民族各族群，從南到北，從東到西，都有關於小矮人的傳說。傳說中他們個子矮小，居住在偏僻的地區，而跟南島民族屬於不同的種族。這些傳說是否有其真實性，還是只不過是他們憑空想像的？從

三百多年前到一百多年前，有不少台灣文獻，如郁永河（1697）的《裨海紀遊》、高拱乾（1694）的《台灣府志》、王禮（1720）的《台灣縣志》、黃叔璥（1722）的《臺海使槎錄》，盧德嘉（1894）的《鳳山縣采訪冊》都有關於小矮人傳說的記載。日治時期，日本學者伊能嘉矩、鳥居龍藏、足立文太郎、鹿野忠雄等人都探討過小矮人到底是否眞實存在過，可惜都沒有肯定的答案。現代學者如凌純聲（1956）、Raleigh Ferrell（1968）也都著文討論過小矮人（以上請詳見李壬癸1996）。Dean Karalekas和Tobie Openshaw在編輯一部專門討論小矮人的論文集（英文版），要呈現最新的研究成果。

過去幾十年，台東八仙洞遺址出土的都只是先民使用過的器物，而沒有人類骸骨的遺存。幸而黃士強（1991）在花蓮小馬洞遺址挖掘出土的器物中包含六千多年前的女人頭顱碎片，它跟現代哪一種民族有關聯？

小馬洞遺址出土的女人頭骨是迄今爲止年代最早的，而且是在台灣南島民族到台灣定居之前。黃士強將該遺址的考古器物收藏於台大人類學系。洪曉純知道那件人頭骨碎片的重要性，邀請越南和日本的古人類學者阮鄰強（Lân Cuòng Nguyên）及松村博文（Hirofumi Matsumura）教授重組人頭骨碎片成形，再比對世界上各種人種的頭骨後發現，小馬洞的人頭骨殼居然跟菲律賓呂宋島的小黑人（Agta Negrito）最接近（洪曉純 2019, Hung et al. 2022），首次證明了小矮人至少在六千多年前已經在台灣了，這是一重大發現。目前我們

小馬洞女頭顱（洪曉純提供）

還無法確定從三萬年前到六千年前在台灣定居的是否全部都是小矮人，還是小馬洞的女人頭顱骨骸只是一個個案。但願不久的將來台灣舊石器時代的考古發掘將有類似或進一步的發現，尤其時代更早的人類遺骸，但這是可遇不可求的事！

中國大陸上唐代就有「崑崙奴」的記載，他們是從東南亞進口小矮人去當奴隸，凌純聲（1956）寫過〈中國史志上的小黑人〉。

原始南島語言有沒有小矮人的同源詞？各種台灣南島語言對他們的稱呼就是：阿美語*pakito*；泰雅*sisiŋu*、*siguc*；布農*caðuʔcuʔ*、*saðuʔsuʔ*；卡那卡那富tapcarake；

噶瑪蘭*ziŋit*；排灣*ŋədəl*；魯凱*ngutol*；拉阿魯哇*kavorua*；
賽夏*taʔay*；賽德克*sinsoŋot*；卑南kikik、turu、tedner、
payiliilid；邵*ʃlilitun*；鄒*meefucu*、*salutsu*、*sayutisu*。有些
語言形式是專業的紀錄，而有的卻是警察的記音，靠不
住。就現有的語言資料看來，它們大都不相干。只有布農
語*saðuʔsuʔ*跟鄒語*salutsu*似乎相似，排灣語*ŋədəl*跟魯凱語
*ngutol*也很相似，但是它們地理上鄰近，很有可能互相移
借。最麻煩的是語音無法規律的對應起來，也就無法鑑定
它們為同源詞了。也就是說，我們並沒有嚴謹語言學的證
據可以證明小矮人的存在。

左起臧振華、洪曉純

參考書目

李壬癸. 1996.〈台灣南島民族關於矮人的傳說〉,《中國神話與傳說學術研討會論文集》,579-604。台北：漢學研究中心。

洪曉純. 2019.〈台灣東部與菲律賓群島的史前人群交流─從舊石器時代到鐵器時代〉,《田野考古》19.2：87-116。

凌純聲. 1956.〈中國史志上的小黑人〉,《中央研究院院刊》,251-267。

劉育玲. 2015.《台灣原住民族矮人傳說研究》。東華大學博士論文。

臧振華. 2016.〈論台灣原住民的源流：考古學的證據與觀點〉,《考古、歷史與原住民─台灣族群關係研究新視野》,33-72.台北：順益原住民博物館。

Ferrell, Raleigh. 1968. Negrito ritual and tradtions of small people on Taiwan. In Matsumoto and Mabuchi, eds., *Folk Religion and World View in the Southwestern Pacific,* 63-72. Tokyo: Keiyo University.

Hung, Hsiao-chun, Hirofumi Matsumura, Lân Cuòng Nguyên, Tsunehiko Hanihara, Shih-Chiang Huang, Mike T. Carson. 2022. Negritos in Taiwan and the wider prehistory of Southeast: New discovery from the Xiaoma Cave. *World Archaeology* 54.2:207-228.

李壬癸,2023/3/25

從李姓族譜看宜蘭縣民的遷移史和血統

　　台灣是一個多族群的社會，宜蘭縣就是台灣的一個縮影。因為宜蘭縣境內就有漢民族和南島民族，而其內部就包含好幾種不同的族群，包括泰雅、噶瑪蘭、巴賽、猴猴，以及從西部平原遷移進來的五種平埔族群：道卡斯、巴布拉、貓霧捒、洪雅、巴宰（參見李1995）。除了泰雅之外，所有的平埔族群如今都已完全漢化了，已經分不清漢族和南島民族。我們相信這些平埔族各族群的基因大都流傳下來，今日還留在蘭陽平原上所謂漢人的血液中。

　　在中國大陸上，許多地區的漢人原來也不是純種。華南一帶在歷史上原有好幾種不同的民族，經過二千多年的通婚和民族交融，他們部分所謂的漢人從福建、廣東沿海一帶遷移到台灣來就已是混血兒了。從閩南來的漢人主要分為漳、泉兩派，而所謂的「粵」指的就是客家人。含這三種成分的漢人移民到台灣來以後，又經過多年的融合，在宜蘭地區泉州人都已被漳州人所同化，客家人也都成為「福佬客」只會說閩南話，而不會說客語了。我祖父原為

客家人，因爲生活在閩南語的環境，我父親從小就只會說閩南語，而不會說客語。只有在拜祖先禱告時，他還使用客語。

　　以下就以我家族的遷移史來看宜蘭縣人口組成的一個樣品，作爲個案研究。《李姓族譜》中頁23有如下的記述：

> 「始祖李念七公，原係汀州府寧化縣石壁村人也。情因天下朝廷未歸一統，本處地方國家謠亂，終日喧嘩不息，而致奔流遊落斯土。……改名換姓，成其開基創作。殆後則我始祖念七公，生於永樂十三年。」

汀州府屬福建省。永樂13年是公元1415年。
　　到了乾隆38年（1773）以後，李氏子孫大都按照八世祖所作的詩句依序取名字。族譜頁24中載道：

> 「乾隆三十八年，歲次癸巳正月，在大坪頭祖祠公議：將八世祖派衍始作詩句，照代流傳，日後叔侄序次永久免致紊淆。詩句云：
> 　國兆世善先榮茂　　家傳詩訓後汪洋
> 　書香丕振流芳遠　　耀族光宗永吉昌。」

　　李家後代若按照祖傳詩句取名，就可以看出是屬於那一世，而且也可證明他們有沒有血緣的關係。

　　大坪頭在那裡，尚有待查考。不過，李家世代在詔安縣[1]定居，是在福建省的西南方，屬於客家人的社區。

　　我的家鄉在宜蘭縣冬山鄉珍珠村。珍珠村舊名珍珠里簡，是噶瑪蘭三十六社之一。李氏家族遷台已有二百多年的歷史，我們家族有沒有南島民族的血統？如果有，是屬於那一個或那幾個族群？

　　我家所傳的《李姓族譜》頁43有這一小段的記載：

　　　　「乾隆三十一年，歲次丙戌，來台居擺接芎蕉腳。」

　　乾隆31年是公元1766年。遷移來台的是第13世祖李榮軸先生，那時他31歲（雍正13年出生）。他的妻子是「妣謚勤惠，沈氏大娘，生七子一女」，從姓名看來她是漢人。但我們不能完全排除原為原住民婦女改從漢人姓名的可能性。族譜並沒說明他是單身來台，還是攜同眷屬來台。擺接的地點在現在板橋以北附近，是屬於平埔族巴賽族群的分支雷朗的社區之一（參見Tsuchida 1985）。

　　李榮軸死後葬在淡水龜崙：「公葬在淡水龜崙，」許多年後才遷葬於冬山。他的長子是李茂殿，在他的名下有如下較詳細的記載（頁44）：

1　詔安縣屬於漳州府。族譜頁1中載道：「乾隆柒年，歲次癸亥，在詔安縣城南門內大塘門再造宗祠。」因此，大坪頭可能就在詔安縣城南門內。

「公生於淡水，兄弟七人，後住龜崙老路、楓樹坑二處。至兄弟分爨之後，移新路坑，碾米生理。姁在家中每日扶同力作，甚是艱辛拮据，家務頗有盈餘。後因嘉慶十四年，漳泉分類。至十五年，家資聚有七百餘金，並搬眷屬來蘭。先居三結街北門，溪前溪背二處貯谷生活。公思近街風俗不美，恐日後兒孫非久遠之計，再擇東勢安居。仍貯豐年之谷，粒積成家。」

龜崙（Kulon）是現在的桃園龜山，原為平埔族龜崙族群的居住地。新路坑也屬於龜崙社（參見小川1944）。龜崙族的語言資料僅留下45個單字。根據日本學者土田滋教授（Tsuchida 1985）的研究，龜崙的語言和賽夏語言接近。這一族根據黃叔璥的「番俗六考」（1722）中有一小段描述：

「龜崙、霄裏、坑仔諸番體盡𡜍短，趨走促數，又多斑癬，狀如生番。」

第十四世祖李茂殿先生於嘉慶十五年（1810）從桃園的龜崙遷到宜蘭。先住在三結街上若干年後，又搬遷到東勢鄉下定居。他那時的觀念大概是：鄉下人勤勞純樸，而都市人尚浮華，恐怕後代子孫染上不良的習氣，所以住處要

避開都市區。他的幾個弟弟也都先後到宜蘭買田地，「嘉慶十九年（1814）兄弟同挈眷來蘭，……後擇居東勢珍珠里簡」（頁54）。他們遷移宜蘭的年代比西部平埔族一千多人遷移到宜蘭的時間（嘉慶九年）稍晚幾年（參見姚1829:71）。珍珠里簡社（噶瑪蘭族）就在里腦社（巴賽族）的附近。

　　綜合而言，從以上歷代祖宗曾住過的地方，包括雷朗亞族的擺接，龜崙族的老路、楓樹坑、新路坑（即龜崙社，參見小川1944），噶瑪蘭和巴賽兩個族群的蘭陽平原。因此他們都和這些地方的平埔族應有所接觸。有沒有人娶當地的原住民婦女爲妻？從歷代配偶的姓名[2]看來，似乎沒有，她們全都是漢人的姓氏，且多爲客家人（名字都叫做「○娘」）。不過，我們並不能排除她們有人原爲南島民族卻改從漢名的可能性。更進一步說，這些女性的家族史都沒有資料可查，無法確知她們的祖先是否含有南島民族的血統。例如，我母親的娘家在成興（舊稱「牛路頭」），位在奇澤簡（噶瑪蘭）社和猴猴社之間。她的祖先有沒有混入這兩種族群的血統，我們毫無所知。

　　從十三世到我這一代是十九世，每代約三十年，六代近二百年間，歷代都在蘭陽平原定居，但也有旁的李姓家

2　噶瑪蘭族的女性名字包括api、abas、aun、uben、ipay、ilaw、ta'il、elan等等，男性名字包括buya、ulaw、utay、ayaw、utay、bayas、nalis等。他們漢化後所取的漢姓多爲潘、偕、吳、胡、振、朱、劉等（參見阮1969）。巴賽族哆囉美遠社的一位女性報導人名叫林氏伊排（ipay），和噶瑪蘭族的相同。

族留在桃園，至今仍有後代還在桃園。[3]

　　其實李家遷移到台灣的並非自第十三世才開始。只不過是第十三世才是我的直系祖宗。李家旁系祖宗在第十世就有四、五人「移住台灣」（頁37），是第五（？）、六、七、十一公，可惜並沒註明年代。不過，和他們四、五人同一代相近（大概是弟兄）的好幾人卻有出生年代可考，包括第五公康熙甲戌（1694），第八公康熙丙申（1716），第九公康熙己亥（1719）等。假定他們三十歲左右遷台，那四、五人大約在公元1730至1750年就遷台了。至於他們遷到台灣的那個地區，族譜就沒有交代了。

參考書目

中、日文部分

小川尚義. 1944.〈インドネシア語に於ける台灣高砂語の位置〉,《太平洋圈民族と文化》上卷，451~503。太平洋協會。

李壬癸. 1995.〈宜蘭縣境內的各種族群及其遷移歷史〉,《宜蘭研究，第一屆學術研討會論文集》，72-88。宜蘭縣立文化中心。

李詩講（契名長盛，字朝昌，諡榮三）.《李姓族譜》。

阮昌銳. 1966.〈蘭陽平原上的噶瑪蘭族〉,《台灣文獻》17(1):22-43。

──1969.〈宜蘭地區漢化的噶瑪蘭族初步調查〉,《臺灣文獻》20(1):1-7。

姚瑩. 1829.《東槎紀略》，臺灣文獻叢刊第七種。台北：臺灣銀行經濟研究室。

3　我的侄子李汪樑曾經在桃園遇到一位同宗。後者看到前者的名字有「汪」字，因而知道他是屬於「汪」字輩。

黃叔璥. 1722.《臺海使槎錄》,臺灣文獻叢刊第四種。

西文部分

Tsuchida, Shigeru. 1985. "Kulon: yet another Austronesian language in Taiwan?" *Bulletin of the Institute of Ethnology*, Academia Sinica, 60:1-59.

本文於1995年發表於《臺灣史研究》第二卷第一期,頁176-179。

冬山河憶往

　　現在的冬山河是休閒旅遊的好景點，河道寬且直，可以說是全台灣划船比賽最理想的場所。附近又有傳統藝術中心，平時都有各種藝術品的展覽，每年都舉辦國際藝術節或童玩節活動，吸引成千上萬的遊客前往參觀。許多還沒有去過的人也知道冬山河這個好去處。

　　把時光往回追溯六十多年，我家就在冬山河附近。舊冬山河彎彎曲曲，河道狹窄。每到冬天雨季，河水就氾濫成災，稻田被水淹沒，水稻全都浸泡在水中。連續兩、三個月，即使所播種的稻子是特殊品種耐浸泡的，也都發芽和腐爛了。因此秋季的稻子，我們那一帶的很少有什麼收成。可是我們每年都照常播種，整個暑假都在稻田裡除草，雙腳都泡爛了，就用煙燻腳底板。農民生活的艱苦，由此可見一斑。我一直到唸完高中，考上了大學到台北唸書後，才沒有再下田工作。

　　初中我唸羅東中學，每天搭火車通勤。那時火車班次很少，放學後得在羅東火車站附近等兩、三個小時的火車，回到冬山站已是天黑以後了。平時馬路沒淹水，從火車站步行到我家約需十五分鐘。摸黑走路回家還不打緊，

冬天雨季一大半的馬路都淹了水，黑夜裡只見白茫茫地一片，只能小心翼翼地涉水前進。因為全都淹了水，分不清哪裡是稻田哪裡是馬路。還好馬路地勢較高，循著馬路走還不至於掉入水田中。最麻煩的是要從大馬路轉到通往我家的小徑，因地勢較低，路又窄，一不小心就會掉入深水中。只得從我家的燈光方位，判斷相對的地理位置，用腳小心試探，確定是接上小路的位置才慢慢地走過去，而且要步步為營。每逢冬天雨季，我每天都是那樣涉險回到家的。現在回想起來，自己還算很幸運，並沒有哪一次失誤而掉到深水裡，那後果就不堪設想了。

水災最嚴重的時候，不僅我家院子淹水，已墊高的屋基也都進了水。那時連要走到大馬路都不可能，因為水實在太深了。可是我非要上學不可，就急得像熱鍋上的螞蟻一般。五哥看到我的窘狀，就帶著我從屋後較高的地形，繞彎走較遠的路，有些地方還是要涉水而過，但人還走得過去。我就那樣驚險地走到冬山火車站趕上火車去上學。幸虧放學回家時，水勢已稍退，我就沿著平常所走的馬路涉水回家。

有一次發生超大水災，水淹到屋頂，我冬山國小同班同學李銘源他在匆促中搭造了簡陋的木排想要逃走，結果他全家都淹死在急流中。

原本快到我家的轉角處有一座孤墳，雜草叢生，在黑暗中令人毛骨悚然。每次經過那裡，我都是提心吊膽的。有時我母親會走到路口叫我，我非常感激她。冬天雨季才

有水災，而那座孤墳卻是經年都在那兒，對於一個初中的小孩，那是比水災還要恐怖的。墳墓在地勢較高的地方，從不淹水。在黑暗中，涉水而行本來就走不快，加上野墳是必經之地，對一個小男童而言，可說是雙重的煎熬。

　　我家四周圍都是稻田，屋後有一塊菜園。有一條小溪從後面環繞過去。小時候我常去溪邊釣魚，尤其大雨過後魚就多；或放魚筌捕螃蟹。溪水淺時，就到溪中篩蜆和小螺絲或撿田貝，溪中常摸到「頭顱」（平埔族噶瑪蘭人的），裡頭常藏著很好吃的「土蝨」（塘蝨魚）或「苦甘仔」（蝦虎魚）。那條溪水是提供附近農田灌溉之用，設有一個控制水流的閘門，離我家也近。夏天我們就常到那裡游泳，被父母發現了還會挨罵，怕出事。那條小溪匯入冬山河。冬山河就在我家前面不遠處，因為水深，平常很少去，要到廟裡或到雜貨店就非得接近它不可。我父親農閒時會帶著捕蝦用的竹籠子到冬山河岸邊雜草深處捕小蝦，我常跟著去，提著小蝦籠去盛裝小蝦。那是我家補充蛋白質和鈣質的重要來源之一。

　　有感於年年水災，中下游兩邊沿岸冬山鄉、五結鄉兩個鄉的農作物年年泡湯沒有收成，有一次（大約1950年）村長來約我跟著他一起去挨家挨戶要大家蓋章，準備呈遞陳情書呼籲政府重視水災的問題，要設法疏浚。忙了一陣子，把陳情書送到鄉公所去，得到的只是冷冷的回應，之後也就石沉大海了。試想要疏浚一條冬山河，工程如何浩大和艱鉅？經費又如何龐大！要等到二十幾年之後（1970年

代），政府才有那樣的大魄力和大動作。冬山河截彎取直又加寬之後，就再也沒鬧過水災了，農民的身家財產也才有了保障。從此宜蘭縣的施政方針就是發展觀光事業，而摒棄重工業的污染。

　　不過如此一來，原來的那條小溪和舊河道就都被填平而失去蹤影了，加了好幾條人工水圳，以便灌溉。故鄉的地景地貌從此也就完全改觀了，令人感慨萬千。每逢回到故鄉去探望親友，感觸良深，我也就沒有興致多逗留了。

圖為1967年解拉風災時，冬山河淹水景象。白土炎攝影。

本文原載2007年於《宜蘭文獻》雜誌第79-80期，頁232-236；民國105年9月4日選刊於《國語日報》古今文選1405期，頁6, 11。

青年男女之間在美國

　　我初到美國沒幾天就接到家兄來信提出一個滑稽的問題：「在美國影片中，經常看到青年男女一碰頭就擁抱接吻，在大庭廣眾之前也公然行之，是否真有其事？」初出茅蘆的我，對這一方面特別外行，又不是訓練有素的新聞記者，也不知到那裏去採訪這種鏡頭，所以一時無法證實或否定這件事。恰好同房間的人宴請一對青年夫婦，我乘機掏出家信來向他們討教，引起哄堂大笑，都說不但是事實，而且那已是被視為極平常的事。同房間的人來自南美哥倫比亞，他比我早一步抵達美國，所以對此事他的閱歷當然要比我豐富得多。他勸我於週末夜間到女生宿舍前去參觀，尤其熄燈前十幾分鐘，一對一對的，那種熱絡的程度，電影鏡頭要遜色多了。後來果然在一個下雪的冬夜裏我坐車經過該地時，看到永不能忘懷的一幕。

　　凡是初到美國的人，一切都感到很新奇，在所有新奇事物中，美國青年男女之間的關係更是引人注目，令人好奇。在校園花樹下，在教室走廊上，在道路上，經常找到可以解答家兄疑問的資料。開始不免多偷看幾眼，以後看得多了，也視若無睹了。可是每逢到圖書館去看書，對面

坐著一對一對的男女大學生，當「無邊春色」展露在眼前，瞥見了不免令人怦然心動，常不得不放棄舒適的座位跑到靠窗口的小座位去面對無情的草木，以免影響念書的情緒！

　　舉個例子說，密歇根州法律禁止在光天化日之下表現太親暱的鏡頭，可是這條法律徒具虛文，青年人那肯遵守？1963年7月11日，一個工商界俱樂部邀我聚餐並發表留美觀感，我把中西社會風俗習慣的不同作個比較，特別指出美國青年的Kiss之風太盛，在光天化日之下一點也不避諱，令初到美國的人非常震驚。那些在實業界的人物哄堂大笑，紛紛說：「不只你，連我們老一輩的美國人也一樣非常震驚！」

　　在美國要追女朋友非要有汽車不行，因為約會前去接，約會後送回去，都得要有一部車子。那裏計程車公共汽車都極少，三輪車跟本就不存在，總不能約女朋友做長途的散步或騎腳踏車競賽！事實上一對男女同坐一部汽車，可就大有文章了。美國女作家瑪麗亞曼斯（Marya Mannes）曾著文大罵汽車文明，她說汽車把完整的人變成「半個人」（half-people）「汽車對兩性關係有壞影響……年輕的一對身體交纏有如連體雙生子，太保用單手和半個心在開車。他們的貼近若在凳子上是動人的，可是在公路上卻相當危險！」（註一）單手開車出遊的青年戀人，有一稱號，謂之：「單手駕駛員」（one-armed driver），有一次我坐車到鄉下去玩，發現前面這樣一部車子，同車女主人忙指

著解釋這件事，我才懂得其中奧妙處！

　　駕車出遊另有一絕在，那就是夜間開車到專為他們準備的露天電影院，稱為drive-in theatre。那裏所放映的影片真夠得上：「熱情、大膽、香艷、刺激」。「醉翁之意不在酒」，他們哪裏是去欣賞什麼藝術，只不過是乘機坐在車內取樂罷了。

　　美國大學有室內男女游泳池，水溫調節，即使外面下雪，裏面照常可以游泳。男子游泳池是女人之禁地，因為規定下水游的人必須一絲不掛。我第一次去游水，覺得很難為情（就跟第一次在公共澡堂洗澡一樣）；習慣之後反覺得非常輕鬆愉快。女子游泳池男子卻可以去，但得要有夥伴（Partner）帶去。我頭一次到女子游泳池，因為水溫不夠高，幾乎被凍死，但在女子面前不甘示弱，渾身發抖，還要勉強泡在水裏，真不是滋味！那次我同房的二位仁兄邀了三個小姐，少了一個男人，就邀我去。我一方面怕他們笑我「胆小鬼」（Chicken），另一方面也是由於好奇心的驅使，就答應一起去了。其實下水並沒有好好的游，而是在打水戰、搶球，有二個女子居然爬上我同房間人的頭上去！看女子把男子當馬騎，雌威十足！他們咧著嘴大笑，似乎很得意，我在旁看了，只有搖頭歎氣的份兒！

　　一般說來，美國女子念大學，其目的在於選擇理想的丈夫，故玩的場合女的常比男的踴躍。據說（這是一位來自日本女同學傳出來的消息）在女生宿舍裏，一天到晚都在談約會，今天跟這個約會，明天跟那個約會，女學生的第一本

份似乎就是和男子約會。有很多約會的人談得固然痛快，沒有的人可就愁眉苦臉了。

　　美國男女的約會，雙方並不需要有什麼深情，只要彼此不討厭，有機會便雙雙出遊，最主要的目的是大家玩得痛痛快快，沒有什麼婚姻的念頭夾雜在裏面，這是他們交遊的一大特色，因此約會非常普遍，非常自然。不像在東方國家，把男女單獨出遊看得那麼嚴重。明明彼此有意，女子仍要大擺其架子，讓男人苦苦追求，「千呼萬喚始出來」。好容易約出來了，共遊了，有人便以為功德圓滿，或至少功成泰半了。如果事與願違，便要死要活的。假如東方人對男女交遊看得開明一點，還會有這樣多的情殺案件嗎？

　　美國青年男女的交往，在東方人看來，會覺得很「看不順眼」，而美國人則覺得東方人太「保守」。日人安藤先生聖誕節到一個美國家庭做客。主人的女兒還在讀高中，邀男友一起過節，兩人一直守在一起，不理別人，而其父母不但不覺得有失「體面」，反而覺得非常得意！安藤先生認為女孩子還是保守一點好，可是日本的傳統漸被西風所侵奪了。想來咱們台灣情形也是如此吧。

　　美國名宗教家比利格蘭（Billy Graham）痛罵他的國人說：「我們有四事過量：吃、喝、性、玩。」（註二）對與不對，讀者自己回答好了。

附註一：Marya Manner(1904-)：「The Half-People」

附註二：Billy Graham(1918-)：「Men Must Be Changed Before a Nation Can」

本文於1966年發表於《新天地》第五卷第六期，頁24。

國語日報與我

　　民國四十四年，我進入師範大學英語系念書時，教我們大一國文的老師是梁容若教授。除了要讀校定的課本之外，在課堂上他也教我們一起讀國語日報「古今文選」的一些文章，包括詩詞。當時我們就覺得讀「古今文選」要比讀課本有趣得多，收穫也多。從此，我就喜歡上「古今文選」了。我至今仍然保存當年念過的那些散裝的古今文選，雖然紙張都已經發黃了，我還是很珍惜。「古今文選」所選的作品，真的是從古到今各種具代表性的文章和題材都有：從先秦兩漢時期到近現代，從散文到詩詞歌賦，從小說到戲劇，應有盡有。讀「古今文選」好像讀一部中國文學史，而且是實際去精讀原作，不只是看到一些書名或篇名而已。有那麼詳細的註解，再怎麼難懂的古典作品也可以讀通了，甚至進一步去欣賞那些優美的文學作品。

　　國語日報肩負語文教育的工作，報紙刊登的消息和內容都很純潔乾淨，沒有聳動的社會新聞，更沒有黃色的新聞報導。我自己的子女在上小學和國中時，我都為他們訂國語日報。親友有學童的，我也都勸他們訂國語日報。看國語日報的小孩不但不會學壞，而且會吸收許多語文知識，提升使

用語文的能力。家長在這一方面的投資是絕對划算的。

記得當年一收到國語日報，我們全家人都爭著要看。小孩看各種兒童版，因為都有注音符號，很少看不懂的，文字配上精彩有趣的圖片，更是一目了然，不用大人的解說。大人除了看重要新聞之外，我最愛看隔週一次的「古今文選」和「書和人」，而且都保存下來，捨不得丟棄，三十年來都如此。其實，我也為「書和人」寫過幾篇文章，包括〈趙元任、胡適、劉半農〉（第438期），〈臺灣語言學先驅──小川尚義〉（1004期），〈影響我最深的人──胡適〉（1118期）。

民國五十四年，印尼負責召開「國家語言與國家建設」國際學術研討會，國語日報要請李方桂院士代表出席，方桂師就推荐我去參加。當時國語日報發行人是洪炎秋教授，社長是夏承楹先生（何凡）。洪先生也是立法委員，他出面商洽教育部國際文教處提供往返機票，生活費就由國語日報社支付。前兩屆都是由東海大學文學院杜衡之院長出席，因此洪先生跟採訪主任柯劍星先生親自陪著我到臺中去拜會他。國語日報社聘我為顧問，有這個名義才方便我代表國語日報到印尼去開會。行前，柯劍星對我做了專訪的報導，會議期間也做了特別的報導。從此，我跟國語日報社就結下了不解之緣了。

我為「語文週刊」陸續寫了一些文章，有些是有關語文的一些基本概念和常識，如〈認識兒童語言〉、〈男人的語言和女人的語言〉、〈中國國語運動〉、〈國語羅馬字的修訂經過與檢討〉、〈語言古生物學〉；有些是介紹

我的研究心得，如〈泰雅語群的男女語言形式〉、〈不同年齡在語言形式上的差異造成語言的演變〉；也有一些是出席國際學術會議的報導。值得安慰的是那些小文章也曾引起不少人的興趣和注意。臺師大英語系謝國平教授（1998）所編寫的《語言學概論》大專用書，也把我在語文週刊發表的五篇文章列入參考書目。民國72年六月「語文週刊」改爲「國語文教育專欄」之後，我仍然在該專欄陸續發表了一些報導文章。

大約20年前，社長林良先生推荐我擔任國語日報社的董事之後，我跟國語日報的關係就更加密切了。本來每年兩次董事大會，後來被選上常務董事之後，每兩個月一次常務董事會，我到國語日報的次數就更頻繁了，對於報社的營運狀況也有進一步的了解。對於報社同仁的專業精神和工作態度，很佩服。

一份報紙能夠適合各種年齡層的人閱讀，從兒童到青少年，老中青三代也都會有興趣，看了也眞正都有收穫，除了國語日報以外，還有哪家報紙能夠做到？國語日報各種版面也經常在求新求變，它能一直吸引讀者絕非偶然。現在網路媒體盛行，平面媒體面臨更嚴峻的考驗，我衷心祝福國語日報能度過這個時代的嚴峻考驗，繼續開創下一個成功的六十年！

本文於2008年發表於《見證國語日報六十年》，頁30-34。

推雙語國家，先救本土語

　　台灣要在國際上立足，必須國際化。如何國際化？我們要發展我們的硬實力和軟實力，硬實力如台積電，軟實力如台灣的自由民主以及台灣南島語言。南島民族遍布於太平洋、印度洋，約佔全球三分之二的面積，包括菲律賓、馬來西亞、印尼、馬達加斯加、紐西蘭、夏威夷等地，有一千多種語言，總人口超過四億五千萬人。台灣南島語言卻極重要：（一）它們最紛歧，顯示在台灣定居的時間最長久，也就是南島語族的發源地；（二）它們保存最多古語的特徵，若要重建原始南島語言的系統，必須使用各種台灣南島語言的資料。可惜它們都面臨消失的危機，中年以下的人大都不會講族語，我們恐怕即將失去我們的學術寶庫。我們想要盡力維護這些珍貴的語言，尚且唯恐力有未逮，豈可把國家政策的重心擺在「雙語國家」之上？

　　台灣跟香港、新加坡的情況不同，台灣本來並非英國的屬地，不適宜推展「雙語國家」。要推行雙語國家，至

少得要花上幾十年的工夫，而且得要有很多配套措施，事實上我們都還沒有，若要執行必然困難重重。進一步說，真正需要使用英語的人畢竟佔少數，豈可讓少數人佔用大多數人的資源，而忽視了我們最珍貴的本土語言？若以「多語台灣、英語友善」取代「雙語國家」，似乎才是合情合理的做法。

　　本文於民國111年4月23日發表於《聯合報》民意論壇，A11版。

海外遊子心懷台灣

　　有一次我應邀到紐約宜蘭同鄉會去演講，餐會時有人問我對當年行政院長謝長廷所說的「憲法一中」，有何看法？我反問，「何謂憲法一中？」他們有的人笑了起來，好像奇怪我人在台灣，反而還沒有像他們那樣關切台灣的局勢。許多從台灣到海外創業的人都很關心台灣的前途，紐約宜蘭同鄉會就是那樣一種聯誼會。當年謝長廷為了要跟中國大陸打交道，曾倡言「憲法一中」，違背陳水扁的「一邊一國」立場，不久就被迫下台了。

　　台灣人在國際學術界很有成就的人士並不少，他們不僅關心台灣，而且願意犧牲自己在美國優越的研究環境，回到台灣來工作，為提升台灣國際學術地位而努力。李遠哲就是眾所周知的例子。他已具備諾貝爾獎的光環，若留在美國做研究，無往而不利，卻願意為了台灣，放棄美國籍，就任中央研究院院長。那幾年（1994-2006）他說服了好幾位國際一流的台裔或華裔學者回到台灣來工作，如病毒學家賴明詔院士、物理學家鄭天佐院士、物理化學家陳長謙院士、考古學家張光直院士等等，不勝枚舉。

　　誠如賴明詔所說，「SARS聖戰的經驗，促成鮭魚返

鄉的契機」。現在全國上下一心對抗COVID-19（武漢肺炎），使台灣成爲公共衛生的國際模範生，也是由於有不少海外學人歸國投入的戰果。

樹大招風，李遠哲爲台灣做了很多事，大家有目共睹，卻也招來了一些人身攻擊。那些惡意批評他的人都是把他們政黨的利益擺在國家利益之上，明眼的人一看便知，無庸置疑。

過去這三十年來，在國際學術界，台灣地位已有顯著的提升，這些遊子的歸鄉共同爲台灣打拼確實功不可沒。台灣目前處境相當困難，台灣是否能繼續生存下去，有賴國內外大家共同努力。一直住在國內的人更應該衷心感謝海外學人的回鄉與無私奉獻才對。

本文於2022年9月3日發表於《自由時報》，A13版。

輯二 紀念先賢的學術貢獻

教我如何不想他
——趙元任與劉半農

　　中國的一些傑出學者不但學問好，修養也好，他們常能合作無間，彼此相處得也都很融洽。趙元任先生與劉復（半農）先生的交往便是很好的一個例子。劉先生作的「教我如何不想他」這首歌詞，由趙先生為他作曲，幾十年來成為千萬人傳誦的中國藝術歌曲。青年學生嘴裡唱著這首名歌，心裡想著：這個「他」是誰呀？因此也很想一睹作者的丰采。民國19年劉半農就北平大學女子學院院長職，他穿著一件中國藍棉袍子，當時是四十歲，看起來不像是年輕英俊的人了。學生們在背地裡偷偷地說：聽說劉半農是一個很風雅的文人，怎麼竟是這樣一個土老頭？後來這些話傳到劉半農那裡，他就又寫了一首詞：

　　　　教我如何不想他，請來共飲一杯茶。
　　　　原來如此一老叟，教我如何再想他？

　　當時趙元任夫人楊步偉女士也在那所女子大學教體育

系的生理和解剖學。在她的《雜記趙家》一書裡有幾處都
提到趙家和劉家來往的事。

　　劉半農先生於民國九年赴歐洲留學，一家人在法國過
著極為清苦的生活，功課忙，經濟又緊，因此很少出門和
人應酬往來。趙元任夫婦第一次遊歐洲過巴黎時，就專程
去看劉先生。他們原來並不認識，只是因為有共同的興
趣，都是在研究語言學。趙、劉兩位見面一談，可說一見
如故，完全志同道合，真有相見恨晚之感。當時劉先生正
在準備博士學位考試。他對趙家說，他們一家在巴黎苦捱
著過日子，就是因為要得個臭博士，中國官費遲遲不到，
因此過的好像叫化子一樣的生活。趙先生要為他們照相，
他們孩子就裝出一副「叫化子相」！趙家還請了劉家一起
去看一回巴黎最出名的歌劇。

　　民國14年3月17日是劉先生考博士學位口試的日子，
趙先生特地帶照相機去給他照相。因為六位考試委員趙
先生大多認識，所以容許他到會場去偷偷照了許多相，包
括穿博士袍子的大照片以及劉製造的語音儀器「聲調推斷
尺」。口試長達六小時，趙氏夫婦一直在場陪考。考試委
員們宣佈順利通過時，他們也一起進去握手道賀。劉先生
雖然被考得精疲力盡，但還是接受了趙家當晚請他們全家
去吃晚飯，以示慶祝。他們原先商量好，博士考試結束就
一同坐船回國，並言明須坐三等艙位，因為劉先生一家五
口的路費負擔很重。趙家為了遷就他們，也就定了三等艙
位。臨走時，劉家因為很多手續未完，得延後行程。趙家

走的時候，劉家去送行，送他們上火車去馬賽搭船回上海，依依不捨的說：半年之內在北平相見。可見他們兩家情誼之深。

　　回國後，趙、劉兩位共同為國語統一而努力。同年9月26日，劉半農先生發起「數人會」，在趙元任先生家裏舉行。參加「數人會」的會員都是當時國內鼎鼎有名的語言學或聲韻學專家：趙元任、劉半農、林語堂、錢玄同、黎錦熙、汪怡等六位，後來又加入周辨明，共七位。他們有共同的抱負與自信，如同隋朝陸法言在切韻序文裡所說的：「我輩數人，定則定矣」，因此取名為「數人會」。他們開會討論國語統一與規範化、拼音、注音符號、方言研究等種種問題，發表論文，互相提供意見，以收切磋之效。

　　劉半農出生於民國前19年（公元1891），趙元任先生只比他晚一年出生。兩人年齡相近，成名都相當早。趙先生26歲就獲得哈佛大學哲學博士，回國後才成家立業。劉先生26歲就受聘於北京大學任教中文系，但因還沒有得到最高等的學位，所以在三年後他決定出國深造以爭一口氣，留學英、法，終於在34歲獲得法國巴黎大學的國家博士學位。那時他因已有家累，留學的日子並不好過。回國後劉先生很有一番作為，積極從事學術研究，不幸地當他43歲那年（民國23年），因遠赴綏遠收集方言資料，途中在張家口得了回歸熱病，竟然一病不起，7月14逝世於北平協和醫院。這件意外震驚了中國學術界，對於有十年深厚友誼的趙元任先生而言，更是痛惜萬分，他當時的心情由他送

劉半農先生的輓聯表露無遺：

> 十載湊雙簧，無詞今後難成曲。
> 數人弱一個，叫我如何不想他！

　　這幅輓聯指出他們有「十載」的合作經驗，感歎「教我如何不想他」這首歌是兩人合作，而如今作詞人已撒手而去，知音難遇，今後也沒心情再作曲了！平日在一起從事語言學討論的「數人會」平空少了一人，想起往日熱鬧爭辯的場面，怎麼能不想念他呢？趙、劉兩位對於音樂與語言都有共同的愛好與興趣（劉半農的弟弟劉天華是音樂家，死得更早）。趙對劉的悲悼之情是可以想見的。其實，趙先生也為別人作的詞配過曲，例如他曾為胡適作的「他」、「小詩」、「也是微雲」、「上山」等配過曲，這些歌也都曾經編入中學生的音樂教材，但是還沒有一首像「教我如何不想他」那樣受大眾的普遍愛好，歷數十年而不衰。趙先生為劉先生配曲的還有「聽雨」、「織布」、「茶花女中的飲酒歌」等三首。

　　趙元任先生在語言學方面的傑出貢獻是國際所公認的。他擔任中央研究院歷史語言研究所語言組的主任達數十年之久，領導中國語言學界半個世紀以上，又先後在康乃爾大學、清華大學、夏威夷大學、耶魯大學、哈佛大學、加州大學等校任教，確確實實的是桃李滿天下，所出版的語言學專書有二十多種，論文一百多篇。其非凡成就

不是本文所能詳述。傅斯年先生稱譽他是「漢語語言學之父」，他確實當之無愧。趙先生除了開拓語言學的新領域之外，在音樂方面他還出版了《新詩歌集》與《兒童節歌曲集》。他還翻譯了四部書，其中一本是世界童話《阿麗思漫遊奇境記》（英翻中），一本是《一個女人的自傳》（中翻英）。

　　當年「數人會」有幾位會員是很長壽的，如林語堂與黎錦熙，但他們都於最近幾年中先後去世。如今碩果僅存的便是趙元任先生了。他今年以八十七歲的高齡，仍然不斷地有好的語言學著作問世，至為中外人士所讚佩。

　　劉半農英年早逝，其學術論著在質與量都無法趕得上趙先生。然而，劉先生於民國14年3月17日在巴黎大學博士堂宣讀並辯論的論文「漢語字聲實驗錄」與「國語運動略史」（原文為法文，有中文提要）以及他自己製造的「聲調推斷尺」，對當時實驗語音學的發展與研究都有相當的貢獻。後來他在中研院史語所集刊所發表的兩篇論文都對聲調推斷尺有相當詳盡的說明。這幾十年來實驗語音學的飛躍進步，當然不是當年所能比得上的。假如天假其年，他的學術成就一定不可以道里計。然而，就他有生之年，其著作就已夠豐富了。

　　劉半農的興趣是多方面的，他的貢獻並不限於語言學一方面。誠如瘂弦先生在他所編的「劉半農卷」與「劉半農文選」（洪範書店）兩本書中所介紹的：「劉半農學術淵博，著作豐富，研究範圍包括民間文學、西洋文學、古典文法

學、敦煌學、聲韻學、歷史、語言學、戲曲歌謠等，同時
也是傑出的散文家和詩人，是民國以來不可多得的人文奇
才。」他的卓越成就，在他逝世之後，有雜誌「人間世」與
「青年界」出刊專號追念他。學術界名人如蔡元培、吳敬
恆、周樹人（魯迅）、周作人等幾位先生都寫了追悼的文章，
都給予很高的評價。趙先生雖然沒有寫追悼的文字，但他的
輓聯卻道出他對於劉先生的無限哀思與內心的感傷。

趙、劉兩位本來都
不是主修語言學的。趙
先生早年留學美國，在
康乃爾大學主修科學與
數學，在哈佛大學所完
成的博士學位是哲學。
後來他興趣轉變，主
要的研究都在語言學方
面。劉先生早年的興趣
與創作在文學方面，直
到他留學英、法，才主

劉半農，取自維基百科頁面。

修語音學。這兩位中國學術界的傑出人物可以說是殊途同
歸了。有趣的是，「數人會」當中的另一位名人林語堂原
來在德國主修語言學，是中國人第一位獲得語言學博士學
位的，然而他後來卻走上文學的創作之路！

本文於民國68年7月14日發表於《中國時報》人間副刊

胡適與趙元任

　　胡適先生是成千成萬中外人士的「朋友」，但他平生的真正知己應首推趙元任先生。常言道得好：「相識滿天下，知心能幾人？」

　　清朝末年美國退還庚子賠款給中國考選留學生赴美留學，第一批的名人之一就有梅貽琦先生，第二批就有胡適與趙元任兩位先生。第二批錄取72名，趙先生在榜上的名次是第二名，而胡先生是第55名。在留美期間，他們頭幾年都在康乃爾大學，彼此過從甚密，成績也都相當優異，尤其趙先生許多科的成績都是滿分，他的平均分數是康乃爾有史以來的最高紀錄。胡先生個性豪邁外向，在那一批的留學生當中，他是最活躍的人物，經常寫文章在報章雜誌上發表，跟人打筆戰，並且到處演講，因此贏得一個外號：「博士」。沒想到弄假成真，他這個「假博士」後來雖然在哥倫比亞大學成了「真博士」，但他的真博士卻因手續的問題延遲了十年才正式獲得。直到最近還有人為胡適是真博士還是假博士打了一場筆墨官司，參戰者包括寫「胡適雜憶」與「胡適口述歷史」的唐德剛先生，以及寫「現代中國小說史」的夏志清先生。（事見《傳記文學》）趙

先生一帆風順，並沒有鬧類似的學術風波。

　　胡、趙兩人都有記日記的習慣。胡先生的「胡適留學日記」（原來題作「藏暉室箚記」）雖然不全，後來正式出版，人人可以看到。趙先生的日記據說很少間斷，但大都還沒有發表，因此一般讀者沒有機會看到。在留學時代，胡先生對趙先生就推崇備至，在他的日記中（第834-835頁）就有這樣的記載：

　　　　每與人評論留美人物，輒推常州趙君元任爲第一。此君與余同爲賠款學生之第二次遣送來美者，畢業於康南耳，今居哈佛，治哲學、物理、算數，皆精。以其餘力旁及語學、音樂，皆有所成就。其人深思好學，心細密而行篤實，和藹可親。以學以行，兩無其儔，他日所成，未可限量也。君現有志於中國語學。……君之所專治尤在漢語音韻之學。其辨別字音，細入微妙。以君具分析的心思，輔以科學的方術，宜其所得大異凡眾也。

　　胡適留學日記中提到趙先生的還有幾次。一次（第236頁）是趙先生作曲，大受西洋音樂家的讚賞：

　　　　趙君元任譜笛調一曲，以西樂諧聲和之，大學琴師亟稱之，爲奏於大風琴之上，余往聽之，猶清越似笛聲也。

又有一次（第231頁）是趙先生得兩種榮譽：一為選上大學中之科學榮譽學會Sigma Xi名譽會員，一為斐陶斐（Phi Beta Kappa）會員之榮譽。

胡先生在為趙先生的「國語留聲機片」寫的序文中稱讚趙先生有這幾種特別天才：第一、他是天生的一個方言學者。第二、他又是一個天生的音樂家。第三、他又是一個科學語言學者。

同樣地，趙元任先生對於名滿天下的「我的朋友胡適」當然也十分敬愛。在趙先生的《新詩歌集》（民國17年初版），十四首詩歌當中就有五首是胡先生作的詞。民國68年在慶祝中央研究院歷史語言所成立五十周年紀念論文裡，趙先生所寫的論文〈中國通字草案〉就引胡先生的一首詩「他」作為通字的例子，並以此作為該文的結束。此外，他還把那首詩譯成英文。

胡、趙兩人都寫過自傳。胡先生的《四十自述》許多人都讀過，其中有幾節還曾選入中學生的國文課本中。趙先生的《早年自傳》是他前三十年的自傳，先出中文本，編入他寫的《中國話的讀物》一書作為補充讀物，後來又出版英譯的單行本（1975）。趙先生所記的有的雖是極瑣碎的小事，如「東一片儿西一段儿」，但寫得極為細膩，饒有趣味，很能引人入勝。這兩本自傳都很精彩，可惜作者都沒有繼續寫下去，已不能再補了。

兩人的婚姻是一個有趣的對照。胡適先生雖是留洋的

新人物，但他的婚姻卻是接受傳統的「父母之命，媒妁之言」安排的結果。胡太太沒上過學，本來目不識丁，而且還是纏過小腳、未婚就先過門的媳婦。趙先生的婚姻，是從自然認識進而自由戀愛的成果。趙太太從小就反抗傳統，提倡獨立自主的精神。她早年隻身赴日本留學，回國後在北平開設婦產醫院。趙先生跟趙太太的結婚儀式，就是打破傳統的新典範：只發出臨時的通知書給他們的親友，並且由當事人請來了兩個最要好的朋友簽名作證。這兩人之一就是胡適先生。這個簡單而獨創一格的結婚儀式，由胡先生透露給報社；消息傳出，轟動一時。結婚的第二天，報紙以特大號大字標題「新人物的新式結婚」報導這件新奇的新聞。

　　胡先生很羨慕他兩位好友的婚姻，一對是任叔永與陳衡哲（就是莎菲女士），另一對便是趙氏夫婦了。胡先生和這兩家的私交一直都很好。趙家結婚的第二天一大早，胡先生就去看他們；看見他們婚後又忙又累，就開他們的玩笑說：「打架嗎？我來和解！」胡先生為祝賀他們的銀婚作了一首詩：

　　　蜜蜜甜甜二十年，人人都說好姻緣；
　　　新娘欠我香香禮，記得還時要利錢。

　　可惜胡先生還沒等到趙家慶祝金婚，再為他們作一首新詩，他就過去了。他們慶祝金婚時（1971年），由趙太太

作一首金婚詩，趙先生作答詞，楊聯陞先生作賀金婚詞。
生活這樣有情趣，難怪連李濟先生也稱讚他們爲「神仙伴
侶」了。

胡先生的婚姻生活，似乎可以由他自己所作的〈我們
的雙生日〉一首詩反映出來：

> 他干涉我病裡看書，
> 常說：「你又不要命了！」
> 我也惱他干涉我，
> 常說：「你鬧，我更要病了！」
> 我們常常這樣吵嘴——
> 每回吵過，也就好了。
> 今天是我們的雙生日，
> 我們訂約：今天不許吵了！
> 我可忍不住要作一首生日詩，
> 她喊道：「哼，又做什麼詩了？」
> 要不是我搶的快，這首詩早被她撕了。

要不是胡先生有超人的涵養功夫，這種婚姻似乎不容
易維持一輩子。不過，婚姻關係是兩個人之間的秘密，局
外人看起來並不理想，也許當事人可以處得相當融洽呢！

1920年，歐美兩位最負盛名的大哲學家到中國來講
學：一位是美國的杜威（John Dewey），由胡適先生擔任翻
譯；另一位是英國的羅素（Bertrand Russell）由趙元任先生擔

任翻譯。在杜威到中國講學之前，胡先生事先就寫〈實驗主義〉，介紹杜威思想給中國的讀者。杜威在中國住了兩年兩個月。在他離開中國之日，胡先生又寫了〈杜威先生與中國〉送別。趙先生本來在清華大學教書，爲了翻譯的方便，後來他搬進北京城裡和羅素住在一起。那時他追女朋友（即後來的趙太太）追得正勤，有一次竟忘了演講的時間，羅素只好在講堂上呆呆地等他來才開講。經由這兩位中國學者的翻譯與介紹，西方近代兩位大哲學家對中國學術界產生深遠的影響。胡先生與杜威，趙元任與羅素，也都有很深厚的交情。

胡適先生提倡白話文運動，寫的文章都很明白曉暢，條理非常清楚，不過，他自認他的白話文有如纏過小腳再放大的，還不夠自然。趙先生私下曾對他說：「適之啊，你的白話文還不夠白。」於是趙先生替胡先生錄音，然後重放讓胡先生自己聽一遍。果然不夠白。趙先生就替他改文章，胡先生都能虛心的接受。趙先生獻身於國語教學、國語語法的研究、現代漢語方言的研究等等。兩人在學術上的貢獻可說是相得益彰了。

趙、胡兩人都跟中央研究院有極密切的關係。他們都是中央研究院第一屆選出的院士（民國37年）。中央研究院成立以後，趙先生即受聘爲歷史語言研究組主任，直到前幾年他退休之後，才正式辭卸這一職務（民國17-60年）。胡先生是中央研究院第三任的院長（民國47-51年,死於任上）。趙先生的興趣在於研究與教學，對於行政工作他沒有興趣。

因此，幾次有人想請他當中央研究院總幹事，他都沒有接受；後來又有人要請他當國立中央大學校長，他巧妙地避開了。為對他們兩位的學術貢獻與業績表示敬意，歷史語言研究所集刊先後出版了論文集，個別為他們兩位祝六十五大壽。胡先生去世之後，又出了一本紀念論文集。中央研究院內設有「胡適紀念館」，旁邊又有「胡適公園」供市民遊憩。1982年2月24日趙先生在美國麻省劍橋病逝，史語所為他編印紀念專號。

許多人都知道趙先生是天才的語言學家兼音樂家，其實他對科學與哲學各方面的涵養也都很到家。胡先生的專長是哲學、歷史、考據等。他常說：哲學是他的「職業」，歷史是他的「訓練」，文學是他的「嗜好」。胡先生對於語言學雖不怎樣在行，但他卻寫過幾篇有關語法的文章：〈國語文法概論〉、〈爾汝篇〉、〈吾我篇〉等。此外還有一篇是有關聲韻學的〈入聲考〉。根據胡先生留學時代的讀書筆記，古文在春秋時代例如〈論語〉的用法，第一及第二人稱代名詞有主語與賓語之分，還有所有格也是固定用某些字，絲毫不混。他的看法跟後來高本漢的研究結果相當接近。

胡先生研究的範圍很廣很博，但他寫文章卻盡量求其通俗性與大眾化，不是專家也可以看得懂。趙先生寫的固然也有介紹性的文字，但很多都是專門而且深入的研究著作。他們的對象不同、目的不同、性質不同，所得的結果也就不大相同了。

　　胡、趙兩人都有崇高的學術地位，都享有國際的聲望。他們寫文章或對別人談話時，也常提到對方的成就，並給予絕對的肯定。他們倆人交情之深，可以從他們往來的信件中看出來。胡先生去世之後，中央研究院周法高院士在編集近代學人手跡中，有一集是「胡適給趙元任的信」，共收有78封信。從信中可以看出他們相知既深，無所不談，很多公私事都彼此商量。信件的公開，也因此洩漏了不少的隱密。胡給趙的信，當然不止78封，顯然很多都已遺失了，只有民國31年到50年間的信還保存下來。至於趙給胡的信，今日飄落何方就不得而知了。（民國38年胡先生匆忙離開北平，許多珍貴資料都沒帶出來，包括日記跟信件。之後從中國流傳出來，其中也有趙先生去的信。民國71年2月28日，中國時報人間副刊也發表了〈趙元任寫給胡適的一封信〉。）

　　胡適先生從中國大陸逃難到美國那幾年，可說相當不得志。空有一肚子學問，但找不到固定的工作。謀教職既然不易，簽證手續又曾遭遇困難，生活都成問題了，精神上十分苦悶。在這段期間，趙先生曾多方奔走，努力設法幫助好友，積極為他找工作，有時還主動寄錢給他。真不愧是「最難風雨故人來」！胡先生是何等清風傲骨，絕不會為了找工作而去向外人低頭，好友送錢來也必定在日後寄還。他還寫信勸趙先生不要為了替他謀職而「太熱心」。

　　胡先生早年一帆風順，中年也很有一番作為，到了晚年有一段時間時乖運蹇，直到民國47年，他回國擔任中央

研究院院長之職，才有較安定的生活，繼續爲發展國內的科學與學術研究工作而努力。他在院長任內，爲了辦好院士選舉，爲了院士提名，他屢次寫信給趙先生徵求意見。他還特地安排請趙先生回國講學三個月（民國48年），在台大的演講紀錄就是《語言問題》一書，台大初版，後交給台北商務發行。筆者有幸剛好在師大跟林瑜鏗教授念過語言學導論的課，所以去聽趙先生的演講還可以領略。至於胡先生的著作，如《胡適文存》、《白話文學史》、《中國古代哲學史》等等早已拜讀過，因此幾次聽胡先生的演講，都覺得「耳熟能詳」。能夠一睹這兩位大學者的風采，當場聆聽他們的演講，在當時於願足矣！做夢也沒想到，在十多年之後，自己竟然也跑到中央研究院歷史語言研究所以語言學爲終身的「職業」！至於我的「訓練」與「嗜好」兩方面，都不能「附驥尾以隨」了！

本文於民國71年4月3日發表於《國語日報》書和人

趙元任博士對漢語語言學的貢獻

　　民國58年，丹麥的著名語言學家易家樂（Soren Egerod）先生（時任北歐亞洲研究所所長）向夏威夷語言學會發表演說時，由李方桂先生擔任介紹。李先生劈頭就說：「當世有兩位居領導地位的漢學家：一位是在柏克萊的趙元任先生，另一位是瑞典的高本漢先生。易教授就是這兩位大師的高足，也是傑出的漢學家。」如今東西方兩位最偉大的漢學家都已先後離我們而去：高本漢先生於民國67年10月去世，而趙元任先生也在今年（1982）二月病逝。雖然他們都很長壽，都享年89歲，但我們仍然覺得還不夠，總希望他們再繼續領導漢學界幾年，並完成他們尚未完成的學術研究工作。

　　趙元任先生對於漢學的貢獻是多方面的，可分以下幾方面來說：他開拓了漢語語言學的研究新領域。他是第一位以科學的方法從事大規模的漢語方言調查。他領導中央研究院歷史語言研究所的語言組研究人員作了六次的方言調查。民國27年就撰成了「湖北方言調查報告」這一部鉅

著，成爲後來整理方言調查報告的典範。那幾次調查的材料，後來由楊時逢先生陸續整理出版了「雲南方言調查報告」及「湖南方言調查報告」（以上都在中央研究院史語所出版），還有一部「四川方言調查報告」也可望在不久的將來出版，都是大部頭的書。至於利用那些漢語方言材料撰成有價值的學術論文，更是不計其數。最著名的是趙先生早在民國23年在中央研究院歷史語言研究所集刊所發表的The Non-Uniqueness of Phonemic Solutions of Phonetic Systems（音位標音法的多能性）。國際上許多語言學家對這篇文章都推崇備至，公認是不朽的名著，在音韻學理論發展史上是一篇極重要的論文。

趙先生是中央研究院歷史語言研究所的主要創辦人之一。他擔任語言組主任數十年之久，爲史語所語言組的學術研究工作奠下極良好的基礎。他羅致當時最優秀的人材，如李方桂先生、羅常培先生，以及後來的如周法高、董同龢、張琨、丁聲樹、王靜如、周祖謨等等幾位先生，他們在學術上都有很高的成就。因此，趙先生不僅他個人有卓越的學術成就，在領導學術工作與方針方面也是功不可沒的。學術界尊稱他爲「漢語語言學之父」，他確實當之無愧。中國最先在語言學界取得國際地位，他是第一大功臣。

早在民國17年中央研究院成立以前，趙先生就爲統一中國國語、製訂國音字母及國語羅馬字而努力了。他手訂的字母系統，政府在民國17年正式採用頒行，全國奉行了

數十年。他在這一方面所作的工作普遍嘉惠國人。其實，中外人士學習國語，很多都以他所編的國語課本、國語字典爲標準。

趙先生以他數十年研究觀察所得而著成的「中國話的文法」一書可說是體大思精，材料豐富，是目前最完整最有系統的一部描寫國語語法的書。十多年來，凡是有關國語語法的重要著作，無論採取那一種語法理論或模式，幾乎沒有不以這部書爲主要根據，沒有不參考這部書的材料及其所提供的各種語法現象的。這部英文原著已分別由丁邦新先生跟呂叔湘先生譯成中文出版，不過丁譯的是全本，而呂譯的卻只是節本。

趙先生的語言學論文既有深度又有廣度，可以從他在史丹福大學出版的論文集Aspects of Chinese Sociolinguistics（漢語社會語言學各層面，1976）窺其一斑。這部論文集涵蓋的範圍非常廣，包括語音、語句、語義、詞彙各層次的問題，方言與標準語，兒童語言習得的過程，又如翻譯、借字、字典的編纂問題等都在他探討範圍之內。他所研究的一些問題爲日後社會語言學及心理語言學的發展舖路，也就是開這兩門科際研究的先河（這兩門都是近二十年來才急速發展的學科）。

其實，趙先生的著作並不限於語言學一科，其他學科如音樂、物理、數學、哲學他也都有獨到的見解與創作。他集人文與數理科學的智識修養於一身。除了語言學以外，他在美國幾個著名的大學如康乃爾大學與哈佛大學教

過物理、數學、中國音樂史。誠如現任加州大學東方語文學系主任詹米森（John Jamieson）教授所說：「很難描述趙教授的特點。他為人謙虛有禮、談吐溫和，但有超人的智慧與驚人的多種才華。他能夠把複雜的材料交待得很清楚，又帶有幽默感，這種非比尋常的秉賦是別人所不能及的。」（載San Francisco Chronicle舊金山新聞，1982年2月26日）。

　　論學術成就與地位，趙先生是中國語言學家中屬於第一流的超級巨星。他是唯一當選過美國語言學會會長（1945）的中國學者，也是最具權威性的Language語言雜誌出論文集為他祝壽的唯一中國學者。他除了早年在哈佛大學獲得哲學博士學位以外，他又先後獲得普林斯頓大學、柏克萊加州大學及俄亥俄州立大學等校頒贈的榮譽博士學位。1966年加州大學給他「教授研究講座」，是該校教職員所頒的最高榮譽。此外，他還獲頒許多獎助金與榮譽，包括哥根翰獎金（Guggenheim Fellowship）、傅爾布萊特（Fulbright）研究獎金、中華基金會語言學講座等。

　　民國48年趙先生在臺灣大學作一系列的語言學演講，演講記錄就是「語言問題」這一部書，是第一部用中文講語言學最有系統最清楚的參考書。後來（57年）他在劍橋大學出版部出的*Language and Symbolic Systems*（語言與信號系統），卻是用英文寫的語言學導論書。這兩部書性質相近，但內容卻大都不同；前者適合中文讀者使用，而後者適合外國讀者使用。趙先生對於一般語言學的貢獻當然不止以上這兩部入門書，他還發表了很多有深度有創見的學

術性論文。

　　趙先生晚年的重要學術研究工作是中國通字。所謂
「通字」，是取中國語言當中的一部分作爲研究寫作方便
全部的代表，就是某字與某字在字源上相通的意思。從這
「通」的觀念，他檢查一般的字書，結果把電報字書的將
近一萬字可以減少到兩千字左右，其中有百分之八十是沒
有同音字的。他爲每一個字擬共同音，可以代表不同時代
及不同地域上的各種方言。他已完成並發表了大綱，可惜
細節還沒擬定公佈出來他就過世了。

　　趙先生的去世代表一個時代的結束。他是結構學派的
語言學大師。這一學派的理論從1920年代至1950年代末期
最爲盛行。大約從1960年代開始變換學派成爲語言學理論
的主流。我們紀念趙先生，不止要緬懷前輩過去的輝煌成
就，而且要開拓未來的學術研究新領域。

　　　　　　本文於民國71年4月29日發表於《中央日報》副刊
　　　　　　　　於民國71年轉載於《華文世界》第27期

台灣語言學先驅
——小川尚義教授

一、前言

　　一般人的習慣是把中國境內的語言分為漢語和非漢語兩大類。許多年前,中國語言學界就尊稱趙元任先生(1892-1982)為「漢語語言學之父」,這是當年傅斯年先生送給趙先生的稱號。事隔多年,周法高先生又尊稱李方桂先生(1902-1987)為「非漢語語言學之父」。趙先生和李先生對中國語言學的傑出貢獻是國際公認的。他們兩位可說是中國境內語言學的先驅者,都可算是第一代的語言學家。第一代除了趙、李兩位而外,還有羅常培先生(1899-1959)。他們三位合作把瑞典漢學家高本漢先生(Bernhard Karlgren, 1889-1979)的鉅著《中國音韻學研究》從法文譯成中文,是學術界的盛事。

　　至於台灣地區的語言學先驅者就不是中國人了,而是日本學者小川尚義教授(1869-1947)。若論年齡和輩份,小川甚至比起趙、羅、李三人都還要早。比小川晚

一輩的淺井惠倫（1895-1969）才大致和趙、羅、李三人的
年代相當。

二、小川尚義奠立了台灣語言學的 堅實基礎

　　台灣在1895年割讓給日本，過了一年小川尚義教授
就到台灣來了，直到1936年退休，他才返回日本。這近
四十年的時間，他都奉獻給台灣，從事語言教學和語言
調查研究工作。前後四十年，他主要是調查和研究台灣
地區的語言，包括漢語方言和南島語言。中間除了有一
年半的時間（1916年12月-1918年5月）他到中國大陸（溯長江而上
到漢口，也到福建調查了四個月）和南洋菲律賓、婆羅洲北部、
馬來半島、緬甸、印尼等地，去收集和台灣地區有密切
關係的語言資料。

　　他退休回到日本以後，仍然繼續整理有關台灣南島語
言的資料，陸續發表論文至少在六篇以上。很不幸地他的
住宅遭到美軍轟炸擊中，他所蒐集的各種語言資料有一部
分毀於炮火，但幸而他早有防備，事先把大部分的資料都
移到安全的地方去，因而逃過此劫。一直到晚年他都念念
不忘他的研究工作，可說是至死方休。我們若說他的一生
都奉獻給台灣的學術研究，絕不爲過。

　　令人遺憾的是他的卓越貢獻，在他生前國際學術界幾
乎完全不知道，他的創獲並沒有受到當時國際學術界應

有的肯定。例如，德國學者田樸夫 Otto Dempwolff 的南島語言比較研究鉅著竟然都沒有引用小川的研究成果，造成南島語言學史上的一大憾事。他的創見要等到他死後十多年，才引起美國著名南島語言學者戴恩 Isidore Dyen（1965）的注意，並向西方學術界介紹。此後，凡是南島語言比較研究學者如挪威的達爾 Otto Dahl，美國的白樂思 Robert Blust，伍爾夫 John Wolff，帥德樂 Stanley Starosta，雷德 Lawrence Reid，澳洲的羅斯 Malcolm Ross 等人都很重視台灣南島語言的各種資料和現象。

　　語言學是一個冷門的學問，南島語言學更是冷門中的冷門。從事冷門的學術研究工作要耐得住寂寞。尤其難得的是，小川教授一生都在寂寞中度過。他的創獲雖然重要，當年卻得不到學術界的回響，只有極少數日本學者，如馬淵東一，才稍微知道他的研究工作的重要性。小川卻能秉持對純學術的良知和愛好，一直堅持下去，這種精神確實值得我們的欽佩。何以他生前沒得到國際學術界應有的重視和尊敬呢？最主要的原因是，他的著作全部都用日文發表，沒有一篇用外文發表。因此，他在國際的知名度卻反而不如淺井惠倫、馬淵東一這幾位同是日本學者但都有一些論文用英文發表。他的研究工作也沒有受到當局和權威方面的保護或鼓勵，因為他研究的對象並不是比較熱門的中國北方官話或通行南洋的馬來語（馬淵 1948）。稍可安慰他的一件事是，他和淺井合著的專書《原語による台灣高砂族傳說集》在1936年榮獲「恩賜賞」（日本天皇

獎）。儘管他的學術貢獻並不爲當時國際學術界所知，但他對於國際學術界的動態和進展卻非常注意，也瞭如指掌。據了解，晚年他曾婉拒頒贈給他博士學位，好謙虛！

曹雪芹創作《紅樓夢》，前後花了十年的時間，都還沒完成。他自題詩道：「字字看來皆是血，十年辛苦不尋常。」小川教授對台灣語言的研究工作卻是前後有五十年之久，比起曹雪芹的創作更是艱苦備嘗了。他當年所冒的危險更非一般人所能想像。二十多年前我在中研院史語所講論會上做研究報告時，曾引用上面這句話來比喻我對台灣南島語言研究的狀況。當時李方桂師也在座，他只是微微一笑。現在想起來，比起小川教授的畢生五十年不斷的研究，方桂師也是畢生五十年對傣語的比較研究，我眞是小巫見大巫了！

台灣語言學的基礎是由小川教授一手奠定的，包括台灣地區的漢語方言調查（參見他的《日台大辭典》（1907）和《台日大辭典》（上卷1931，下卷1932）各上下二卷）和各種南島民族語言的調查研究。

台灣地區的南島語言種類繁雜，大約有二十多種，彼此差異很大。在荷蘭據台時期（1624-1662）的短短 38 年當中，荷蘭傳教士爲我們留下了一些珍貴的平埔族語言資料，包括西拉雅和法佛朗語。可是在清朝治台二百多年間（1683-1895）卻沒有爲我們留下多少語言資料。眞正爲台灣地區的語言最早做有計劃的調查研究的是在台灣割讓給日本之後，由小川尚義他一人單獨進行的。正如馬淵（1948）

所說的，「小川教授就是以當時似可稱爲台灣唯一語言專家的身分，在這幾乎未有人開拓的荒野上，揮下了第一鋤。」（余萬居譯）那時語言學還沒有獨立成爲一個學科，語音學還在起步的階段，因此小川還要摸索如何用正確的語音符號去記錄實際的語言。從1897 到1926年近三十年的時間，他大部分的時間都在教學日語（就是當時所稱的「國語」）和研究台灣閩南方言，主要的成果是編纂出版了《日台大辭典》（1907）、《台日大辭典》（1931, 1932） 和《新訂日台大辭典》（1938）三大部工具書。

　　他積極對於台灣南島語言進行調查研究，是在1926年以後，之前他在這一方面的研究工作可說比較零碎，所發表的論文雖有十多篇，但眞正有份量的並不多。1930~1935這五年間可說是豐收期，在這段時間他出版了三本袖珍小辭典（排灣、泰雅、阿美）和好幾篇重要的學術論文。他和淺井惠倫合作出版了劃時代的鉅著《原語による台灣高砂族傳說集》（1935），內容包括所有高山族語言，由小川負責：泰雅、賽夏、魯凱（大南社、taramakaw社）、排灣、卑南、阿美等七種語言，而由淺井負責賽德克、布農、鄒、卡那卡那富、拉阿魯阿、魯凱（下三社）、雅美等七種語言的語法概說及文本 （texts），共 783＋55頁。這段期間他所發表的好幾篇論文都有很重要的發現和創見：

　　（一）小舌音 q 和舌根音 k 在排灣語及其他一些台灣南島語言顯然有別，可是在台灣地區以外，q音

大都已變成 h、x 或 $?$，或完全丟失。這種分別應
該上推到古南島語（他當時管它叫做印度尼西安語）。

（二）台灣南島語大都像排灣語一樣的區分 ts 類音和
舌尖塞音 t，他把 t 叫做 t_1，ts 類音叫做 t_2。這種
分別在台灣地區以外的語言全部都已消失了，
可見台灣地區的語言保存了古語的特徵。同樣
地，台灣地區的語言還保存另外兩種分別：一
個是 d_1 和 d_2 的不同，另一個是 n_1 和 n_2（語音上多為
邊音 l），而這種區別在台灣地區以外也大都已
消失了。第一種和第二種 d 在南洋的語言都一
樣是 d，但根據台灣第二種類型的 d（d_2），據
他推測原為捲舌音。第一種和第二種 n 在南洋
群島的語言都是相同，大致都只是 n，但在台
灣第二種 n 多為邊音 l、l，少數為擦音 x 或 δ。

（三）南洋群島的語言都只有一種舌尖擦音 s，然而
台灣地區的語言卻反映有兩種不同類型的 s。
第一種類型各地區大致相同，但是第二種只有
台灣地區的語言才保存為 s 音，在其他地區或
變作 h 或消失。

（四）台灣地區的語言 r_1 對應於南洋群島語言的 r、
l、d，即 RLD 法則；r_2 對應於南洋群島語言的
r、g、h，即 RGH 法則。

（五）台灣地區的語言保存不少構詞和句法上的特
徵。

　　小川把動詞分為兩大類，其中之一就是是我們現在所說的名物化的（nominalize）動詞。第一類動詞以主事者當主格，稱為「主體主」，第二類動詞以主事者當屬格，可細分為三種：（1）以受事者當主格，稱為「客體主」，（2）以處所當主格，稱為「位置主」，（3）以工具為主格，稱為「工具主」。此外，他又把動詞的變化類型分為「現實式」（realis）與「非現實式」（irrealis）。

　　根據馬淵教授（1948）的追悼文，小川大規模調查台灣南島語言時，年紀已經不小了（大約61歲），他的聽力已經退化，不太靈光了。可是一到調查記音的時候，他的辨音能力就變得非常靈敏，即使微細的差別，他也能分辨得清清楚楚，使當時比他年輕26歲的淺井惠倫大為驚服。這件事使我想起 1993年元旦那天，我帶著一群國際南島民族學者到東部去參觀訪問，年近80歲的戴恩Isidore Dyen教授對於聽卑南、阿美、魯凱、排灣等各種語言，其辨音能力確實使我們年輕一輩的非常歎服。我在1970年首次調查魯凱語大南方言，事後對照小川的記錄，就發現我的記音有不少的錯誤。在記音和分析各方面，我都從小川教授的著作（以至他未發表的稿件）中學到很多寶貴的知識和經驗。

　　從小川的事蹟中，我們可以領會到他做學問很有眼光，視野寬闊。他不僅調查研究台灣地區的語言，而且積極收集南洋和亞洲大陸的語言資料，以資比較。因此，他才能理出不同地區的主要差異，並且進一步判斷那些現象

是原來古語就有的，那些才是後起的。他那些資料都是自己親手整理、抄寫的，並沒有助理幫忙。我們現在從事研究工作的人要比他幸運多了。如果我們的研究成果還趕不上他，那就太慚愧了。

　　本人跟日本的土田滋教授都從事台灣南島語言的調查研究工作有三、四十年之久，最能體會小川尚義的傑出貢獻。爲了表示對他的崇高敬意，把我們兩人合編的《巴宰語詞典》（2001）奉獻給他。

　　日本人精神可佩的地方還不止此。日本所任命的台灣總督上山滿之進退休時，把他所收到的「餞別金」（按當時的慣例，在總督退休時，凡是擔任公職的人都要提撥一部分薪資來贈送給他作爲「餞別金」）全數都捐出來，送給台北帝國大學的土俗人種學研究室和言語研究室作爲調查研究費用。這一筆資金後來發揮了很大的作用，就是對台灣高砂族進行了人類學和語言學的全面調查研究，五年後出版了兩部劃時代的重要著作：移川子之藏、宮本延人、馬淵東一（1935）的《台灣高砂族系統所屬の研究》和小川尚義、淺井惠倫（1935）的《原語による台灣高砂族傳說集》，至今仍是相關領域的經典之作。可見日本大官也相當重視學術文化工作，不但大公無私，而且有眼光，盼望我國大官也能有這樣的眼光和胸襟。

三、小川對漢語研究的貢獻

　　最早對台灣做漢語方言（閩南語和客語）做普遍調查研究的也是小川教授。他調查研究的主要成果都發表在他所出版的專書中。例如在他那部《日台大辭典》（1907）中所附的「台灣言語分布圖」，眞可以說是有史以來的第一張圖，也是非常珍貴的一張圖，既詳細又精確。大約在一百年前，台灣還是農業社會型態，居民較少做大規模的遷徙，因此這張圖頗能反映早期閩客人從福建移民到台灣的聚落型態，它有很高的學術參考價值。那張地圖顯示當時的台灣閩客語分佈，跟他後來在 1935 年出版的專書中所附的「台灣高砂族言語分布圖」同樣地都是第一張。在閩客語這一方面的研究工作，他所做的工作不但多，而且品質也都很高。

　　爲了瞭解閩客語在漢語史中的地位，他廣泛地收集了各種漢語方言資料，而且親自到中國大陸去實地調查，包括長江中下游跟福建等地。他所做的漢字音比較研究（1907），就是採用西方發展出來的現代語言學的研究方法跟歷史比較方法。他的古今漢字音對應表，包括各種漢語方言以及漢字域外譯音的資料，也是漢語語言學史上最先做出來的古今漢字音對應表，比瑞典漢學家高本漢（Bernhard Karlgren）在1915年發表的博士論文《中國音韻學研究》（Études sur la phonologie chinoise）還早了八年（參見洪惟仁

1994）。因此，小川不僅是台灣語言學先驅，他也是漢語史和漢語方言調查研究的開拓者。他就是最先引進西方的現代語言學方法來研究漢語跟南島語言的最大功臣。他的學術研究品質是國際一流的，可是他的傑出貢獻在當時的國際學術界並不知情，而沒有善加引用，實在令人惋惜。

　　雖然小川對於台灣南島語和漢語這兩大領域的研究都是開拓性的，但他一生澹泊名利，儘管他的著述極為豐富，除了他所發表的數十篇論文以外，他負責編著的好幾部專書都不是用他的名義出版的；大部頭的書《日台大辭典》（1907）、《台日大辭典》（1931, 1932）和《新訂日台大辭典》（1938），較小部頭的辭書《日台小字典》（1898）、《日台小辭典》（1908）和《台日小辭典》（1932），都是以「台灣總督府」的名義出版。他跟淺井合寫的鉅著《原語による台灣高砂族傳說集》也只是以「台北帝國大學言語學研究室」的名義出版。如果不看序文或編輯說明，我們無從知道這些專書的真正著作人就是小川尚義教授而埋沒了他的功績（參見洪惟仁前引文）。

四、小川的台灣南島語言調查研究資料

　　大約一百年前小川就開始著手調查研究台灣南島語言了。在那個時代仍有少數平埔族語言日常仍在正常地使用，包括巴宰語、邵語、噶瑪蘭語；此外還有一些平埔族語言雖然日常已經不講，但仍有一些老人還記得一些話。

因此他當時的記錄就成為非常珍貴的語言資料了。他生前雖然發表了不少重要的論文跟專書,但是仍有大量的田野調查筆記未及整理出來,另有一些未發表的稿件來不及出版他就去世了(1947年11月20日)。

他那一批珍貴的語言資料到哪裡去了呢?據了解,他去世後,大約在 1950 年,於名古屋南山大學任教的淺井惠倫教授要求校方取得全部遺稿。大約在三十年前(1975),我曾寫信給日本著名人類學家馬淵東一教授,向他請教那一批資料的下落。他回信說:他在南山大學任教時向該校同事打聽過,卻不得要領。顯然淺井一個人獨佔使用,別人都無法看到。淺井於1969年去世之後,由於他的遺屬、同事、門生等的共同努力,把他的語言學資料全部都由東京外國語大學亞非語言文化研究所取得並收藏。事後土田教授發現,不僅有淺井個人所蒐集的台灣南島語言資料,還有很多是小川所做的田野筆記、未發表稿件,以及不少相關的參考資料,同時也摻雜了其他資料,包括少數伊能嘉矩的手稿在內。根據那一批資料,後來土田教授整理出一部專書《西部平埔族語言比較詞彙表》(Tsuchida 1982,英文)出版,此外又發表了一篇重要的論文〈龜崙:台灣另一種南島語言?〉(Tsuchida 1985,英文)。

1999 年 6 月,我首次到東京外國語大學去看那一批資料。乘此機會,我跟土田教授聯袂到名古屋南山大學人類學研究所,去看他們所保存的三大箱所謂淺井的資料。很意外地,我們發現那一批資料全部都是小川個人所留下

的語言資料，眞令我們非常驚喜。那一批珍貴的台灣南島語言資料被埋沒了半個世紀之久才又出土！沒有被當廢紙丟棄已是萬幸了！從那一次起，我每年都到日本東京外國語大學跟名古屋南山大學去一次，每次待個把禮拜，查閱那些語言，重要的也都影印攜回台北做整理跟分析。我們在東京外國語大學出版了兩部小川所整理的專書*English-Favorlang Vocabulary*（2003），有本人的前言；另有一部也是小川整理的專書，《台灣蕃語蒐錄》（2006）。本人跟東京外國語大學以及名古屋南山大學合作執行了一個專題研究計畫，「日治時期日本學者對台灣南島語言的調查研究資料」，爲期三年（2001/7/1-2004/6/30），獲得蔣經國學術交流基金會的資助。東京外國語大學亞非語言文化研究所也瞭解那一批資料的重要性，已把絕大部分的資料（含東京跟名古屋的）都掃瞄並上網，也把我所整理出來的目錄及各件主要內容說明都上了網，以方便有興趣的學者隨時上去查尋（網址爲 http://jcs.aa.tufs.ac.jp/Asai，查目錄的網址爲http://jcs.aa.tufs.ac.jp/Asai/catalog/）。這些資料，東京外國語大學亞非語言文化研究所將會轉讓給台灣的國家圖書館。

小川尚義

參考資料

1. 小川生平略歷

原籍：日本松山市出淵町 1 町目 27 之 2 番地。

出生地：四國島伊予國溫泉郡。

出生：明治二（1869）年二月九日。

1893.06.09　第一高等中學校畢業。

1896.07.10　東京文化大學博言學科（語言學系）畢業。

1896.10.26　台灣總督府學務部編輯事務專員。
　　　　　　同年 12 月初來台灣。

1899.03.29　總督府國語學校教授。

1901.05.07　總督府編輯官。

1905.09.30　兼任總督府國語（日語）學校教授。

1909.06.04　兼任總督府視（督）學官。

1911.10.16　總督府民政部學務課編修課表。

1918.04.22　總督府翻譯官、編輯官。

1919.09.16　兼任台北高等商業學校教授。（講授以高砂族為主的南方民族學）

1925.04.07　總督府圖書編輯事務專員。

1927.01.31　台北帝國大學（台灣大學的前身）創立準備事務專員。

1928.03.17　台北帝國大學文政學部兼任講師。

1930.03.12　台北帝大文政學部教授。

1936.03.23　　退休。回日本。

1936.06.01　　獲天皇「恩賜賞」(因『原語による台灣高砂族傳說集』一著而獲獎)。

1947.11.20　　在他的故鄉松山市逝世，享年 79 歲。

2. 小川尚義語言學著作目錄

1898　　《日臺小辭典》。台灣總督府民政部學務課。

1899　　〈蕃語研究の來歷〉，《蕃情研究會誌》2:1-6 (1899:4)。漢譯文見黃秀敏譯、李壬癸編審[1] (1993):188-192。

1900a　〈台灣に於ける蕃人の數語〉，《蕃情研究會誌》3:69-70 (1900:1)。

1900b　〈台灣語語尾鼻音の記號に就て〉(稿本殘存、印刷濟か否か不詳)。

1900c　字音假字用格 (同上)。

1901　　〈訂正台灣十五音字母詳解〉，《民政部學務課》。

1902　　〈キビシヨと云ふ語に就て〉，《台灣慣習記事》2.3:50-53 (1902:3)。漢譯文見黃秀敏譯、李壬癸編審 (1993):193-195。

1905　　〈蕃語文書の斷片〉，《台灣教育會雜誌》39:17-20 (1905:6)。漢譯文見黃秀敏譯、李壬癸編審

1　黃秀敏譯，李壬癸編審. 1993.《台灣南島語言研究論文日文中譯彙編》。台東市：國立台灣史前文化博物館籌備處。

（1993）:196-199。

1905-7 〈數詞に就て〉,《台灣教育會雜誌》42:9-11
（1905:9）, 43:12-15（1905:10）, 63:5-8（1907:6）, 64:6-9
（1907:7）。漢譯文見黃秀敏譯、李壬癸編審
（1993）:200-209。

1906　〈台灣語に就て〉,《台灣協會會報》91:8-13
（1906:4）。漢譯文見黃秀敏譯、李壬癸編審
（1993）:210-212。

1907　《日臺大辭典》。總督府民政部總務局。

1908　〈「サル」という詞〉,《台灣教育會雜誌》70:5-
7（1908:1）。漢譯文見黃秀敏譯、李壬癸編審
（1993）:213-215。

1910　〈キビショといふ語に就て〉,《人類學雜誌》
25.286:147-150（1910:1）。

1911　〈タイヤル蕃語の動詞の構造〉,《台灣教育會雜
誌》110:9-11（1911:5）。漢譯文見黃秀敏譯、李壬
癸編審（1993）:216-219。

1916　〈日本と南洋〉,《台灣教育》173:28-30（1916:11）。
漢譯文見黃秀敏譯、李壬癸編審（1993）:220-222。

1917　*A Comparative Vocabulary of the Languages and
Dialects of the Island of Formosa*（Taiwan）. 617 pp.
Taihoku.

1923　〈台灣の蕃語について〉,《台灣時報》49:6-
23（1923:10）。漢譯文見黃秀敏譯、李壬癸編審

（1993）:223-234。

1930a 〈パイワン語に於ける q の音〉,《言語と文學》
1:37-44（1930:1）。漢譯文見黃秀敏譯、李壬癸編
審（1993）:235-239。

1930b 《パイワン語集》。387 pp.。台北：台灣總督府
（1930:3）。

1930c 〈パイワン語に於ける ts の音〉,《言語と文學》
2:51-56（1930:4）。漢譯文見黃秀敏譯、李壬癸編
審（1993）:240-242。

1930d 〈ファボラング語について〉,《言語と文學》
4:33-40（1930:11）。漢譯文見黃秀敏譯、李壬癸編
審（1993）:243-257。

1930e 〈台灣の言語〉,《日本地理大系台灣篇》333-336。

1931a 《アタヤル語集》。台北：台灣總督府。

1931b 〈蕃語より見たる「トダル、チダル」〉,《言語と
文學》6:33-39。漢譯文見黃秀敏譯、李壬癸編審
（1993）:258-262。

1931c 《臺日大辭典》上、下二卷。台灣總督府。

1932a 〈台灣蕃語の數詞用法の二例〉,In《金澤博士
還曆紀念、東洋語學の研究》,573-579。東
京：三省堂。漢譯文見黃秀敏譯、李壬癸編審
（1993）:266-269。

1932b 〈土俗に關する蕃語の數例〉,《南方土俗》ND
1.4:1-6（1932:4）。漢譯文見黃秀敏譯、李壬癸編

審（1993）:263-265。

1932c 《台日小辭典》。

1933 《アミ語集》。412 pp.（1933:6）。台北：台灣總督府。

1935a 〈原語による台灣高砂族傳說集〉。台北：台北
帝國大學言語學研究室。

1935b 〈インドネシアン語に於ける台灣蕃語の位置〉，
《日本學術協會報告》10.2:521-526。漢譯文見黃
秀敏譯、李壬癸編審（1993）: 270-276。

1938 《新訂日臺大辭典》上、下二卷。台灣總督府。

1939a 〈時に關する高砂族の語〉，《民族學研究》5.1:1-
14。漢譯文見黃秀敏譯、李壬癸編審（1993）:277-290。

1939b 〈タロコの傳說〉，《台灣總督府博物館創立三十
年紀念論文集》，165-175。漢譯文見黃秀敏譯、
李壬癸編審（1993）:291-298。

1940 〈Calamian 語とAgotaya語〉，In《安藤正次教授
還曆祝賀紀念論文集》，1215-1228。漢譯文見
黃秀敏譯、李壬癸編審（1993）: 299-306。

1942 〈台灣高砂族に於て「與へる」といふ言葉ふ就
て〉，《言語研究》GK 10-11:1-26。漢譯文見黃秀
敏譯、李壬癸編審（1993）:307-326。

1943 〈台灣高砂族の語にて「臼」と「杵」といふ詞に
ついて〉，《民族學研究》New Series 1.1:12-18
and 1.2:38-46。漢譯文見黃秀敏譯、李壬癸編審
（1993）:327-337。

1944　〈インドネシア語に於ける台灣高砂語の位置〉。
　　　In 太平洋協會,《太平洋圈民族と文化》上
　　　卷,451-503。漢譯文見黃秀敏譯、李壬癸編審
　　　(1993):338-380。

1999a　〈臺灣府誌に出でたる蕃語〉,《臺灣原住民研究》
　　　4:159-186。(edited by Shigeru Tsuchida)

1999b　〈臺灣蕃語の音韻變化〉,《臺灣原住民研究》
　　　4:187-192。(edited by Shigeru Tsuchida)

2003　*English-Favorlang Vocabulary*, edited by Paul Li.
　　　Asian and African Lexicon Series No.43, Research
　　　Institute for Languages and Cultures of Asia and
　　　Africa, Tokyo University of Foreign Studies.

3. 有關小川尚義的報導

小川晴江. 1999.《米そして五十年》127pp. 名古屋：風媒社。

酒井亨. 1994.〈小川尚義──ある偉大台灣語學者故鄉・
　　松山〉,《ふぉるもさ》5:2-8。

參考文獻

李壬癸 Li, Paul Jen-kuei. 1996.〈台灣語言學先驅〉,《宜蘭縣南島民族與語
　　言》,240-244。宜蘭縣政府。

── 2000. Formosan language materials by Ogawa at Nanzan University.《臺灣
　　史研究》5.2:147-158. 日本譯文版本（土田滋譯）〈南山大學所藏小川尚

義による台灣原住民諸語資料〉,《南山大學人類學研究所通信》8:2-7。

洪惟仁 Ang, Uijin. 1994〈小川尚義與高本漢漢語語音研究之比較——兼論小川尚義在漢語研究史上應有的地位〉,《台灣史研究》1.2:25-84。

Dyen, Isidore. 1965. Formosan evidence for some new proto-Austronesian phonemes. *Lingua* 14:285-305.

Mabuchi, Tôichi 馬淵東一. 1948.〈故小川先生とトンドネシア語研究〉,《民族學研究》13.2:160-169。

Ogawa, Naoyoshi 小川尚義. 1907.〈日台大辭典緒言〉,《日台大辭典》,1-212。台灣總督府。

―― 2003. *English-Favorlang Vocabulary*, edited by Paul Li. Asian and African Lexicon Series No.43, Research Institute for Languages and Cultures of Asia and Africa, Tokyo University of Foreign Studies.

Ogawa, Naoyoshi and Asai, Erin 小川尚義,淺井惠倫. 1935.《原語による台灣高砂族傳說集》[The Myths and Traditions of the Formosan Native Tribes]。台北：台北帝國大學言語學研究室 [Taihoku: Taihoku Teikoku Daigaku Gengo-gaku Kenkyu-shitsu]。

Tsuchida, Shigeru 土田滋. 1970.〈故淺井惠倫教授とアウストロネシア言語學〉,《アジア・アフリカ言語文化研究所通信》10:2-4。

―― 1982. *A Comparative Vocabulary of Austronesian Languages of Sinicized Ethnic Groups in Taiwan, Part I: West Taiwan.* 東京大學文學部研究報告7,語學・文學論文集 [Memoirs of the Faculty of Letters, University of Tokyo, No.7]。

―― 1985. Kulon: Yet another Austronesian language in Taiwan? Bulletin of the Institute of Ethnology 60:1-59.

Utsurikawa, Nenozô 移川子之藏. 1935.《台灣高砂族系統所屬の研究》[The Formosan Natives: A Classificatory and Genealogical Study]。2 Vols.。台北帝國大學土俗人種學研究室。

本文於民國93年5月22日發表於《國語日報》書和人第1004期

影響我最深的人
——胡適

一、學生時代對我的影響

　　我上初中時，從國文課本中讀到胡適先生寫的「我的母親」（擷取自《四十自述》），很受感動：他母親很愛護他，卻管教很嚴，也因此，才能造就對社會有用的人才。後來又唸到他翻譯的法國短篇小說「最後一課」，通篇都是一個小學生的口氣，就好像自己親身經歷的一般。從那之後，我就喜歡看胡適寫的文章了。他文章最大的特色就是明白曉暢，非常清楚。

　　我上高中，所使用的國文課本是許世瑛教授主編的，所選的胡適的文章就更多了，多取自《四十自述》，《胡適小說選譯》，《胡適文存》等書。我們所唸過的文章包括「讀書」、「不朽」、「論短篇小說」、「老殘遊記的文學技術」等等。其中「讀書」那篇文章給我的影響最大。他說「讀書有兩個要素：第一要精，第二要博」。什麼叫「精」？他說，讀書要達到最好的效果，須有這四

到：「眼到，口到，心到，手到」。什麼叫「博」？他說，什麼書都要讀，就是博。當然有的書要細讀，而有的書只要略讀就可以了。他認為「理想中的學者，既能博大，又能精深」。他最後的結論是，「為學要如金字塔，要能博大要能高」。我覺得看胡適的文章受益很大。只看國文課本所選的那幾篇文章似嫌不夠，我就到圖書館去借《胡適文存》（共四集），自己一篇一篇地讀。他在康乃爾大學念大學部的時候，就開始發起白話文學運動了。而且他就已經想到：歷代的白話文要從佛經的翻譯中去尋找資料，有那樣的眼光，實在令人佩服。一個高中生不太可能完全看懂他所有的論文，但就看懂的部分，收穫就很可觀了。因為看胡適的文章，觀念較新，我們國文的老師就常在我的作文簿上寫下這一類的評語：「見解高人一等」。其實，那是拜受胡適之賜。梁實秋先生發表過一篇「影響我的幾本書」，其中一部就是《胡適文存》，並認為胡適是「我們這一代人在思想學術道德人品上最為傑出的一個」。

　　民國44年我考大學聯考，國文科作文題目就是「一個影響我最深的人」，我寫的就是胡適。那時我已看過他不少著作了，寫也寫不完，但國文科的分數仍然頗高（80分）。

　　我在師大英語系念書的時候，就看了他的《留學日記》，《白話文學史》，《中國古代哲學史》等書。大二時（1956）曾在師大的禮堂聽他在國大代表歡迎茶會上的演

講。大三時（1957），梁實秋先生邀請他到師大對教授、研究生做專題演講，我也跑去聽了。他講的題目是「中國文學史的兩條路線」，他的主要觀點和內容跟他的專書《白話文學史》可說沒有什麼差別，我微感失望，但能在近距離聽一代學人的演講，心理還是蠻高興的。

二、學術界的領袖

胡適博覽群書，著述態度嚴謹，寫文章都是全力以赴，絲毫不苟。他在《胡適文存》第一集序裡說道，「我自己現在回看我這十年來做的文章，覺得我總算不曾做過一篇潦草不用力氣的文章，總算不曾說過一句我自己不深信的話，只有這兩點可以減少我良心上的慚愧。」他的話影響我一生做學術工作的態度。1996年我在新書《宜蘭縣南島民族與語言》發表會上就曾引用他這句話。

胡適自己著述態度嚴謹，對於學生晚輩的督促也很嚴格，但都出自於他的愛心。只要看他的學生羅爾綱所寫的《師門五年記》，就可見一斑。

胡適提倡科學和民主，是自由派的人物，主張漸進式的改革，反對採取任何激烈的手段。民國38年，中國共產黨席捲整個中國大陸，國民黨政府全面潰敗，撤退到台灣之後，胡適也就隻身到美國去。從民國36年到39年，他發表了一系列的批評共產黨的文章，後來自由中國社就集成一冊，題為《我們必須選擇我們的方向》。他認為

「在共產黨統治之下決沒有學術思想的自由」。他這些言論惹火了中國共產黨，就發動了全面的「清算胡適思想」。在台灣他支持《自由中國》雜誌的發行，督促中華民國政府實行自民主政治，有時也寫文章在該雜誌上發表，當權者難免耿耿於懷。晚年胡適回到台灣擔任中央研究院院長之職，不但無法挽救被判入獄受刑的《自由中國》雜誌社發行人雷震，後來連他自己的行動也都一直受到監視，眼看就要受到全面的圍剿了。他於51年突然病發去世，可說是鬱鬱而終的！（詳情請參見何索所寫的〈寂寞的獅子〉）當時美國國務卿Dean Rusk就曾公開發表悼念他的談話：「胡適先生的逝世是自由世界的損失。他是反抗極權統治和壓抑言論自由的精神領導人。」他出殯的那一天，靈車由極樂殯儀館移靈回中研院時，上萬人送行，中央研究院附近一帶的居民，家家戶戶都自動自發地點香擺設祭品祭奠他，老百姓由衷地敬佩這一代偉人，是名符其實的死後備極哀榮。

同年六月，中央研究院院務會議決議：把在院內的胡適住宅改為胡適紀念館。後來胡適在美的友人Cornelius Starr捐款興建一座陳列館，陳列胡適生前的遺稿、遺物、著作，藉以緬懷這一代的學人。胡適紀念館陸續出版了他的《中國中古思想史長編》、《胡適時論集》（8冊，2018），《胡適中文書信集》（5冊，2018）。

三、我的朋友胡適

　　儘管胡適在學術和思想上高人一等，但他卻是十足的平民作風，跟什麼人都可以做朋友，連賣燒餅的也不例外。因此，「我的朋友胡適」這樣的話就不脛而走，不僅傳遍了全中國，連有些美國人也把他當作自己的朋友或有所耳聞。日本發動侵華戰爭之後，中國的局勢極爲惡劣，胡適乃臨危授命，擔任駐美大使。有一次，他宴請美國國會議員，有一位議員並不知主人就是胡適，竟然向他打聽：有沒有聽說過「我的朋友胡適」？結果他們二人相擁而大笑。

　　許多人碰到有疑難和重大的問題時會想到去向胡適請教。民國26年發生蘆溝橋事變，日本發動全面的侵華戰爭，那年李方桂師接到美國耶魯大學的聘約要他去擔任客座，感到有點躊躇：在國難時期應聘到美國去是否合適？於是李師母就去向胡適請教，胡適很鼓勵他去應聘：我們國家今天變成這個樣子，方桂到美國去，要是能做出一些成績，對國際學術界有所貢獻會更有意義。當時交通險阻，而李先生已先一步運書到上海去了。後來胡適託鐵道部次長張慰慈順便護送她們母子女三人，從南京到上海去跟李方桂會合，候船到美國去。（見徐櫻著《方桂與我五十年》）

　　即使不認識胡適的人寫信給他，只要言之有物，他都會回信，而且一點都不馬虎。跟他通信往來的，包括學

界、政界、一般民眾等等，各色各樣的人物都有。他習慣
上寫信常會留一份副本。民國37年12月，他匆匆搭飛機逃
離北京，他所有的藏書、手稿、信件、日記等等，全部都
留在北京無法帶出來。事隔多年，中國大陸近年來也開放
了不少，幸能學術歸學術，陸續出版他的遺稿，其中包括
《胡適來往書信選》（三冊），《胡適日記全編》（八冊）。
胡適一定精力過人，而且有恆。他記日記的習慣五十餘年
如一日，很少中斷。日記內容包括他做學術研究的雜記、
國家大事、公私事務、社會政治問題、人物評論等等，不
一而足，內容可說極為豐富。他一生多采多姿，令人嘆為
觀止。

　　常言道，「樹大招風」，胡適名滿天下，也就成為有
爭議性的公眾人物，他的一言一行都見於報刊雜誌。然
而，他當年為「自由中國」雷震辯護的言論，在報章雜誌
上卻完全不見隻紙片字，明眼人當然明白真正的原因是什
麼。

　　胡適愛護和提攜年輕而又有潛力的學生晚輩不遺餘
力，如他對吳健雄、陳之藩、彭明敏等人的鼓勵和協助，
是許多人都知道的事。

　　胡適是前輩的大學者，我這個後生晚輩雖然無緣當胡
適的朋友，但是從他的學術著作和言論中卻學到不少做學
問和做人的基本道理。

四、對於胡適的評價

胡適對於中國傳統的國學文、史、哲都有很高的素養，對於現代西方的學術思想潮流和科學技術又都有深刻的認識，因此他便成為中國近現代享有盛名的學者，是中國學術界的重要領導人物，歷數十年而不衰。

儘管也有人認為胡適名過其實，但是他的學術貢獻是無可置疑的。有不少學術研究工作是由他最先開創的。他最先做白話小說的考證，從經典名著《水滸傳》、《紅樓夢》、《西遊記》、《儒林外史》、《老殘遊記》等到二流小說《鏡花緣》、《醒世姻緣》、《三俠五義》、《海上花列傳》、《兒女英雄傳》、《官場現形記》等。為了研究中國中古思想史，他對於禪學下了不少工夫，也是他最先發現神會和尚這個禪學史上的重要人物。他是第一個寫《中國古代哲學史》的人，也是第一個寫《白話文學史》的人。試問近現代中國學者當中有幾位能像他那樣「開風氣之先」？

胡適學術研究的領域範圍很廣而又很深入，稱得上博大精深。周法高院士曾說：胡適在文學院許多系都可以開課，包括中文系、外文系、歷史系、哲學系等等，而趙元任在文學院和理學院都可以開課。現代的學者很難找到像這兩位前輩學者一樣的淵博。

然而，胡適的學術研究工作並非無懈可擊。第一，他早年和中年的研究成果卓著固然無庸置疑，但是他晚年的

學術思想似乎就停滯不前了。例如,民國41年他第一次回國發表的一系列演講,跟他幾十年前所發表的論著並沒有什麼不同,實在看不出有什麼新的觀念或內容。第二,他的《中國哲學史大綱》跟《白話文學史》都只有上卷,而沒有下卷。他年輕時代的衝勁,到後來就不見了,非常可惜。他也許是受盛名之累吧,晚年著述趨於更謹慎吧?

胡適在語言方面寫過幾篇文章,有上古時期的〈詩三篇言字解〉、〈爾汝篇〉、〈吾我篇〉,也有近現代的〈國語文法概論〉,他的觀察大致上都是正確的。但是他那時候還是缺少分期和區分地域及不同作者的觀念。他所引的例證雖同是先秦時期,前後卻好幾百年,而且不同作者又有時代和地理區域方言的差異。從早期北方官話到現代白話的各種文學作品,從《水滸傳》到《儒林外史》到《紅樓夢》,也都有類似的問題。此外,胡適曾認為漢語文法簡單易學,這是中國文化的優點之一。從現代語言學的觀點,類似這樣的觀念顯然有偏差。畢竟每個人的專長不同,都有其局限性,我們不宜求全責備,更不應苛求胡適,企望他萬能。

胡適曾先後獲得35個榮譽博士學位,有不少是美國著名的大學,如哈佛、普林斯頓、耶魯、芝加哥、哥倫比亞,也有兩個加拿大的:McGill和多倫多大學及一個英國的牛津大學,頒贈的多為法學或文學榮譽博士學位,而且絕大多數都是在他擔任駐美大使的那幾年(1938-1942),最

後一個是他擔任中央研究院院長時（1959）頒贈的。由此可見，頒發榮譽博士學位的條件不純粹只是學術成就，還要看他的地位和影響力。胡適所獲的榮譽博士學位之多，創歷史記錄，至今中國人還沒有人能打破這個記錄。

五、胡適的名言

胡適有些名言對於學術界產生重大的影響。他常提倡的「大膽的假設，小心的求證」就是最好的例子。1957年，楊振寧和李政道榮獲諾貝爾物理學獎，在紐約一帶的華人舉辦慶祝會，由胡適主持，兩位得獎人就公開說，他們曾經受到胡適那句話的啟示。

胡適還有不少的名言，在做人和做學問兩方面都有振聾發聵的作用，對我也產生很深的影響。例如：

　　有幾分証據，説幾分話；有七分証據，不能説八分話。

　　要怎麼收穫，先那麼栽。

　　不做無益事，一日當三日用，人活五十年，我活一百五十年。

　　容忍比自由還更重要。

他有些名言是引自前賢的。例如：

寧鳴而死，不默而生。
做學問要在不疑處有疑，待人要在有疑處不疑。

　　美國政治家Patrick Henry有句名言：Give me liberty or give my death（不自由毋寧死）。胡適指出，在中國歷史上就曾有人說過類似的話，即宋代范仲淹所說的「寧鳴而死，不默而生」。胡適很欣賞南宋大詩人楊萬里的桂源舖絕句：

　　　萬山不許一溪奔，攔得溪聲日夜喧。
　　　到得前頭山腳盡，堂堂溪水出前村。

　　他寫下此詩送給在獄中受刑的雷震，作爲他65歲生日的賀禮，讚揚他和安慰他爲言論自由而受到委屈，但終有柳暗花明的一天。此詩跟范仲淹的話有異曲同工之妙。
　　胡適擅長於說理，是非常理智而不輕易動情的人。連他所做的白話詩，有不少也在說理，如一念有序、老鴉有序、湖上詩、三十生日詩等。但是他也寫了幾首情詩，如應該、生查子、三年不見他、依舊月明時。我最欣賞依舊月明時最後的兩句：

　　　山風吹亂了窗紙上的松痕，
　　　卻吹不散我心頭的人影！

　　我出國留學時，曾經引用這兩句寫給女友，顯然她也
受到感染。

六、如沐春風

　　凡是跟胡適有過交往的
人，都能感受到他的「平易
近人，胸襟開闊，而又愛才
若渴」（梁實秋）。他曾教過
吳健雄，很欣賞她的才華，
還寫長信去鼓勵她，對她
說，「前途不可限量。」而
她對這位老師也很感佩。吳
健雄用精密的物理實驗，證
明了楊振寧、李政道所提出
的「宇稱不守恆」定律，本
來她也可以獲得諾貝爾物理

胡適

學獎，但因規定同時受獎人不得超過三人，她就自願禮
讓。陳之藩到美國留學，也曾受到胡適的鼓勵和贊助。胡
適剛過世不久，陳之藩連續發表了九篇文章，紀念胡適。

　　本文於民國97年10月18日發表於《國語日報》書和人
　　第1118期

志同道合的兩位語言學大師 — 趙元任與李方桂

　　中央研究院於1928年在南京創立，蔡元培當首任院長；最早設立的一個研究所是歷史語言研究所，傅斯年當所長，趙元任（1892-1982）當語言組的主任。傅斯年很有學術眼光，擺脫了傳統的章（太炎）黃（侃）學派，而聘用具有現代語言學知識的趙元任。

　　趙元任是第一位以西方語言學方法對漢語方言作有系統調查研究的人，他組成漢語方言調查團隊（趙元任、丁聲樹、吳宗濟、楊時逢、董同龢），設計調查字表，前後做了好幾次大規模的田野調查，包括兩廣、陝南、徽州、江西、湖北、湖南、四川、雲南等幾個省。因此，傅斯年尊稱他為「漢語語言學之父」。李方桂（1902-1987）是國人最先調查各種西南少數民族語言的人，包括藏緬語言、侗台語言、苗瑤語言等，也訓練年輕人（馬學良、邢公畹、張琨等人）去調查研究，因此周法高尊稱他為「非漢語語言學之父」。趙元任、李方桂跟另外一位研究員羅常培曾經合作把瑞典漢學家高本漢（Bernhard Karlgren）的巨著《中國音韻學研究》

由法文翻譯成中文，勝過原著，因爲更正了原著中不少的錯誤。這是學術史上一件盛事。

李方桂於1929年從美國學成回國，應中研院之聘，搭船抵達上海時，蔡元培派人去接他，帶他到旅館去安頓下來，晚上再以晚宴親自替他接風。蔡元培如此重視人才，很值得後人效法。數十年之後，李方桂還很懷念他、稱讚他。

趙元任、李方桂一起在中研院史語所共事，前後雖然只有八年（1929-37），但是他們深厚的友誼卻是終生不渝的。國際學術期刊Language、中研院史語所集刊、清華學報爲趙元任祝壽的，李方桂都寫了論文；國際學術期刊IJAL、Monumenta Serica（華裔學志）、中研院史語所集刊、清華學報爲李方桂祝壽的，趙元任也寫了兩篇論文。李方桂把他一生最重要的論著之一《上古音研究》（1971）獻給慶祝趙元任八十歲論文集（清華學報，新九卷）。

李方桂、趙元任（取自趙新那、黃培雲編2001《趙元任年譜》）

　　李方桂回國前就收到了趙元任寄給他才出版的《現代吳語的研究》（1928）一書。1967-70年我在夏威夷大學攻讀博士學位時，常到李先生研究室去請教問題，看到他書架上有各種趙元任送給他出版的專書。

　　1937年盧溝橋事變爆發，中央研究院被迫從南京向南搬遷到昆明。那一年剛好李方桂應聘要到美國耶魯大學去講學，本來聘約是三年，但是傅斯年只同意他請假兩年，李先生果然一諾千金，也於兩年後如期回到飽受戰火蹂躪的中國。那時中國從北到南沿海一帶全部都已被日本佔領或控制，李先生全家只好繞道經由越南回到雲南昆明。之前兩年，李師母曾經帶著兩個小兒女（四歲的女兒和兩歲的兒子）一路上冒著日本軍機空襲的危險，好不容易才從南京捱到上海跟李先生會合。曾經有過那一段恐怖的經驗，兩年後要她再帶著小兒女回到中國去，她的確非常不情願。可是為了全家能生活在一起，她心甘情願地嫁雞隨雞、與夫共患難了。李先生也深受感動，師母「看到他眼中澄澄的淚光…他的激動已到了沸點！」（徐櫻1994：61）

　　中國飽受日軍摧殘之際，趙元任不想繼續待在國內，1938年他就應聘到夏威夷大學去客座任教了一年。李方桂從美國東岸開車全家先到紐約參觀世界博覽會，一路上慢慢的登山玩水，沿途遊玩到西岸，然後全家去搭船回國。他把車子停放在車行裡，留下要給趙元任使用。李家搭船到夏威夷檀香山跟趙家相聚八天，享受島國的風光和美食烤乳豬，然後他們分道揚鑣，李家回中國，趙家搭船先到

西海岸，他再開了李先生留下的汽車到東海岸耶魯大學去任教，接替李方桂第三年的課程。

趙元任在耶魯大學當了兩年的客座教授之後，就接受哈佛大學遠東語言學系和燕京學社的邀請去參加中文字典和美國版Matthews漢英字典的編輯工作，也教一些中文課程。1946年他要離職之前，推薦李方桂去接替他的工作。

趙元任、李方桂兩人都有美滿的婚姻和家庭生活。趙元任從小就失去父母，後來娶了大他三歲的楊步偉。李方桂於1929年回國就到中研院史語所當研究員（地位比一般大

前排左起：李培德、李林德、趙小中；中排左起趙來思、趙元任、趙新那、徐櫻、楊步偉；後排左起趙如蘭、李方桂，1939年在檀香山（取自趙新那、黃培雲編 2001《趙元任年譜》）

學正教授還高），當時有人給他介紹徐樹錚將軍之女徐櫻小姐，她年輕貌美，又能言善道，有大家閨秀風範。她們第一次相親時，他撿到了她掉在地上的黃菊花，珍藏了三年之久，結婚之夜他就獻給她那朵早已枯萎的菊花。此一事件類似蒲松齡筆下所寫的〈嬰寧〉一般。這兩位受過良好教育的現代女性，都很能相夫教子，在美國各自闖出一片天來，對於中華料理的烹調術都下過功夫，在美國開班授徒，並且各自出版了食譜。我多次品嚐到李師母的高明手藝，有一次她公開對客人說：「我不做我愛吃的，我只做方桂愛吃的。」只要看過她寫的《方桂與我五十五年》，都會感受到她是很崇拜他的。方桂師是有福之人也。

趙元任向楊步偉求婚之時，楊步偉提出兩個條件：第一、一輩子要對她好，第二、要照顧她侄兒楊時逢。她後來認為趙元任都依約定做到了。晚年楊步偉臂膀痛，自己無法梳頭，都是趙元任替她梳的頭。我跟楊時逢同事多年，知道趙元任確實一直很照顧楊時逢。當初就是趙元任把楊時逢帶進中研院史語所任職，後來趙元任一直在美國工作，他寫的書都寄給楊時逢，都保存在他研究室裡。台灣要支付給趙元任的撰稿費、審查費，趙元任都讓給楊時逢去領用。楊時逢為人厚道、和氣待人，令人佩服。工作很敬業，只可惜他語言學專業訓練不足，確有整理之功，出版了好幾部大部頭的調查報告：包括雲南（1969）、湖南（1974）、四川（1984），但他個人的創見並不多。早幾年前（1960左右）他提出升等副研究員之時，贊成票跟反對票相同，當時胡適當中央研究院院

長，他說趙元任曾拜託他要提攜和照顧楊時逢，可以算他一票，理應通過。趙元任曾經說過：我結婚時就決定了小事都由妻子做決定，大事才由我做決定，其結果卻是並沒有任何大事需要我去做決定！以上的話，錢思亮、錢煦父子都在給人證婚致詞時引用過。

徐櫻愛唱崑曲，李方桂自己學會了吹笛子，為她伴奏。每逢出門遠行去開會或訪問，不管路多遠、費用多高，李方桂都帶著夫人同行。

李方桂提攜後進，對學生和晚輩的培植不遺餘力。丁邦新、李壬癸、龔煌城都深深感受到他的愛護。1982年8月在他的金婚紀念會上他對親友說：「我一向對於年輕一輩的學人是寄以莫大的厚望，並給以深切的愛護，這也是我反哺師恩的一個方法而已。」（徐櫻 1994：137）由於他的大力推薦，丁邦新的博士學位順利通過，1986年就當選中研院院士；也是由於他的推薦，李壬癸、龔煌城先後都能到中研院史語所擔任專職，終生專心做研究；也是由於他的強力推薦，後來都順利升等。這三人後來都沒有辜負他的期望，丁邦新在漢語音韻學和漢語方言學的傑出貢獻有目共睹，李壬癸在台灣南島語言學的研究成果，龔煌城在漢藏語言比較研究以及西夏語文研究，都獲得國際語言學界的高度肯定。丁邦新還把李方桂畢生的精心論著《比較台語手冊》翻譯成中文，並且跟王啟龍合作推動了一個大計劃：把他原以英文發表的論文全部翻譯成中文，再加上原以中文發表的論文一起出版，就是一整套的《李方桂全

集》，在北京清華大學出版社出版。這是相當龐大的工作，動員不少人力，前後費時好幾年才圓滿完成。

　　1982年趙元任去世消息傳到台灣時，各家報紙要刊載有關的消息，打遠洋電話去訪問李方桂時，他婉拒接受訪問，只好請他夫人發表一些感想了。

　　趙元任在康乃爾大學念自然科學，他的學業成績是全校有史以來最高的。李方桂於1926年獲得密西根大學的學士學位，1927年獲芝加哥大學碩士學位，1928年獲得博士學位，連續三年得到三個學位，可以說前無古人，後無來者。

　　我是李方桂院士的學生，對他的生平與學術貢獻略知一二，跟他的兒女也都是多年的好友。我跟趙元任院士通過信，發表過〈教我如何不想他—趙元任與劉半農〉，趙元任看了之後，來信道謝，還很謙虛。我跟他大女兒、二女兒都有過聯繫，她們都已過世了。趙先生1979/7/29寫給本人的航空信掃描如下：

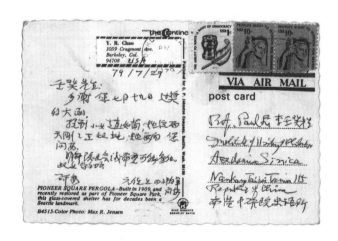

　　方桂師一向很照顧我，我要到夏威夷大學去當客座教授前，他於1984/6/19寫給我的信內容如下：

壬癸我兄：

　　上次給你寫信，忘記問你何時到Honolulu。我們八月二十日左右赴Seattle，住兩個禮拜，再赴Oregon開會，希望告知龔煌城，我希望在Oregon看見他。

　　你在Honolulu時間，可以同住我家裡，有一空房及澡房可供你用。我們要到十一月中才回來，十二月又去台北。你可住此代我們看家，我們明年正月才回Honolulu，請你不要客氣！此間租房不易。就是我們在此，也夠你住的，省得我們請人看家了！你來時，如果我們已離此，請找關琴帶你告知一切！

　　　　　　　　　　　　　　　　方桂　六月十九日

參考資料

李方桂. 2008.《李方桂先生口述史》。北京：清華大學出版社。

徐櫻. 1994.《方桂與我五十五年》。北京：商務印書館。

楊步偉. 1979.《雜記趙家》。台北：傳記文學出版社。

趙新那、黃培雲. 2001.《趙元任年譜》。北京：商務印書館。

Chao, Yuen Ren 趙元任. 1975.《*Life with Chaos* 早年自傳》。Ithaca: Spoken Language Services.

Li, Peter. 2017. *Li Fang-kuei: A Pioneer in the Study of Minority Languages in China*. Author House.

　　本文於2022年發表於《傳記文學》第120卷第3期，頁63-67。

輯三 懷念良師益友

密斯林與我

一、大學四年

　　1955年，一個從鄉下來的、土裡土氣的學生，考進了師範大學英語學系，後來又通過甄試被錄取爲「英語教學中心」第一班的學生，那便是我。本來沒聽講英語的經驗與習慣，突然投身在注重聽講的訓練環境中，我感到十分困難，功課的壓力很重。我雖然全力以赴，但在頭一年的測驗中，密斯林（林瑜鏗教授，1910-2005）曾經給我Very poor的評語。

　　我們平時每科有正常的功課要做外，還要額外讀一些課外讀物，都要做讀書報告或考試，因此日夜忙碌，星期假日也要爲功課而忙，連寒暑假都不例外。被功課壓得幾乎喘不過氣來，有時我們鼓起勇氣向密斯林訴苦，請她高抬貴手，減輕一點負擔。她總是說：「我認爲你們得念這麼多書才會進步。至於愛不愛念，由你們自己！」話雖這麼說，但誰敢不念呢？記得一年級每週有40小時的課，白天固然被弄得焦頭爛額，晚上準備功課，不到閱覽室關門（晚上十點），學校寢室熄燈（晚上十一點）都不得休息。有的

同學甚至在寢室熄燈之後，還跑到廁所去念書，因為只有那一方「乾淨土」是唯一徹夜通明的地方。

我們第一學期還沒有結束，就有一位同學轉到乙組去了（英語中心是甲組）。他顯然是受不了那種「煎熬」之苦。這一來全班20人就只剩下19人了。我個性有點固執，就是再不濟也不會有打退堂鼓的念頭，我就硬著頭皮撐下去。

有時看到其他系的同學功課遠不如我們的重，悠哉悠哉的樣子，不禁令我羨慕！看他們一個學期只要忙上一、二次（期中及期末考），而我們卻「平時如戰時」，在「苦難」中就會想到：上天何以厚此薄彼？畢業後還不是一樣地在中學教書？心中難免有「不平之鳴」，但自己仍然一點也不敢鬆懈下來。

一年下來，我自知尚需多找機會加強自己英語的能力，因此暑假我回家只待了幾天，就又回到台北來念書了。在英語教學中心跟密斯林做一些練習；她義務做課外指導，除我之外，班上還有幾位同學。所不同的是：我要設法趕上，而有的同學是要「百尺竿頭，更進一步」。

我好不容易熬過了兩年，英語的基礎總算穩固一些，信心增強了，念英國文學的興趣也漸濃了。

第二學年結束，暑假回家鄉，帶著規定的作業回去做，按進度每週寄一部分到台北給密斯林批改。她認為我進步還算快，寫信叫我額外多做一些寄去給她看。這一來可苦了我，整個暑假又不得清閒了。那時「遙控」（remote control）尚未問世，可是密斯林已深懂得「遙控」的奧妙

了！暑假結束，返校去看密斯林時，她特別對我勉勵了一番，終於認為「孺子可教」。我衷心感激她的協助與鼓勵。

　　第三、四年，各科我都能應付裕如了，而且還有餘力兼家教，賺取一些外快，貼補日常生活的一些需要，並且購置幾本書籍。說也奇怪，本來第一、二年成績都很不錯的部分同學，後來卻有點停滯不前之勢。據她們自己後來的解釋是：漸漸失去了讀書的興趣。那是為什麼呢？也許是為終身大事而煩惱吧？但那時的我，可是無暇去理會那些。我們班上有幾位同學自始至終都保持優異成績的，例如丁淑芳、滕以魯、鄭良偉等幾人，他們在學術上也都有相當傑出的成就，密斯林的心血確實並沒有白費。

　　密斯林對我們班上每一位同學都很好，都很照顧。王錦堂個性率直，他想到什麼就說什麼。有一次她交待大家務必要小心，避免外人進來順手牽羊，把東西帶走：Some day somebody may walk out with a typewriter. 他竟然脫口而出道：Some day somebody may walk out with Miss Lin! 令人啼笑皆非。

　　我們第四年英語教學實習時，班上同學輪流上講台試教，其他同學都得寫評語，逐條寫出優點跟缺點，並整理出來繳給密斯林看。她巨細靡遺，一字也不放過地看。有的班隨堂繳卷，雖然有的同學信手亂寫亂畫，她也很有耐心的看過並批改。從那次以後，那些同學再也不敢馬虎了。

「英語教學中心」的學生在校時都很怕密斯林，畢業後都感念她，跟她反而更親近。每逢她生日那一天，中心的學生從各地都趕來為她慶生，一直到她住院無法接見時才停止。

二、中學任教

在英語中心快結業時，密斯林按照我們的志願，竭力協助我們在台北各中學謀教職。我們後來大都如願以償。大四下學期，我跟李寬敏同學都在建國中學代課。離開師大後，我們兩人很順利地進入建中任教（稱為「實習」）。當時賀翊新校長卻把我們安插在夜間部（隸屬於建中的補校），教初中一年級的課。學生素質相當差，上課的秩序也不容易維持，教起來實在費勁。但我們仍然以滿腔的教學熱忱，上課時分秒必爭，一切按照密斯林所傳授的教學方法去教英語。很令人失望的是，教學效果並不理想。我有時感到很洩氣，跑回英語教學中心去向密斯林討教，她都很有耐心地安慰我、鼓勵我。此外，她還託當時在成功中學的陳明德老師去參觀我的教學，看看有沒有教學方法上的缺點。陳先生有豐富的英語教學經驗，有熟練正確的技巧。他暗中觀察了我的一次教學，認為實在找不出什麼毛病。因此，密斯林更相信只是學生的素質差致使我的教學效果打了很大的折扣。話雖如此，我仍然對自己的教學成績感到很不滿意。一學期未完，李寬敏同學回到英語中心

當助教，我一個人留在建中補校繼續孤軍奮鬥，就倍感孤單了。白天我常回英語中心去聽課。

從第二學期起，密斯林又介紹我到台北第二女子中學（現在的中山女中）兼兩班高一的課。學生有正常的水準，我的教學信心也大增。因此我日夜都在教英語。不上課時就是改學生的作業、看卷子，以及準備教課，就連星期假日也都在為教學而忙。有一次我抱著大考的卷子回英語中心，密斯林還幫我一起看卷子。

「實習」一年之後，就去服兵役，一年多以後才退伍。我決定離開建中到二女中去專任，因趕不上開學，密斯林便出面請兩位助教（李盈跟Lisa）先代我的課。趕不上開學是我的責任，但幸虧有她們幾位幫忙，才把問題解決了。退伍後我教書不到一年，密斯林就主動替我安排出國進修了。

三、赴美進修

為了加強英語教學中心的教師陣容，密斯林每年向美國的「亞洲協會」（Asia Foundation）申請派遣一人到美國去進修，回來後就在英語教學中心任教。師大英語系以這種機會出國的有傅一勤、張在賢、陸孝棟、余光中幾位教授。我回到台北第二女子中學教書的那一年，英語中心又有同樣的機會，密斯林的原意是要派遣當時的助教李寬敏先生去進修，但他希望自費赴美多念幾年書，不願受約束

於一年之內回來服務。密斯林一時找不到合適的人可以派遣，就想到我，棘手的問題是：我當時並不在師大服務。早些時她曾要我回去當助教，但北二女中石季玉校長中途不肯放人，（原先她只發給我半年的聘書，聽說我要辭職到師大去，就趕快發下學期的聘書！）因此作罷。

　　密斯林為了選派我赴美進修的事，真的費了不少的腦筋，想盡各種辦法，她請教過梁實秋先生，得到當時文學院長郭廷以先生的支持，但未經當時的系主任甯抒先生的同意，就跟亞洲協會負責人Mr. Pike決定下來。沒想到亞洲協會的人並不明內情，在一次餐會時，無意中竟向甯先生提起此事，當時甯先生一肚子火，密斯林感到很窘，從此林、甯交惡。這些事都是後來梁先生告訴我，我才知道。亞洲協會送人的條件是回國後在師大服務，因為甯先生對選派我出國這件事深感不滿，據說他曾公開表示：我進修回國以後，英語系絕不予聘用。我當時還像一個「小孩子」，對於「大人」的事一點也不知道。本來亞洲協會只答應補助我兩學期，後又經密斯林交涉增加一個暑期，才可能念完一個碩士學位。幾經波折，又經過繁瑣的出國手續，我終於在1962年9月初首度赴美，到密西根大學攻讀MA in English Language and Literature（英國語言與文學碩士）。

　　次年八月回國之前，我已修完全部課程，就去請密大先寄一份畢業證明給甯主任。事前我曾寫信給杜元載校長，說明我將如期修完學位，並要如約回師大服務。他回

信雖然客氣，但態度曖昧，顯然他已知內情。回國之後，我遲遲沒接到聘書。有一天，我去見甯主任，他態度溫和，對我說明他本來拒絕聘用我並不是對我個人有什麼成見，只是爲了「原則」（Principle）而守住的立場，但爲了年輕一代的前途，他仍然決定聘任我在師大英語系教書。我不知是否梁實秋先生對他的勸說終於產生效力。亞洲協會也曾爲這件事向郭廷以院長探詢。總而言之，甯主任終於改變初衷，我就順理成章地進入了師大英語系任教。林、甯之爭可以說是「君子之爭」。一年之後，甯先生在卸去系主任職務之後不久即去世，密斯林爲治喪委員之一。林、甯交惡，部分因我而起，我曾爲此事耿耿於懷。甯先生突然去世，我幾天都悶悶不樂。密斯林適於此時表現了君子的風度，我也就稍感寬慰了。

四、師大任教

我在師大擔任講師四年當中，除了有一年（1964-65）密斯林赴美進修外，我們仍經常接觸，她待我一如往常一樣好。頭一年，通過甯主任那一關之後，她就推薦我在「中學英語教師在職訓練班」兼課，賺取一些外快。同時在英語中心她安排跟我合教大四的「英語教學實習」。許多教學上的事我們都商量著做。連給學生打分數的事，她也都一一徵求我的意見。她一向很有威嚴，學生都不敢不聽她的話。那些大四的學生即使不怎麼服我，有她帶著，也不

能不聽話了。

許多小地方密斯林都設想得很周到，也很能爲人著想。有一次，她接到一通找我的電話，她一聽是小姐的聲音就立刻迴避，離開辦公室。等到我接完了電話，她才又回到辦公室工作，這種小地方她都注意到，實在難得。

密斯林二度赴美進修回國之後，英語教學中心已名存實亡。她在英語研究所開課，我仍在英語系教課。我去旁聽她講授的語言學一段時間；後來講到美國結構學派，她就叫我不必再聽下去了。

密斯林當教授已多年了，仍然非常好學。1966年春季，王士元（William Wang）教授到台大考古人類學系開「語法理論」課，她跟我一起去旁聽了幾次。後來我在師大國文系旁聽許世瑛教授的「聲韻學」，她也跟我一道去旁聽了近一年的時間，很少間斷。我們這段時間眞是亦師亦友，教與學同時並進。那時我夜間也在教育部舉辦的「歐洲語文中心」法文組念法文，整整念了一年。所以那段日子，過得又忙又有意義。在師大教了四年的英語，我就束裝再度赴美了。

五、檀島留學

誠如密斯林所說，我每一階段都會遭遇一些困難，受一點挫折。每逢有什麼困難，密斯林都想盡辦法替我排解。我二度赴美進修之前就曾遭遇到困難。楊景邁教授接

任師大英語系主任之後，頗想有一番作爲，選派年輕的講師赴美進修。1967年秋季有一個名額，楊主任預先安排要送我去進修一年，但後來我接到夏威夷大學語言學系給我的助教獎學金，我就考慮接受，因爲可以在那裡多念幾年書，攻讀博士學位。那年剛好李方桂先生要到夏大去訪問一年，他路過夏威夷，再經台北前往泰國途中，在師大見面時提起夏大給我獎學金的好事。我就向楊主任說明我的願望，他堅決不同意我接受夏大的獎金，而要依照師大這邊的安排。我仍然堅持自己的立場，他就大爲不悅。

這件事我曾幾次向密斯林請教，她都贊成我選擇夏大。我實在走投無路，楊主任不讓我走，我就不能辦出國手續。後來密斯林帶我去向梁實秋先生請教，他認爲我可以完全按照自己的選擇去做，並沒有什麼不對，我這才放心。後來還是梁先生打電話向楊主任說了，楊主任才答應不再留難我。此事進展的過程，我都一一向密斯林報告，詳情她完全了解，她也是支持我的主要精神力量。

在夏大修學位期間（1967-70），我定時給密斯林寫信報告念書的情況，她回信都加以鼓勵。有時她要我代她買語言學參考書，她都事先給錢，不肯讓我破費。我修博士課程兼助教三年，最後一年她發現了在師大英語研究所修碩士學位兼助教的王心玲小姐就是我的女友之後，就很少自己回我的信了。

六、中央研究院

　　我在夏威夷大學通過了學科考試（comprehensive examinations）之後，就跟李方桂先生一起回國，進入中央研究院任職，從事學術研究，同時調查魯凱語，撰寫博士論文。密斯林仍然在師大英語研究所教課，同時也在復興中學任副校長。她為了使她教的研究生吸收新的變換語法理論，要我代她講授一個月，她自己也出席。沒想到當我要回夏大去交論文時，她竟要塞給我幾十塊美金！密斯林經常免費為學生服務，卻極少要學生為她出力。偶有一點差遣，她也惦記著要給報酬。這當然使她的學生感到很過意不去。好在她都能適可而止，凡事她並不勉強人。因此她的學生都覺得她是一位很容易接近的長者，尤其是畢業以後。

　　有一次她問我，要不要在臺灣結了婚再走。因為在國外經濟的來源不樂觀，我頗感躊躇。臨走前一星期，我才跟內人到台北地方法院公證結婚。當天我倆一起去看密斯林，並向她辭別。出國前知道我們結婚的，她是極少數人之一；連我們的父母都事後才知道。

　　回到夏大之後，我忙著修改論文，內人忙著選課、教書、做家事，但我們仍然跟密斯林保持書信的往來。不到一年，我通過了博士學位的口試。我們雙雙飛往新加坡南洋大學任教：我教英語；她教華語。次年，我們的第一個孩子出世，密斯林來信問：小孩長得像誰？離開臺灣兩年後，我們舉家回國，我又回到中央研究院任職，同時在台

大教課。我們帶著小孩去看密斯林，她每年都給紅包。她每年單只花在紅包錢的數目就一定相當可觀，其他就更不用說了。

七、密斯林像一塊磁鐵

英語教學中心畢業的學生，在學生時代從沒被密斯林罵過的人很少，不受她愛護的更絕無僅有。不管過去怎樣，離開中心之後，許多學生經常回去看她。密斯林就像一塊磁鐵，她對學生永遠有很大的吸引力。她待她的學生如同自己的子女一樣，充分發揮了母愛，因此學生對她感念不已。密斯林對學生付出的精神與時間是無法估計的。我只不過是她數百學生當中的一個而已，但就她花在我身上的精力而言，還沒有任何一位老師可以比得上的。

父母愛護我們，沒有別的理由，只是因為我們是他們的子女。密斯林對我們好，也沒有別的理由，只是因為我

右起林瑜鏗、王心玲

們是她的學生，尤其是英語教學中心畢業的學生。

　　英語教學中心是一個同心圓，從中心畢業的校友已擴散到國內外各地成為一個大圓圈，但都環繞著共同的圓心－密斯林。

　　本文於1980年發表於《林瑜鏗教授七十華誕紀念文集》，頁6-12。

梁實秋

　　1955年我參加大學聯考，臺灣師範大學英語系錄取的學生只有三十幾名，可是從海外來的僑生又有四十幾名，所以分為甲、乙兩班。梁實秋（1903-1987）先生是台師大文學院院長，又兼英語系系主任。入學面試時，他便對我說我的英文程度不夠好。可是入學後，我又通過了另一次甄試，被錄取為「英語教學中心」第一屆的學生，名額只有二十名。

　　梁實秋教授在我們大四時講授莎士比亞，一學年他只講了*The Tragedy of Antony and Cleopatra*和*Twelfth Night*兩個劇本，他用英語講解每句和難解的語詞，但並沒有分析劇情或寫作技巧。在大三他為我們開的散文選讀，念了不少英國文學史上的名著，如Francis Bacon的散文，Samuel Pepys的日記（用速記法寫了九年），我們這一班踏踏實實地念了一些英國文學作品。師大開辦夜間部那一年，梁先生所開的一門課也就是散文選讀，但用漢語講課，我也去旁聽。梁先生中、英文的素養都極佳，確實令人敬服。

　　梁實秋的英國文學造詣、英語文的表達能力都是一流

的，我衷心佩服。他把莎士比亞全集全部都譯成中文出版，這是既浩繁而又艱鉅的工作。他曾許下一個心願：用中文寫一部英國文學史，再用英文寫一部中國文學史。這必須對英國文學史及中國文學史有很深的造詣，而且中英文程度都要夠水準，才能辦到。用中文寫一部《英國文學史》，他不但辦到了，而且還編譯了一部《英國文學選》，他的功力和毅力都令人佩服。至於要用英文寫一部中國文學史，他後來年老體衰，這個心願就沒能達成了。我有幸成為梁先生的學生，他曾幫助我化解危機不止一次，我非常感激他。陳之藩（1986）所寫的散文有時會提到一些英國文學史上的掌故，他是理工科學的背景，何來這種知識？原來他常到梁先生處去聊天，從那兒學來的。1970年，我回國到中研院任職之後去看他，他對我說：「你將來一定會有成績的。」我常在報紙副刊上看到他寫的散文，令人激賞。

我書架上有他的《雅舍小品》、《文學因緣》、《偏見集》、《英國文學史》、《英國文學選》、《槐園夢憶》等書。

臺灣師範大學為了紀念這位大師，把他的宿舍整理改建成為「梁實秋故居」，供人參觀。這是棟建於1920

左起梁實秋、胡適

年代的日式宿舍，現列臺北市歷史建築，爲中華民國文化
資產之一。地址：台北市大安區雲和街11號。

原載《八十自述》（2017）

許世瑛教授逝世日期小考，兼述我對許老師的感念

　　我最近在中研院《中國文哲研究通訊》（第32卷第2期）看到戴璉璋教授紀念專輯。戴先生的研究領域包括古代漢語語法研究，我們彼此早就認識，而且他擔任中國文哲所籌備處主任時，該所發行珍本古籍叢刊1《型世言》，我向該所索取時，他特地派專人送來給我參考，我很感激他。專輯紀念文中有戴夫人唐亦璋寫的〈璉璋與三位恩師〉，內容很精彩，第一位恩師就是許世瑛教授。我曾於1966-1967學年旁聽過許先生在台師大國文系講授的聲韻學課，受益確實良多，因此對她所寫關於許先生的事蹟特別感興趣。她提到許老師「心肌梗塞，於一九七二年十二月二十三日辭世」。對日期我有點疑惑。

　　在Google上查維基百科和求真百科，在許世瑛之下寫道：「許世瑛（1910年9月29日-1972年11月21日）…是語言學、聲韻學、文法學專家。」日期跟唐亦璋寫的有一點出入，

何者正確？我請曾在台師大國文系任教的姚榮松教授去
查證，他獲得同系已退休的張素貞教授的鼎力協助，親
自跑到國家圖書館，請人從中央日報電子版下載應裕康
於中央日報副刊1972年12月2日刊登的「哭許士瑛師」。
應裕康在哭悼文中提到：「二十三日的下午，我到〔交
通〕車邊跟您說再見，…當天晚上，良棟兄來電話告訴
我您已進了宏恩醫院。不意，第二天一清早，您去世
的消息便傳來了。」《中國文哲研究通訊》執行編輯
陳彥穎又查到中國時報民國61年11月24日第三版報導：
「許世瑛教授於昨（23）日凌晨1時45分…病逝於宏恩醫
院。」若如此，許老師去世的正確日期和時間應為1972
年11月23日清晨才對，既不可能晚到12月，也不可能早
到11月21日那一天。況且聯合報61年11月24日第3版就有
很明白的報導：「許世瑛教授，二十三日凌晨病逝宏恩
醫院。」中央日報61年11月24日第4版也刊載道：「中央
社台北二十三日電…許世瑛教授，今天凌晨一時四十五
分，因神經阻塞，逝世於宏恩醫院。」三家報社都弄錯
的機會微乎其微。前面所引應裕康所寫的二十三日的下
午他還見到許老師，大概是他記錯或寫錯了日子，差了
一天。 因此，唐亦璋所寫的「12月」以及維基百科和求
真百科上所記載的「21日」都有誤，應訂正。姚、張兩
位教授也都是許老師的學生。

　　1972-1973那學年我在夏威夷大學撰交博士論文，
1973-74學年我在新加坡南洋大學任教。猶記得我當年人

在國外時，曾在中央日報航空版看到許老師去世的消息，感到震驚，也很惋惜。寫該悼念文的人也是許先生的學生，他說他到達喪宅時不禁悲從中來，放聲大哭，他又覺得一個大男人當眾大哭有點不好意思，就一個人跑到盥洗室去痛哭一場，令人印象深刻。

許世瑛教授對台灣漢語音韻學的發展確實功不可沒，他對我一生的學術生涯也曾產生重大的影響。我當年聽了他一個學年的聲韻學課，對漢語音韻學才有不錯的掌握。我隨即前往夏威夷大學進修，選修李方桂院士所開授的漢語上古音，我的報告深受好幾位師長的讚賞。學期末口試時方桂師問我的問題是：若把漢語上古音都擬作CVC閉音節，你以為如何?我答以：《詩經》押韻和諧聲現象都顯示上古的陰聲字跟入聲字具有密切關係，它們音節尾的語音應該都很相似，唯獨「歌」部卻是一個例外。歌部例外也是許世瑛師寫信告訴我的。方桂師後來推薦我到中研院史語所任職，從事台灣南島語言調查研究。我一直很感念許老師的教導，我念高中時，國文課本都是他負責主編的，該教材我很喜歡。有關他生平的記載，務求精確無誤才好。這也是我回報他的一點點心意。

許教授上課非常認真，每堂課50分鐘都沒有冷場。他有深度的近視，把書本幾乎都貼在眼睛上才看得見。記憶力超好，什麼資料在書上哪一頁他都記得很清楚。晚年他完全失明，有一次（大概1971年春天）宴席上我們坐在同一

桌，每人自報姓名，敬酒時每人所坐的位置及其姓名他都
記得絲毫無誤。

　　1968年夏天李方桂院士在台大講一系列的上古音研
究，許世瑛教授、周法高院士、楊聯陞院士都去聽講。他
們都是名重一時的大學者，還如此好學不倦。許老師還寫
信告訴我他很欣賞李方桂師的哪些見解。他虛懷若谷，有
一次問我元音後-r丟失的例子，我就找出英語史丟失-r音
的材料給他做參考。

許世瑛教授（右），張素貞教授於台師大合影。約在1967年拍攝。

許教授著作等身，他去世後他夫人還爲他出版了《許世瑛先生論文集》，共3冊，民國63年，弘道文化印行。

本文於2022年發表於《傳記文學》第120卷第12期，頁134-135。

我所認識的李方桂先生

一、亦師亦友

　　我和李方桂先生相識已有二十年了。這二十年來，他對我亦師亦友，有時又親如父子。記得二十年前我們第一次在臺北見面的情景，猶歷歷如畫。

　　我在中學時代看《紅樓夢》，看到林黛玉的「葬花詞」中有這樣的句子：「儂今葬花人笑痴，他年葬儂知是誰？」其中「儂」字指的是「我」。後來念胡適先生的《四十自述》，提到他在上海的老師問他：「儂讀過易經？」這個「儂」字卻又指的是「你」。奇怪的是：同爲漢語，何以北方官話和吳語竟有這麼大的差別，其語意變遷的過程如何？我始終不得其解。我在師大旁聽許世瑛教授的聲韻學課，查到代表北方官話系統的《韻略易通》，在「儂」字下註明「我也」，更加深我的疑惑。當時我也請教了許世瑛教授，但沒有令人滿意的答案。我那時還不認識李方桂先生，但久仰他的大名，於是便寫了一封信向他請教，很快就接到了他的回信。李先生指出：口語與字書不能混爲一談；北方官話的「儂」可能與「吾」、

「我」二字有關，而吳語的「儂」可能與「爾」、「汝」二字有關。我才恍然大悟，他的意思是說：前者來自「疑」母，而後者來自「日」母，他們的來源本來就不同。最令我感動的是，我們素未謀面，他是一位名滿天下的語言學家，竟肯花費他寶貴的時間，為一個默默無名的人解答疑難問題。我提出的問題並不只那一個，但他都一一回答。

我們通過那次信後，大約過了半年，就在臺北見面了。民國56年我正在準備到夏威夷大學去進修，碰巧那一年李先生也要到夏大去擔任客座一年。他從西雅圖到泰國去，途經檀香山（Honolulu）時，語言學系系主任葛瑞斯（Dr. George Grace）告訴他有關我的計畫。李先生到臺北後，就和吳匡教授到師大英語系來，我們就在系主任辦公室見面談話。當時系主任楊景邁教授和我的恩師林瑜鏗教授也都在場。他一看到我，第一句話就說：「我們已經通過信了。」我向他請教漢語語音史方面的一些問題，他除了回答我的問題之外，又補充說明他的一些看法和建議：研究漢語史有許多材料可以利用，史書上有許多非漢語的譯音，這些材料在時代上都很密接。因此，為了進一步了解漢語史，有必要對中國境內的非漢語語言加以調查研究。其實境外的語言現象也常可以提供解釋漢語的問題。我當時覺得好像上了一堂很有份量的課。他談話時，神采飛揚，條理都非常清楚。尤其難得的是，他態度非常謙虛。他還要去看梁實秋先生，臨走時對我說：「我們以後可以

多見面談談，就像今天一樣。」他當時給我的感覺是，他實在是一位很容易接近的長者，其一代大師的風範，令人由衷敬佩。

這些年來，我們這幾個李先生的學生自然都在信上尊稱他為「方桂師」，他回信卻都稱我們為「兄」，而自稱為「弟」。他有著作送給我們時，都還很謙虛地寫上：「XX兄賜正」字樣，我們確實感到承擔不起。對他的學生他尚且如此客氣，對其他的人那就更不用說了。

民國56年秋，我到夏大進修，上學期我旁聽李先生開的「比較傣語專題討論」（那時我對傣語系還沒有什麼認識），下學期我正式選修了李先生開的「漢語上古音專題討論」，旁聽的人包括四位教授。我經常利用他的辦公室時間去討教，他也都不厭其煩地替我解疑。

第二年暑假，李先生帶陳蓉女士回臺調查阿美語，在臺大講授兩門課：上古音和田野調查方法，據說旁聽上古音的人很多，包括兩位院士和幾位教授。我乘假期到南太平洋的新赫布里斯群島（New Hebrides，獨立後改稱為萬那杜 Vanuatu）去調查。李先生聽了很高興，也很鼓勵我。我將我的發現寫信告訴李先生。暑假過後，我們都回到夏威夷，見面時，李先生問我要不要回臺灣去調查山地話，我說我當然願意，但得等到我把課修完並且通過學科考試以後。後來李先生就再回到華盛頓大學去任教了，我仍繼續在夏大念書。學期中，李先生還主動來過一次信，主要是說如我有意回臺做調查研究，得要事先連繫和預作安排。

　　這期間夏威夷大學語言學系正在積極爭取聘請李先生到夏大專任，湯姆森教授（Laurence Thompson）居中策劃和連繫，功不可沒。民國58年秋，李先生終於應聘再到夏大，在檀香山定居下來。他家裡經常高朋滿座，每星期固定有一次崑曲會。李先生常把我們帶到他家吃飯。李師母又很會招待客人，使人有「賓至如歸」的感覺。

　　民國59年，夏大成立我的博士學位考試委員會，李先生就是其中的一位委員，他負責考我的歷史語言學。他從陳蓉女士口中得知，我打算回臺灣蒐集田野資料，就把我找去，問我是否真有此事，然後就對我說：「我替你找個工作的基地（base）。」事後我才知道，李先生寫信回中央研究院歷史語言研究所，替我安排一個永久性的研究工作職位。我的確很幸運碰到這樣熱心的好老師。

　　六月間，我們一起回國，途經日本大阪參觀世界博覽會，由李先生的高足Dr. John Fincher及其夫人洪越碧博士接待，李師母還幫我選購送給我女友的禮物。回到臺北之後，許多人都來看李先生，也經由李先生，我才認識了一些新朋友。李先生、師母、公子培德及其夫人燕生、我的女友心玲和我一起到宜蘭玩了一趟，非常愉快。

　　我接洽的第一個發音人，是當年到臺北投考大專聯考的高中畢業生，其母語程度欠佳。我請李先生一起記了一次音，他指出此人發音不夠清晰，到本村去可以找到更合適的發音人。過了一段時間，我就到臺東山地去調查研究了。工作有什麼進展，我都向李先生報告，他也常常鼓勵我。

　　過了兩年（民國61年），夏天我偕同新婚的妻子一起到夏大去撰寫博士論文。我們先在李先生寓所住了一個月，才搬到學校附近去住。因為公寓中只有一張單人床，李先生又借給了我們一張單人床。次年春季，李先生應聘到普林斯頓去，我仍在夏大，於四月底完成論文。

　　民國62年，李先生又回到中研院做研究，我則到新加坡南洋大學去教了一年書。李先生和邦新兄出面安排我回來在中研院與臺大合聘，由臺大提供宿舍，解決我們住的問題。

　　此後李先生常回到中研院，長則住上一年半載，短則二、三個月或幾天。他在南港長住時，我們語言組的同仁每週一次在李先生的辦公室討論，交換研究心得，或聽聽李先生談語言研究的一些掌故，都會有一些收穫。我們幾個人都覺得：只要李先生在，我們就有一位領導人和核心人物。

　　從民國64年6月起，我到日月潭陸續調查了幾次邵語。這個語言李先生早在民國43年元月就去調查過了，而且當年也發表了一篇論文〈邵語記略〉。他知道我正在調查，表示他也有興趣再去看看，後來果真偕同李師母一起到日月潭的教師會館下榻，而且參加了我的兩次記音工作，提供一些意見給我做參考。過了不久，我撰成〈邵語音韻〉一文，對他早先所發表的系統提出局部的修正意見，他並不以為忤，而且還在推薦我升等的函件中謬讚為「極重要之著作」。

　　當年李先生回國調查的臺灣山地語言，其實並不止邵語一種，陳奇祿先生曾帶著他到處走，調查了好幾種語言，後來李先生把田野資料都交給了陳先生。耶魯大學的戴安（Isidore Dyen）教授於1965年所做的南島語族的詞彙統計分類，其中臺灣山地語言的資料就是根據李先生的田野筆記，由陳先生整理提供給他的。

　　李方桂先生多年來對國內語言學研究之發展一直很關心，對於獎掖後進更是不遺餘力。中央研究院歷史語言研究所語言組的研究人員多是他一手所培植，才有今天這種研究陣容。他本來並不認識龔煌城兄，只因欣賞他的博士論文，認為他很有潛力，就推薦他來了。凡是跟他談過學問的，沒有一個不由衷佩服他的眼光和耐心。他熱心指導和提供協助的並不限於他所教過的學生，凡是對語言學有興趣的，無論中外學者，他都很樂意提供意見，給予指導。中國學者能夠像李先生那樣受到國際人士普遍敬重的實在並不多。

　　記得當年我剛到夏威夷大學進修兼助教，初次和該系塌賓副教授（Donald Topping）見面，他竟然對我說：「中國學生雖然很用功，但並不夠聰明，缺少悟力。」洋人有這種偏見的似乎不少。後來李方桂先生到夏大去專任，塌賓和我談研究計畫的事，就對我說：「我們需要像李博士這種有身分地位的人領導研究生去做田野調查」，我才稍稍釋然於懷。

　　民國73年秋，我應聘到夏威夷大學東亞語系擔任客

座，李先生知道這個消息之後，即來信表示他感到「很欣慰」，並要我去住在他檀香山的家。那一段日子裡，李先生和師母住在美國大陸兒子或女兒的家，我就一個人住在他們既寬敞又舒適的家，而且開他們的汽車上下班，內人和小孩也去度了兩個星期的假。我曾向他們婉轉表示我應該付房租，但他們卻始終不肯答應收我的房租，只答應象徵性地讓我付部分電費和電話費。他們的理由是，房子就要賣了，我只是替他們看家。次年元月，我一家人都到俄亥俄州哥倫布市去，八月下旬我們要回國，李先生又來信，叫我們到他在奧克蘭租的公寓住幾天度假。那裡環境幽美，視野極佳，我們又開著他們的車子玩了好幾個地方。那幾天他們正好到泰國去開會。雖然沒見到面，但仍然感受到他們的無限溫暖。我們深深覺得李先生和師母把我們視同他們自己的子女一樣地關愛著；我們受惠太多，卻無以爲報。

對於他的母校—清華大學，李先生也一直很關懷，也貢獻了不少的心力。民國60年出版的《清華學報》（新九卷）爲趙元任先生祝壽的語言學專號，就是由他主編的，而且把他的〈上古音研究〉那篇劃時代的著作擱在其中發表。爲了對李先生表示崇高的敬意，民國71年，《清華學報》（新十四卷）又出了一個語言學專號，爲李方桂先生祝八十大壽。其實，爲李先生祝壽的學術刊物，除了《清華學報》之外，早先還有國內中央研究院《歷史語言研究所集刊》（第三十九本）、歐洲的《華裔學誌》（*Monumenta*

Serica）、美洲的《美洲語言學國際期刊》（International Journal of American Linguistics）（第三十四卷第三期）都慶祝他六十五歲生日。後來泰國的朱拉隆功（Chulalongkorn）大學也出了一本傣語論文集（Tai Linguistics in Honor of Fang-Kuei Li）為他祝壽。李先生去世不久，中研院史語所就決定出版《李方桂先生紀念論文集》，向海內外學者徵稿，於77年底正式出版。

民國75年8月初，清華大學正式設立語言學研究所，由我主持所務。李方桂先生和張琨先生兩位院士聯袂到清華大學出席「漢語方言學座談會」，並擔任主講人。會前由毛高文校長和李亦園院長接待，搭清大自製的電動車參觀校園，盛極一時。學者受此種禮遇的並不多。

回美國不久，李先生給丁邦新兄的信中表示，他希望從77年秋季起到清華大學教一、二年書。可惜他這個心願永遠無法達成了！

李先生畢生所蒐購的珍貴語言學書籍，已於1980年代悉數捐贈中研院史語所，近幾年陸續蒐集的一些在中國出版的語言學書籍和資料，也於生前指定捐給他母校清華大學，並且要把他的著作留一份在清華大學圖書館，以嘉惠學子。

為了表示對李方桂院士最崇高的敬意，永久紀念這位傑出的校友，清華大學決定成立「李方桂先生紀念基金會」，設立語言學獎學金。後來都轉移到美國華盛頓大學所成立的基金會：紀念李方桂先生中國語言學研究學會。

二、生平略歷

　　李方桂先生是中國現代最傑出的語言學家之一，在國際語言學界與趙元任先生齊名。當年傅斯年先生尊稱趙先生為「漢語語言學之父」，周法高先生卻尊稱李先生為「『非漢語』語言學之父」，因為李先生是我國少數民族語言研究的開拓者和奠基人。

　　李方桂先生出身於世代書香之家，祖父和父親都中過清朝進士，並歷任要職。李先生於民國前10年（公元1902年）8月20日在廣州出生，祖籍是山西省昔陽縣李家溝。民國4年，他在北平就讀師範大學附屬中學，民國8年中學畢業後，進入清華學校，民國13年畢業，同年秋天考取公費留學美國，進入密西根大學醫預科。由於攻讀拉丁文、德文，引起他對語言學的濃厚興趣，因而改讀語言學，插入大學三年級，兩年後畢業，獲密西根大學語言學學士。他隨即轉往芝加哥大學，跟當時的語言學大師Edward Sapir, Leonard Bloomfield, Carl Buck等三位專攻語言學，學習一般語言學理論、歷史語言學的比較研究方法、印歐語言學等。他到芝大才念了一年就完成碩士學位，又過了一年（民國17年）便撰成博士論文，時年僅二十六歲。他連續三年獲得三種學位，這種驚人的成績記錄可謂「前無古人，後無來者」。他交了博士論文之後，先到哈佛大學研究半年，於年底再回芝大去口試。民國18年他回國，擔任中央研究院歷史語言研究所的研究員，從事漢語聲韻學、苗瑤

語、藏語、侗傣語等中國境內各種語言和方言的研究。他
到哈佛和回國都獲有美國基金會提供的研究獎金，都由他
的業師安排。他正式接受中研院的聘任之後，才寫信去辭
謝美國的研究獎金。

民國22年，李先生到泰國去研究泰語，同年他調查研
究廣西省的壯語。26年，他應聘耶魯大學，赴美擔任客座
兩年。在抗戰最艱苦的時候，他仍然依約（他與傅斯年所長約
定只請了兩年的假）回到後方，繼續他的調查研究工作，足跡
遍及我國西南偏遠的地區。民國31年，他調查貴州的水家
話。次年，他擔任成都燕京大學客座教授。35年，他應哈
佛大學之聘任客座教授兩年，然後轉任耶魯大學客座教
授。民國37年，當選中研院院士。民國38年，他轉任華盛
頓大學東亞語系客座，次年成為正教授，並當選美國語言
學會副會長。直到58年他才從華盛頓大學退休，轉任夏威
夷大學語言學系教授，三年後（61年）第二次退休，成為榮
譽教授，時年七十歲（1972）。同年密西根大學授予榮譽博
士學位。62年春，普林斯頓大學聘為傑出學者半年。民國
76年8月21日在美國灣區病逝，享年八十五歲。

三、重要學術貢獻

李方桂先生精通多種語文，現代歐洲語言英語、德
語、法語以及古拉丁文、希臘文、梵文、哥特文、古波斯
文、古保加利亞文、古英文等等印歐語系的語文，又精通

古藏文、泰文等。加上他有敏銳的學術眼光，因此在處理各種語言歷史的疑難問題時，他常有非常精闢和獨到的見解，是常人所不及。

李先生對於語言學的貢獻主要分為以下幾方面：

（一）美洲印第安語言的研究：

他早年（民國15年）到芝加哥大學念研究所，整理他的業師Sapir的田野資料，撰成〈撒爾西語（Sarcee）的動詞詞根研究〉報告，成為他的碩士論文。隨後他自己在加州調查研究馬脫語（Mattole），先撰成了博士論文，才去考第二外語（法語、德語）和辦理申請學位的手續。指導教授Sapir對他的調查研究成績非常讚賞，常對別人稱讚他是很能幹的中國年輕人。民國17年夏天，他到加拿大去調查赤坡巖語（Chipewyan），又調查了黑耳語（Hare）。民國42年，他又調查了艾雅克語（Eyak）。他所蒐集的都是相當珍貴的田野資料，所完成的各種論文和二部專書，也都成為不可或缺的美洲印第安語言學文獻，有的已成為經典之作，如今已成為絕響。因為他在這個領域有傑出的貢獻，而且擔任《美洲語言學國際期刊》副主編達數十年之久，該期刊才把其中一期奉獻給他，作為他六十五歲的壽禮。

（二）漢語的研究：

李先生對於漢語研究的貢獻主要是在上古音的研究。從民國20年發表的〈切韻a的來源〉到60年發表的〈上古

音研究〉，以及近幾年發表的幾篇一系列的論文，都爲漢語上古音韻擬定了極爲完善嚴謹的系統。瑞典籍漢學家高本漢就接受了好些李先生的意見，並承認李先生是世上他衷心佩服的極少數學者之一。李先生也調查過一些漢語方言。民國26年，他在英文版的中國年鑑所發表的中國「語言和方言」，一直被認爲是標準的參考論文，給中國境內的各種語言和方言一個全貌的描述。因此，《中國語言學報》於1973年創刊時就重刊此文，並請李先生擔任副主編，若干年後，李先生才辭去該學報副主編之職。

（三）藏語的研究：

在藏語方面，從他早年（民國22年）發表的〈藏文詞頭對於語根聲母的影響〉，中年（民國45年）發表的〈唐蕃會盟碑的研究〉，到晚年（1987年）出版的專書《古代西藏碑文研究》，以及其他若干篇論文，對於藏語語音的演變、漢藏語的對音、西藏的歷史，李先生都有獨到的見解，超越前人的研究成果。

（四）侗傣語的研究：

對於我國西南少數民族語言的研究，李先生親自到偏遠地區（廣西、貴州、雲南各地）去調查的語言有二十多種，他所發表的論文大都是根據第一手資料，發現了許多新的語言現象。他同時也參考或引用其他學者所研究的方言有十多種。他先後出版了五部專書：《龍州土語》、《武鳴

土語》、《莫話記略》、《水話研究》、《比較傣語手
冊》，最後一部是集大成的著作，傣語權威學者評為「第
一流的學術著作」。此外，他陸續發表了幾篇極有創見的
論文。他是國際語言學界公認的權威學者。前年泰國朱拉
隆功大學特別頒贈獎章給他，泰皇皇姐也親臨頒獎典禮，
以示隆重。

民國66年夏天，李方桂先生榮膺霍門卡利茲教授講座
（Herman Collitz Professorship），主講「漢語上古音」和「比較
傣語研究」兩門課程，並以「喉音徵性與聲調演變」為
題，在美國語言學大會
發表了一次公開演講。
主席艾蘭遜教授（Arthur
Abramson）特別指出：該
講座一向都是給研究印
歐語系的學者，這是第
一次打破這個多年的傳
統，把這個榮譽給了一
位以研究漢藏語系及傣
語系為主的學者。這可
說是中國學者在國際學
術上的一項殊榮。

李方桂夫婦

本文於1988年發表於《傳記文學》52卷第二期，頁
115-119。

Stanley Starosta帥德樂

　　Stanley Starosta（1939-2002）是我的博士論文指導教授，而他卻比我年輕3歲。有如趙元任先生，他很有語言天份，無論學什麼語言，都說得很道地，德語、華語、閩南語、泰語、日語等。他講的閩南語之道地，把我們臺灣人都嚇一跳，他在德國就能以德語發表演講。他很早就調查過阿里山的鄒語，比我做魯凱語還早若干年。他教學非常認真，對我們所寫的研究報告看得很仔細，評語也都恰如其分。他創立的詞格語法（lexicase）理論，只有他在夏大的學生採用，可以說是他的遺憾。他患有心臟病，63歲就過世了。他夫人Aleli是菲律賓外交官之女，她的英語很道地，人很斯文，待人彬彬有禮。我每次到夏威夷，她都熱心地接待我餐聚。婚後他曾對我說：「我還沒見過她父母。他們要是不喜歡我，我還得把她還給他們！」

　　Starosta待學生如朋友，很照顧，我尤其深受其惠。1968年春季學期結束前他問我：「暑期你有什麼計畫？」我說：「沒有。」他就告訴我，Gary Parker助教授在找學生，跟他到南太平洋去做田野調查，因此我得

到了千載難逢的練習機會，對我日後進入中研院史語所
任職有很大的助益。1971年，他申請美國國家科學基金
會（National Science Foundation）到臺灣調查南島語言，獲得研
究補助經費，他很開心，對我說：You're paid to do what
you like to do（有人出錢讓你做你愛做的事）。我們聯袂到臺
東縣大南村做田調，晚上我讓他先洗澡，第二天晚上他
就堅持輪到我先洗。我博士論文許多例句都是跟著他一
起向發音人林得次先生採集的，我學到了如何發問，以
便找出語法現象來。1973年一或二月間我寫出了句法那
一章，他大概頗感欣慰，就邀請我跟內人去吃晚餐。跟
他通信，若寫中文，我尊稱「您」，他來信說：「我們
是朋友，不要稱『您』。」畢業後，每逢我到夏威夷，
他都要到機場去接我，到他家作客，讓我覺得很過意不
去，就儘量找別的朋友（鄭良偉、陶天翼、謝信一）去接機。
1983年夏季，我到夏大東亞語系客座一學期，學期結束
時，我把內人跟兩個小孩從俄亥俄州哥倫布市接到檀香
山度假，他邀請我們一家人到他家晚宴，他夫人又送全
新的襯衫給我的小孩。

　　1982年8月29日至9月4日，到東京出席「第十三屆國
際語言學者會議」（The 13th International Congress of Linguists），出
席會議的有一千三百多人。大會主席是英國語言學者R.H.
Robins，日本主辦單位召集人是服部四郎，土田滋介紹我
跟他認識。29日晚上在赤秋太子飯店舉行招待與會會員的
雞尾酒會，飲食極為豐盛，明仁太子偕王妃蒞會歡迎，會

場雖擁擠但不吵。有一晚Starosta 邀請我們幾個熟人一起吃晚飯。那時東京物價偏高。

2000年11月16-19日，到越南胡志明市（西貢）出席「泛亞洲第五屆國際語言暨語言學會議」（Pan-Asiatic 5th International Symposium on Language and Linguistics），我去宣讀論文。Starosta也去參加，他飛經桃園機場時，邀我去跟他一起過夜。事實上，他需要更多的休息，他就是那麼客氣。在西貢時，他那邊的朋友邀請我們出去吃飯。旅途有他作伴，一定愉快得多。

對古南島語音韻系統的重建有貢獻的學者，包括：Otto Dempwolff, 小川尚義, Otto Dahl, Isidore Dyen, Robert

1988年攝於自宅。左起：夏新、Starosta、心玲。

Blust, Malcolm Ross等人，而對構詞句法的重建，最有貢
獻的當首推Starosta，我幾乎不作第二人想。可惜天不假
其年，否則他的貢獻應不止於此，很有可能具有永垂不朽
的地位，是我望塵莫及的。

原載《八十自述》（2017）

王士元

　　王士元教授出道早、成名也早，1960年，他獲得密西根大學語言學博士學位之後，就到俄亥俄州立大學開辦語言學系，辦得有聲有色。1966年夏季，才轉到加州大學柏克萊分校語言學系任教，隨後幾年可說是他事業的顛峰期。早年他都積極採用衍生變換語法理論（generative transformational grammar），後來他跟杭士基（Chomsky）分道揚鑣，走上跨領域研究的途徑，如語言學與計算機、語言學與腦神經科學等。近二、三十年來，他關注於語言演化的課題，如他的〈語言、演化與大腦〉（2011），《演化語言學論集》（2013）。他甚至也做詩經研究，如他的 *Love & War in Ancient China: Voices from the Shijing*（2013，中國古代的愛情與戰爭：詩經的呈現）。他跟William Labov齊名，語言學界稱呼Labov（在紐約）為eastern Bill，稱呼王士元（在加州）為western Bill。連楊振寧、李遠哲都知道王先生學識很廣博。華裔語言學家享有國際聲望的除了趙元任、李方桂之外，王士元也是其中一位。王士元曾獲得芝加哥大學名譽博士學位，確實難得，最近他也獲得美國語言學會榮譽會士。

　　1965年他因故離開俄亥俄州立大學。1966年春季，到

臺灣大學客座一學期，講授「語法理論」，內容非常踏
實。他能把很複雜的問題講解得令人很容易懂得。他有驚
人的記憶力、廣博的知識，旁聽的人很多，包括本人。我
到夏大念書時，他曾去做短期訪問，我們有機會見面聊
聊。據了解，後來他對於我們臺灣南島語言研究計畫，例
如我向哈佛燕京學社所提出的申請案，都很支持。我擔任
清華大學語言學研究所所長時，他接受我的邀請來客座一
年（1988-89），令人銘感。

　　對於我早期所做的常是語言資料的堆積，他並不欣
賞；後來我改做一些創新的課題，如數詞研究，他很感興
趣，對我的工作也很表支持。2009年他大力支持我獲得總
統科學獎。2015年，香港中文大學邀請我去訪問和演講，
猜想也是他推薦的。他邀請我到他家吃他夫人親手做的精
緻點心，我們三人一起騎腳踏車，輕鬆愉快！

　　我在臺大教課，大約在1976-77那年，開了一門「歷
史語言學」。爲了介紹王士元的theory of lexical diffusion
（詞彙擴散理論），我送去臺大講義組要印的文章，包括王士
元（1974）的〈語言研究講話〉（JCL 2.1:1-26）。講義組負責
人董同龢的夫人打電話告訴我，那篇文章作爲教材恐怕不
合適。我說既然如此，就不要印了，請退還給我。沒想到
有人去密告我「思想有問題」。過了不久，我申請要到香
港去參加一個學術研討會，通不過「安全審查」，大概是
懷疑我「爲匪宣傳」。那時在中研院負責安全審查的「人
二」負責人是趙保軒先生，他問我：是否有什麼傅斯年圖

書館特藏室資料（大陸出版品）不
小心被人看到了？我想起王士元
那篇文章，把它找出來，去跟丁
邦新談此事，並告訴他一切經過
的情形。他指出，王士元談話中
那句「現在的中國跟我中學時代
那個黑暗的舊社會，差別實在太
大了」，對他而言，雖只是一句
客套話，但在國民政府的立場看
來是很刺耳的。後來我也發現，

王士元

政府安全部門曾對我進行蒐證：（一）把我擺在臺大辦公
室的日曆拿去檢查，（二）派人來聽我的課，看我會不會
講政治上很偏激的話，甚至「爲匪宣傳」。我教大學部的
課，學生有三、四十人，多一人我並不會發覺。但是研究
所的課，學生只有幾個人，忽然多了一位陌生人，我問他
在哪裡高就，他只是支吾其詞。後來丁邦新告訴我，問題
比我們當初想像的還要嚴重，不過，若只是王士元那篇文
章而引起的誤會，他願意出面做擔保。趙保軒把相關的資
訊都呈報上去，包括王士元的文章並沒有流傳出去，我的
危機才解除。這是台灣白色恐怖時代一個鮮活的例子。

　　承他不嫌棄，這些年來，也把我當作語言學界的一個
朋友，我感到很榮幸。

原載《八十自述》（2017）

Robert Blust白樂思

　　Robert Blust（1940-2022）是我在夏威夷大學博士班的同學（1967-1970），我們一起修了好幾門課程。他是現代國際最著名的南島語言學家，他主張臺灣南島語言最紛歧，同時也是最存古的語言。早在1977年他就把南島語系分爲四大分支：泰雅語群、鄒語群、排灣語群、馬來-波尼西亞（Malayo-Polynesia）語群，其中三支在台灣；1999年他把南島語系進一步分爲十大分支，九支在臺灣，只有一支是台灣本島以外的所有南島語言（約有一千兩百種，Blust 1999）。1985年他根據語言學的證據，主張台灣就是南島民族的原鄉（homeland）。國際學界（語言學、考古學、遺傳學）普遍地採納他的看法。他擺在網站（www.trussel2.com/acd）上的Austronesian Comparative Vocabulary （南島語言比較詞彙），由他構擬了兩萬多個同源詞，遠遠超過Otto Dempwolff、Otto Dahl、Isidore Dyen等人早年所構擬的同源詞。凡是做南島語言比較研究的學者，都會參考和引用他這一部資料豐富的網站上的辭典。

　　我跟Blust的關係良好，互相尊重。我曾邀請他到中研院史語所客座訪問一年（1994），並支付他田調的費用，

他也曾把他初做噶瑪蘭語的田野筆記跟我分享。我籌辦了兩次（1992年、1997年）國際南島民族研討會，都邀請他並支付他的旅費，1997那年，還邀請他當主題演講人之一。我寫的論文常請他提供改進意見，而他所提的意見也都具有建設性，確有實質上的幫助。我每次到夏威夷大學，他都會邀我一起餐聚。他的著作極為豐富，很少人能夠跟他相比。除了兩百多篇國際期刊或專書論文之外，他還發表了七部專書，其中包括涵蓋面極廣的*The Austronesian languages*（Blust 2009）跟在臺灣完成的*Thao Dictionary*（邵語詞典，Blust 2003）。他前後花了近30年的功夫才撰寫完成南島語言此一巨著，我們六人（李壬癸、張永利、李佩容、葉美

1992年攝於台東，調查卑南族南王方言。左起：John Wolff、Robert Blust、李壬癸。

利、黃慧娟、鄧芳青）合作花了兩年的時間把他的南島語言專書翻譯成中文，於2022年在聯經出版。

我能夠獲得台灣好幾個重要獎項，土田滋和Blust都是功不可沒，他們至少是幕後功臣。

我編輯了幾種臺灣南島語言詞典，可以說是受到了他的影響和鼓勵。

他曾經向我提起，我們都是出身於窮苦家庭，都是靠自己努力、力爭上游而有成的學者。他第一任夫人是拉丁美洲人，育有兩個女兒。他的第二任夫人是張美智（Laura Chang），也是夏大的語言學博士，是我們的學妹，育有一女。三十多年來，他雖被癌症纏身，但仍然工作不鬆懈。他去世之後，美智回台北來看她母親，都會跟我聯繫，我們一同聚餐。

原載《八十自述》（2017），157-158。

土田滋對臺灣南島語言的貢獻

　　臺灣南島語言的調查研究有兩個傳統：一是日本學者在先，二是我國學者在後。日本語言學者第一代是小川尚義（1869-1947），第二代是淺井惠倫（1895-1969），都是在日治時期（1895-1945）在臺灣所做的調查工作。土田滋（1934-）是在戰後於1962年才開始到臺灣來做調查研究，他可說是第三代。現存各種臺灣南島語言及其主要方言，他都親自調查過。我自己從1970年才開始調查，比他起步晚了八年。他的發音人都是會說日語而且較年長的人。土田滋的辨音能力很強，記音準確，外語能力也很不錯。除了英、日語之外，他還可以看法文（中學開始修）、德文、荷蘭文。他也學過俄文、韓文、印尼文、塔加洛語，對各種語言他都有興趣。他勤於做田野調查，早年常隨身帶著笨重的錄音機跟打字機（後來帶電腦），不怕麻煩。他有什麼發現，絲毫不藏私，很樂意跟別人分享，我常是受惠者。我所寫的論文或專書，他常提供很寶貴的改進意見，我確實受益良多。可惜他60歲就從東

京大學退休，研究經費難以爲繼。我曾經向中研院語言所申請經費邀請他到台灣來調查研究過幾次，他都帶著他太太一起來。過去二十幾年來，我們合作出版了三部專書（Li and Tsuchida 2001, 2002, 2006）和發表了兩篇論文（Li and Tsuchida 2009, 2022）。事實上，我們還曾合編一部卡那卡那富語詞典，拖了好幾年都還沒完成。我編輯、分析拉阿魯哇語文本（Saaroa Texts）於2023年在東京外國語大學出版，其中包括土田蒐集和分析好的18個文本，我很省力氣。阿美語方言分類那篇論文（Li and Tsuchida 2022）所有的語料都是他收集和整理好的。總而言之，土田滋調查研究臺灣南島語言前後超過半個世紀之久（1962-2014），而且之前他也做過菲律賓語言調查研究，經驗豐富，知識廣博，確是難得的南島語言學家。曾經是日本語言學界領導人的服部四郎很欣賞他，由於他的大力推薦，土田才被聘爲東京大學語言學系系主任。

土田滋對臺灣南島語言的知識很少人能及，他態度嚴謹，下筆又很謹慎，但有惜墨如金之憾，他發表的著作並不算很多。假如他多寫多發表，他的貢獻一定會更大，不可限量。他的田野筆記和錄音檔（包括文本和傳統歌謠）將是無價之寶，2019年他全部捐贈給東京外國語大學亞非語言文化研究所，該所和他本人都已同意要轉贈給台灣國家圖書館。我們自從1970年相識以來，已超過半世紀之久。他的學識和爲人都令人佩服。他很樂意助人，卻又很謙虛。看了我的稿件，他有時替我補充不少寶貴的資料，讓我覺

得若只是在附註中謝啓並不足，理應爲共同著作人，例如 Li and Tsuchida（2009）那篇論文，他卻還很謙讓，一再推辭。

土田滋對我的研究工作有很重大的影響，不勝枚舉。例如，我採納了土田滋的賽夏、魯凱茂林方言、泰雅、噶瑪蘭等數種語言的音韻系統。泰雅語汶水方言男性語言形式和女性語言形式的發現，他也有很大的功勞，是他先調查並發現鄰近的清安村方言保存詞尾的濁擦音-β, -γ，我才到汶水去調查的。此外，也是他告訴我賽德克語各種方言都有重音前元音刪除之規律。

前排坐著，左起土田滋，李壬癸，後排左起陳鳴鶯、黃秀敏，2013/11/30 攝於中研院語言所。

　　大約於2014年之後，土田滋就不再做研究工作了。連我寄給他的航空信和研究資料，他也都不回信。2019年5月下旬我到東京去開會時，安排跟他一起吃過晚餐。2022年11月我到東京外國語大學去查閱他的研究資料時，在回台北之前先到他家去拜訪他。他蒼老了不少，行動很緩慢，耳朵有點重聽，但腦筋還很清楚。

重要學術貢獻

　　土田滋的重要學術論著包括Tsuchida（1976, 1982, 1983, 1985）等等。Tsuchida（1976）是他在耶魯大學完成的博士論文，他首次構擬了臺灣南島語言的古語系統及其擬式，幾乎涵蓋了當年所有仍然存活的臺灣南島語言（噶瑪蘭除外），它是許多年國際南島語言學界參考和引用的經典著作。他爲卡語和沙語所寫的語法大綱至今仍然很有參考價值。又如是他最先發現臺灣南島語言的*bukeS對應台灣之外的*buSek"頭髮"，*CaqiS對應*CaSiq"縫"，都是兩個輔音的換位（metathesis）。

　　語言學界過去對台灣西部各種平埔族語言毫無所知，一直到Tsuchida（1982）他才提供這些語言近四百個詞彙資料（根據伊能、小川、淺井、杉山、警察等人的紀錄），並且指出根據詞彙和語音演變現象，四種西部平埔族語言（Taokas、Babuza、Papora、Hoanya）關係都很密切，即它們都屬於同一個支群。後來Blust（1999）採用了此一觀點並且增

補了邵語而成為「西部平埔語群」（Western Plains），是他九大分支之一。

Tsuchida（1983）是各種臺灣南島語言及主要方言分布圖，更新小川、淺井（1935）那張分布圖。為了製作這張地圖，他詳細調查了幾種人口多、分布廣的臺灣南島語言：泰雅、賽德克、布農、排灣、阿美。

Tsuchida（1985）發現一種新的臺灣南島語言，即在桃園的龜崙（Kulon）語，根據僅存的45個詞彙，它跟賽夏語的關係較接近。

生平學經略歷

1934/10/13 出生於東京

1965　　　 東京大學語言學碩士

1975　　　 耶魯大學語言學博士

1970-1973 東京外國語大學亞非語言文化研究所助理教授

1973-1980 東京外國語大學亞非語言文化研究所副教授

1980-1988 東京大學人文學院（Faculty of Letters）副教授

1984-1985 澳洲國立大學客座研究員

1988-1994 東京大學人文學院（Faculty of Letters）教授

1994-1995 東京大學大學院人文科學研究所文化交流研究
　　　　　 設施

1995-1999 順益台灣原住民博物館館長

1995-2002 跡見女子大學兼任教授（adjunct professor, Atomi

Women's University）

2002　　　帝京平成大學健康醫學部教授

本文部分內容原載《八十自述》（2017），153-167。

To whom it may concern,
This is to certify that I permit all my
materials on Formosan languages to be
turned over to the National Library in
Taiwan. I believe people in Taiwan
can make better use of my materials.

Shigeru Tsuchida
土田 滋
November 17, 2022

土田滋親筆同意捐贈函

緬懷丁邦新院士

一、邦新兄與我

丁邦新先生一生豐功偉業，多采多姿，幾年前我曾勸他寫自傳，爲學術界留下重要資訊，他卻說近來記憶減退，不想寫，可惜了。

丁邦新先生跟我在中研院史語所同事19年（1970-1989年）之久，後來他應聘到加州大學柏克萊分校去任教，那一年我剛好也到該大學語言學系去客座訪問，我們仍然常見面。往後這幾十年來，他一直跟中央研究院保持很密切的關係，我們常有機會碰頭或在一起開會。邦新兄爲人很體貼，他在美國加州定居已有三十多年了，他仍然留下一些現金在台灣，託付史語所張秀芬和語言所徐明玲兩人在中研院替他付工資、所慶送花等費用。回顧我這一生，再也找不到比他更接近和密切的朋友了。

董同龢先生於1963年去世之後，丁先生就到中研院史語所任專職。1966-69年他到華盛頓大學攻讀博士學位，師從李方桂院士。我於1967-70年到夏威夷大學修語言學博士學位。1970年春，方桂師安排我到中研院史語所任專

職,以便調查研究台灣南島語言,撰寫我的博士論文。那時邦新兄也已回國撰寫他的博士論文,他看到我的資料,我已在台灣師範大學英語系擔任四年的講師,便提議以「副研究員」的職位提聘。我非常感激他很爲我設想,尤其我們從未謀面,只不過我們都是方桂師的得意門生而已。

1970年6月我回國到中研院史語所報到之後,邦新兄公私兩方面都幫我很大的忙。我向《史語所集刊》投稿,他都仔細看過我的文稿並提供很有助益的修訂意見,那幾年我年年都有論文在集刊上發表,也年年獲得國科會的獎助,邦新兄功不可沒。

即使最近這幾年來,我以中文寫的文章,也常請他指正,包括我的《八十自述》、漢語音韻學方面的論文、紀念趙元任、李方桂的文字等等,他都幫我仔細看過,改正錯誤,還爲我的《八十自述》寫了序,我至爲銘感。

1971年春季丁先生到華盛頓大學去撰交博士論文,他當初答應在台大中文系和考古人類學系合開的「語言學概論」,就讓我去代他授課。我才跟台大建立了初步的關係,也爲後來我從新加坡回國時能跟台大合聘,由台大提供學人宿舍鋪路。我也才有機會認識何大安、楊秀芳、魏培泉那些優秀的研究生。

邦新兄的行政能力是公認一流的,香港科技大學聘他去當人文社會科學院院長（1996-2004）。2000年12月7-9日,由丁先生負責籌辦「漢藏語同源詞研究會議」,受邀

參加者有王士元、龔煌城、李壬癸、魏培泉、江藍生、孫宏開、戴慶廈、潘悟雲等人，來自海峽兩岸的知名學者，全部費用都由主辦單位提供。2019年他在江蘇師範大學任職，由該大學楊亦鳴教授召集「第七屆海外中國學者論壇」學術會議，應邀去出席的台灣學者有戴浩一、竺家寧、李壬癸、蔡維天等人，費用也都由主辦單位提供。我也有幸受邀首次到徐州去參加，大概也是由於邦新兄的大力推薦。

1970和1980年代，中研院史語所語言組有所謂的「第三代」語言學者：丁邦新、李壬癸、龔煌城。丁邦新專精於漢語音韻學和漢語方言學，李壬癸專攻南島語言學，龔煌城開創了漢藏語比較研究和西夏語文研究，盛極一時。曾幾何時，龔煌城早已於2010年11月11日作古，丁邦新也於最近2023年元月30日離我們而去，只剩下李壬癸一人，便倍感孤單了！

二、丁邦新對中研院的貢獻

1. 丁先生對史語所近數十年來的發展有所顯著的功績，逐步恢復它的國際學術地位
2. 丁先生大力推動了語言所和文哲所的創所，功不可沒。
3. 過去數十年來丁先生都是中研院評議會評議員。屢有建言，深受歷任院長的倚重，尤其吳大猷院

長。

4. 丁先生一直都是史語所、語言所、文哲所三所的諮詢委員，對三所的發展屢有重要建言。

5. 中研院舉辦國際漢學會議，第一、二屆丁先生都是召集人（第一屆李方桂院士、第二屆高去尋院士）的左右手。

　中央研究院於1949年隨著國民政府撤退來台之後，缺少研究空間、設備和經費，處境相當困難。歷史語言研究所的傅斯年所長於1950年12月突然腦中風去世之後，更是雪上加霜。前幾年還有幾位前輩學者硬撐著，如董作賓、李濟、董同龢，後來人才逐漸凋謝，兩董於1963年去世之後，每況愈下，國際知名期刊《歷史語言學研究所集刊》幾乎慘不忍睹。丁先生於1980年代負責史語所務之後，他大刀闊斧整頓，將甲骨文研究室擴大改為文字學組，並且加強邊疆史的研究陣容，使史語所研究陣容氣象一新，同時促進國際學術界交流，逐漸恢復史語所的國際學術地位。知情的人都認為丁先生是傅斯年以後最有行政能力的所長。

　1928年史語所創所的宗旨是要結合歷史和語言的研究，可是語言學要有專業的語言學訓練，並非一般歷史學、考古學、文字學的學者所能領會。語言學近幾十年來的發展方向跟其他人文社會科學研究領域又有更大的差異，獨立創所是國際學術發展的共同趨勢。丁先生幾十年來都擔任中央研究院評議會的評議員，他大力推動了語言

學獨立設所,終於1997年在中研院正式成立語言學研究所籌備處,由李壬癸擔任籌備處主任。

中研院過去都沒有文學研究所,研究文學的散在史語所、歐美所。丁先生倡導要設立文學研究所。哲學者陳榮捷院士倡導要設立哲學研究所,或許經過一番妥協,後來才設立了中國文哲研究所,希望跨領域研究能夠有創新的研究表現。

有鑑於丁邦新先生對於中研院有諸多重要貢獻,中研院報請總統府褒揚他。

三、丁邦新的學術貢獻

丁邦新先生著作等身,他的專書包括《台灣語言源流》(1979)、*Chinese Phonology of the Wei-chin Period: Reconstruction of the Finals as Reflected in Poetry*(魏晉音韻研究 1975),《儋州村話》(1986),《丁邦新語言學論文集》(1998),《中國語言學論文集》(2008),《音韻學講義》(2015)等。他治學的主要範圍是漢語史和方言學。且舉一個例子來說明他論著的重要性。過去學術界大都只知道閩語保存了最多古漢語的現象和特徵,可是卻不知道閩語何時分化出來。邦新首先提出語言學證據來證明是在兩漢之交,約公元元年,比起切韻系統早了六百年。他的重要學術貢獻不勝枚舉。承他的好意,他歷年的著作都送給我一份。他還主編了《董同龢先生論文選集》(1974),

Contemporary Studies on the Min Dialects（1999），《歷史層次與方言研究》（2007），《李方桂全集》（2012）等。

　　丁邦新先生尊師重道，他除了曾把趙元任的專書*A Grammar of Spoken Chinese*（中國話的文法）翻譯成中文出版之外，後來還主編《李方桂全集》（2012），在北京清華大學出版社出版。李方桂師英文著作很多，要全部翻譯成中文，這是很大的工程，因此動員了很多語言學者協助翻譯工作，尤其是李方桂的專書*A Handbook of Comparative Tai*（1977），內容專業，很不好翻，丁邦新他自己卻獨力把它翻譯成中文，真是非常難得。

　　2003年成立了紀念李方桂先生中國語言學研究學會，並且推出和創刊了《中國語言學集刊》，丁邦新先生都是最主要的推手。至今已經出刊了15卷，真是不容易。丁邦新先生可說並沒有辜負李方桂師當年對他的賞識和特別提拔。

四、丁邦新的主要學經歷與榮譽

　　丁邦新先生（1937/10/15-2023/1/30），1963年台灣大學中國文學研究所碩士，1972年華盛頓大學博士。曾任中研院史語所語言組研究員兼主任、副所長、所長等職，1975-1989年為台灣大學中國文學系合聘教授。1986年當選為第十六屆中研院院士。1989-1994應聘擔任美國加州大學柏克萊分校中國語言學教授，1994-1998年任Agassiz講座教

授。1993年被推舉爲國際中國語言學會會長。1996-2004
年任香港科技大學人文社會科學院教授兼院長。2000年被
美國語言學會推舉爲榮譽會員（honorable member of the Linguistic
Society of America）。

　　本文於2023年發表於《傳記文學》第一二二卷第二
期，頁139-142。

1993年六月攝於巴黎，李壬癸、丁邦新、龔煌城（左至右）。

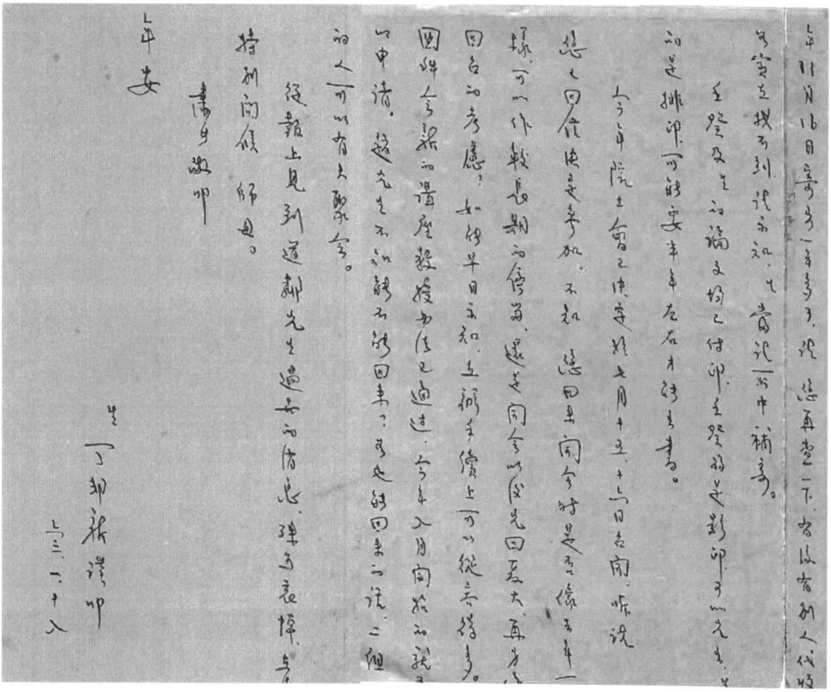

1974年丁邦新先生寫給李方桂師的函件

方桂吾師賜鑒：

十二月春兩列 懲兩封信一直未覆由於家岳文

因食道癌住院 勤夫于將役九日外起心臟衰病症尚

幸世 陳琪琳蠕遍恒生悲傷於殊尚役一個月尚一暮

情友心似事。

囡於宗亮二事宿金及旅费雨个問題約之三十二月底必

可能决定過去三婆 他之雨方辭職他將未由雨方退休尚

考尧率会碼 名大芳房之之田亭去矣签 之圓桂長正此地

浆即役投者正此宿金之事租券于院他役 蕃葵囡恳由卒

院鲜决現立圈雜會方一種伯外圆人歸圆任教文研究为偈

其中何以補助本工及配偶二歸回圆後家歸圆之事育一年

薪尤以外而将刑補助每月 4000比過奇圆内之尹之中詰土

1000.元 生之一代縂于項类 培正此中詰二這何以過過 远李尹城

功立委尤其 怹二大力雅焉 其洁是金先之如芳专敦文

果者大宿金有問題 金先之义征院方囡喜尹以李者由

卒尚尹月 2000 元左加上鉴得孪院二房 秘律焼 600 元 名秘舎子

所以這件手沁 怹定完今沁心。

悠二書生犯得云有囡之 尚者一年高 義傳洗集攻蓋

之可傳半末考名 甚利可十四年二二期任李雲卷之桃61

我衷心敬佩的龔煌城院士

一、初識龔煌城先生（1934-2010）

龔煌城先生只比我大兩歲，在台灣師範大學英語系唸書時，他也只比我早兩屆，可惜我當時並不認識他。

大約於民國六十四年，在中研院史語所，有一天李方桂師對邦新兄跟我提起龔先生在德國慕尼黑大學完成的博士論文很有創獲，他有意推薦他到史語所任職。我說我們可以安排請他到史語所做一次專題演講，方桂師卻擔心此舉有時會引起不必要的爭議。過了不久，他從德國回台到中研院看方桂師時，我趁機邀請他作一次演講。他考慮的結果，覺得資料都不在身邊，不方便，不久他又回到德國去教書了。後來方桂師向史語所正式提出擬聘龔煌城先生當副研究員，邦新兄跟我都在提名書上連署。以方桂師在國際語言學界的聲望跟他在中研院史語所普受尊敬，煌城兄的聘任案也就很順利地全票通過了。

二、共同切磋學問，學術進展快速

民國65年，煌城兄回國到史語所任職。那時方桂師也在史語所，我們每週二下午語言組的同仁都到他的研究室茶會，大都是談語言學研究的一些問題。煌城兄也是每次都到。他那時正在研究古藏語，時常向方桂師請教。過了不久，他就撰成了〈古藏文的y及其相關問題〉，我們語言組的同仁都認為是一篇相當夠學術水準的論文。該文於66年在《史語所集刊》發表。

又過了一年（67年），煌城兄就撰成了劃時代的漢藏語比較研究第一篇論文，〈漢藏緬元音比較研究〉。漢語跟藏緬語的關係早被學術界所認定，可是過去二百年來，不像印歐語系那樣，漢藏語比較研究一直都沒有什麼進展。其中一個主要因素是，漢語上古音系統還沒有真正建立起來。高本漢跟董同龢所構擬的上古音系統都太複雜，有十幾個元音，很難跟藏緬語的元音系統對應起來。李方桂（1971）的〈上古音研究〉發表後，龔煌城（Gong 1980）才有辦法做古漢、藏、緬語元音的比較研究，才首次成功地構擬出古漢藏語的元音系統來。方桂師一定很欣賞煌城兄這篇論文，把它列入他（Li 1983）所發表的論文參考書目中。按方桂師並不輕易引用別人的著作，他引用就表示他接受了煌城兄所構擬的古漢藏語元音系統。

又過了十幾年，煌城兄（Gong 1995，龔煌城2000, 2001, 2003）才陸續構擬了古漢藏語韻母和聲母系統。至此，古

漢藏語的音韻系統終於完全建立起來了。龔煌城對漢藏比較語言學的貢獻，可以媲美十九世紀（1816-78）幾位歐洲學者對印歐比較語言學，二十世紀上半德國學者Otto Dempwolff（1934-38）對南島比較語言學的貢獻。更難得的是，他只在短短的二十幾年（1978-2003）內就完成這樣艱鉅的學術工作，其卓識與毅力，至可欽佩。

　　古漢藏語元音系統雖於1978年就建立起來了，為什麼卻要等了十幾年（Gong 1995）到二十年（龔2000, 2001）他才能構擬古漢藏語的韻母跟聲母系統？一則可能是複雜的聲母系統之對應關係令他困擾，一時還沒有找到合理的解決辦法；二則他那時把時間和精神轉移到西夏語文的研究上去了。從1981年到1991年間，他發表了好幾篇關於西夏語文的研究論文，對於西夏文字跟音韻系統也都有精闢的見解跟突破性的發現。

　　要做漢藏語比較研究，對於漢語上古音系統以及許多種藏緬語的共同祖語都得要有良好的掌握。相關的研究論文，除了中文和英文發表的之外，還有一些重要的論文是以德文、法文、俄文、日文寫的。因此，要有閱讀這些語言文字的能力，才方便做漢藏語比較研究。放眼全世界，具備這種條件的語言學者寥寥無幾。煌城兄便符合這些條件，是極為難得的人才。具備這幾種語言文字能力之外，更重要的要有嚴格的專業訓練和學術眼光，又肯下苦工夫，能長期投入研究而樂此不疲，才有大成就。

三、後繼無人

　　如前面所述，要做漢藏語比較研究，必須要同時具備好幾個不容易都有的條件。龔先生所走的語言學研究之路，是尖端的、冷僻而又孤寂的。非常可惜的是，國內目前並沒有人可以傳承他的衣缽，繼續去把他的學問發揚光大。龔先生不幸於9月11日辭世之後，有一天，我忽然突發奇想，對劉翠溶、王汎森兩位院士說，「假如一個人的學問和知識，能夠像財產一樣，可以在生前就把它轉移給另外一個人，那該多好！」劉院士說，「只能仔細讀他的論文，再繼續做下去。沒有更好的辦法。」

　　李方桂院士把他一生最主要的精力放在比較傣語研究上，前後有四、五十年，成就卓越。他生前最大的憾事就是找不到一位可以傳承他傣語比較研究的年輕學者。我想龔先生內心也有類似的遺憾吧！

　　龔先生自己的研究工作已經夠忙碌了。但他大概為了報答李方桂院士對他的知遇之恩，特別抽出不少時間來整理李先生的遺稿成書，《剝隘土語》上、下冊，在李先生辭世之後，於1988年才出版。龔先生確實是有情有義的人。如果身後有知，這兩位語言學大師可以含笑於九泉之下了。

四、傑出的學術貢獻和榮譽

在長達三十多年的學術生涯中，龔先生獲得許多重要的榮譽和獎項。他曾經五度獲得國科會傑出獎（據了解，尚未有人破此紀錄）、兩度獲得國科會特約研究、當選為美國語言學會的榮譽會員（我國語言學者只有丁邦新、龔煌城、李壬癸、黃正德、王士元獲此殊榮）及中央研究院第二十屆院士。

從1976年到2004年退休為止，他絕大部分的時間都在中央研究院從事研究工作，同時也在台大、政大、中山大學等校兼過課。這期間，於1991-1992年，他擔任東京外國語大學亞非語言文化研究所訪問教授，負責編輯西夏語文詞典。1996-1997年，他擔任加州大學柏克萊校區東亞語系訪問教授，並且兩度擔任美國暑期語言學研習班教授，講授漢藏語比較研究。1998年，獲聘為中國社會科學院西夏文化研究中心學術委員。他曾經說過，別人都是教已經知道的學問，可是他卻去教自己還不知道的。他一邊做漢藏語比較研究，一邊在台大講課。他這種勇於嘗試的精神，使他的研究成果也一直在向前推展，為學術界樹立了一個好榜樣。

煌城兄重要的研究論文大都已收入了他的兩本論文集裡，《漢藏語研究論文集》跟《西夏語文研究論文集》，2002年在中央研究院語言學研究所出版。前一部書一共收了十五篇論文。論文分為三類：（一）關於漢藏語的比較研究，有九篇文章；（二）關於十二世紀末漢語西北方音

的研究，有三篇文章；（三）關於藏緬語的研究，也有三篇文章。很明顯地，以漢藏語的比較研究所佔的份量最重，可以說也是煌城兄最重要的學術貢獻。他會研究十二世紀末漢語西北方音，這跟他研究西夏語文密切相關。位在中國西北方的西夏王國，在十二世紀末就亡國了，被成吉思汗所消滅，但留下不少西夏語文的文獻資料，例如孫子兵法的翻譯。西夏文跟漢語的對譯資料提供給我們十二世紀末漢語西北方言的音韻系統的線索。龔先生研究西夏語文有了成果之後，同時，他也進一步去探索那個時代、那個地區的漢語方言。只有他具有西夏語文的知識，才可能去探索那個歷史上的漢語方言。

在西夏語文研究方面，龔先生首度發現西夏語有音韻

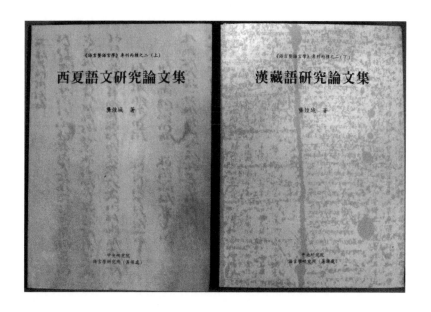

轉換（phonological alternations）的現象，都有規律可循，而且
這些轉換現象跟西夏語的構詞有關聯。以前研究西夏文的
俄國、日本、中國學者，都沒注意到這些現象。因此，他
所構擬的西夏音韻系統，證據確鑿，堅實可靠。

　　龔先生於2002年出版了兩部論文集之後，他的研究工
作仍然照常進行，又陸續發表了八篇論文，篇篇精彩，都
是很有份量的論文。

五、龔歷年來給我的協助和鼓勵

　　煌城兄跟我在中研院同事三十多年，他給我個人的協
助和鼓勵非常多，我無法盡述。下面我只挑幾件事來略作
說明。

　　1981年，我正在撰寫古泰雅語群音韻系統的構擬時，
碰到一個難題：現代泰雅群各方言有這樣的一個對應關
係：-t、-c、-ʔ，我當時不知道如何構擬它的古音才合適
（系統中已有*-t、*-c、*-ʔ），我就向他請教。他認為以擬*d最
為合適，因為泰雅語群各方言大都有濁塞音在語詞尾清化
的現象，而且也有發音部位向後移的現象，所以*d > -t、
-c、-ʔ 這也是平行的演變。真是一點就破，我真佩服他的
洞察力。

　　1982年，我寫成〈泰雅語群不同年齡在語言形式上的
差異〉文稿，他看過後就對我說，這是不是語音突變的現
象？這也是一語點破。後來我補寫了一小節討論詞彙擴散

理論對泰雅語群所能提供的解釋。同年八月，我們一起到東京出席國際語言學者的會議，會議上有一些歐洲來的學者就以德語宣讀論文跟討論，我只有羨慕煌城兄他都能夠聽得懂。在日本，他的日語能力更是如魚得水。

1983年，我們一起到美國西雅圖出席漢藏語言學會議。我要去宣讀的論文是〈台灣話的秘密語〉。他看了我的文稿之後就來對我說，「像這樣的論文，你可以繼續寫下去，因為你受過現代語言學的訓練。」他的意思是說，雖然我的本行是南島語言學，有關漢語的研究也照樣可以做得好。他不僅對學生鼓勵，對同事也一樣熱心。

有時我也寫出一些很不成熟的論文，他看了深不以為然，也會來勸我不要發表，這的確是為我好。我一直很感念他對朋友、同事的關心和善意。

1994年，王士元先生在香港召開一個小型研討會，以「漢語的祖先」為主題，我寫的論文是討論漢語跟南島語有沒有親屬關係。漢語上古音採用李方桂先生的系統，但是有很多例字在李先生的文章中並沒有出現，我自己又不會為它們擬音，我就只好找龔兄幫忙了。他連夜替我趕出來擬好了音給我。2003年，我寫一篇討論如何證明東南亞幾個語系有沒有親屬關係，包括古漢語、古傣語、古藏緬語，又碰到好多上古漢語的例字和古漢藏語的同源詞不知怎麼擬音，我又只好再找煌城兄幫我的忙了。他也都不辭辛勞，及時趕出來給我。在研討會上宣讀論文時，我曾請教與會學者我的研究方法是否值得繼續嘗試下去。會後煌

城兄就跑來對我說，值得繼續做下去。我深感他的盛情厚意，後來我那篇論文就奉獻給他，作為他七十大壽論文集中的一篇（Li 2004）。

　　李方桂先生重建漢語上古音韻系統，也重建了古傣語的音韻系統（Li 1977），都是開創性的極重要工作。可惜許多例字和同源詞都沒在他的著作中出現，後來研究的人需要用到那些例子或同源詞時就很困難了。由於有以上這些經驗，我希望像他這樣的大師，生前也能花一些時間，把所知道的同源詞都完整地（包括聲母、介音、主要元音、韻尾）構擬出來。但逝者已矣，夫復何言！我曾勸過煌城兄，把他構擬過的漢藏語同源詞也都能完整地呈現出來，以嘉惠以後的學者。很遺憾地，我這個希望又落空了。

　　回想這幾十年來我從事學術研究，如果還有一點成績，主要都是拜受師長之賜和同事之助。煌城兄的熱心協助，是我感受最深的。他暗中協助我的事很多，有些我事後才知道，但他並沒告訴我。

六、龔先生的語文素養和特質

　　煌城兄是台師大英語系出身的，在大學並沒有機會修國文系的聲韻學這門課。可見龔先生對於漢語聲韻學的智識完全靠自修得來的。非本科系而能如此精通和深入，真是難得。從聲韻學到文字學、訓詁學，他也都有涉獵。換言之，中國傳統的「小學」他都精通。

　　煌城兄除了英語以外，本來對各種歐洲語文並沒有什麼基礎。1966年，他獲得德國慕尼黑大學哥德學院獎學金赴德留學，進德語師資班，認眞學習，通過嚴格的考驗，二年後入慕尼黑大學攻讀歷史語言學博士學位。他對印歐比較語言學有極爲良好的掌握，奠定了他日後做漢藏語比較研究的基礎。他愛好語言，也喜歡學習新的語言，靠自己就學會了好幾種歐洲語言。他曾經告訴過我，他在留德期間，常聽法語的廣播，因而學會了聽跟讀法語。不知道他何時學會看俄文的資料。總之，他學習各種語文的能力很強，確有特殊的天份，非常人能望其項背。

　　1976年，他回國到中央研究院任職以後，也是靠自己學習古藏文跟古緬甸文，紮下以後做漢藏緬比較研究的深厚的基礎。

七、家庭生活與休閒活動

　　研究工作儘管如火如荼地進行，煌城兄並沒有忽略正常的家庭生活跟休閒活動。他帶同妻子到國外旅遊的次數，可說相當頻繁，歐洲、北美都常常去，也搭過郵輪去遊過阿拉斯加（Alaska）。因大女兒住在維也納，他們夫妻常到那邊，一次就住上數週之久。龔太太曾說，龔先生對家庭是「很有良心的人」。

　　1987年七、八月間，我們一起到東柏林去出席國際語言學者會議，龔太太和內人也都隨行。龔家大女兒那時在

維也納留學，也跟我們會合一起去。我們一路上旅遊，從東德到西德、奧地利、瑞士、法國、荷蘭，一路遊玩都是龔先生跟他女兒買車票、訂旅館，替我們安排一切的行程，是最順暢的一次國外旅遊。至今仍令人懷念那一次最愉快豐收的歐洲之旅。如今良友已逝，這樣的旅程永遠再也沒有機會體會了。

龔煌城先生及夫人蔡盞女士，攝於2004年。

參考書目

李方桂（Li, Fang-kuei）. 1971.〈上古音研究〉,《清華學報》14:1-61。

—1976.〈幾個上古聲母問題〉,《總統蔣公逝世周年紀念論文集》,1143-50。中央研究院。

龔煌城（Gong, Hwang-cherng）. 1977.〈古藏文的 y 及其相關問題〉,《中央研究院歷史語言研究所集刊》48.2:205-228。

—2000.〈從漢藏語的比較看上古漢語的詞頭問題〉,《語言暨語言學》1.2:39-62。

—2001.〈上古漢語與原始漢藏語帶 r 與 l 複聲母的構擬〉,《臺大文史哲學報》54:1-36。

—2002a.《西夏語文研究論文集》,《語言暨語言學》專刊丙種之二（上）,中央研究院語言學研究所（籌備處）。

—2002b.《漢藏語研究論文集》,《語言暨語言學》專刊丙種之二（下）,中央研究院,語言學研究所（籌備處）。

—2003.〈從原始漢藏語到上古漢語以及原始藏緬語的韻母演變〉,第三屆國際漢學會議論文集語言組《古今通塞：漢語的歷史發展》,頁187-223。中央研究院語言學研究所籌備處。

—2005.〈李方桂先生的上古音系統〉,《語言暨語言學》專刊外編之二,《漢語史研究：紀念李方桂先生百年冥誕論文集》,頁57-93。中央研究院語言學研究所。

龔煌城，梅祖麟（Gong, Hwang-cherng, and Tsu-lin Mei）. 2006.〈漢藏語比較語言學的回顧與前瞻〉,《語言暨語言學》7.1:225-258。中央研究院語言學研究所。

Dempwolff, Otto. 1934-38. *Vergleichende Lautlehre des Austronesischen Wortschatzes*. Berlin: Dietrich Reimer.

Gong, Hwang-cherng（龔煌城）. 1980. A comparative study of the Chinese, Tibetan, and Burmese vowel systems. *Bulletin of the Institute of History and Philology*（BIHP）51.3:455-490.

—1995. The system of finals in Proto-Sino-Tibetan. In William S.-Y. Wang ed., *The Ancestry of the Chinese Language*, 41-92. *Journal of Chinese Linguistics, Monograph Series* Number 8.

— 2003. "Tangut". *The Sino-Tibetan Languages*, edited by Graham Thurgood and Randy J. LaPolla. London and New York: Routledge. P.602-620.

Li, Fang-kuei（李方桂）. 1977. *A Handbook of Comparative Tai*. Oceanic Linguistics Special Publication No.15. Honolulu: The University Press of Hawaii.

— 1983. Archaic Chinese. In David N. Keightley, ed., *The Origin of Chinese Civilization*, 393-408. University of California Press.

Li, Paul Jen-kuei（李壬癸）. 1981. Reconstruction of proto-Atayalic phonology. *BIHP* 52.2:235-301.

— 1982. Linguistic variations of different age groups in the Ataylic dialects. *Tsing Hua Journal of Chinese Studies*, New Series 14.1/2:167-191.

— 1985. A secret language in Taiwanese. *Journal of Chinese Linguistics* 13.1:91-121.

— 1995. Is Chinese genetically related to Austronesian? In William S-Y Wang, ed., *The Ancestry of the Chinese Language*, 93-112. Journal of Chinese Linguistics, Monograph Series Number 8. Berkeley.

— 2004. Establishing genetic relatinship between language families in Southeast Asia. Studies on Sino-Tibetan Languages: *Papers in Honor of Professor Hwang-cherng Gong on His Seventieth Birthday*, 11-42. Institute of Linguistics, Academia Sinica.

附錄：

龔煌城先生著作目錄選 Selected Publications by Hwang-cherng Gong

龔煌城

1977.〈古藏文的 y 及其相關問題〉,《中央研究院歷史語言研究所集刊》 48.2:205-228。

1990.〈從漢藏語的比較看上古漢語若干聲母的擬測〉,《西藏研究論文集》

3:1-18。重刊於《聲韻論叢》1:73-96，1994。台北：台灣學生書局。

1993.〈從漢、藏語的比較看漢語上古音流音韻尾的擬測〉,《西藏研究論文集》4:1-18。

2000.〈從漢藏語的比較看上古漢語的詞頭問題〉,《語言暨語言學》1.2:39-62。

2001.〈上古漢語與原始漢藏語帶r與l複聲母的構擬〉,《臺大文史哲學報》54:1-36。

2002a.《西夏語文研究論文集》,《語言暨語言學》專刊丙種之二（上），中央研究院語言學研究所（籌備處）。

2002b.《漢藏語研究論文集》,《語言暨語言學》專刊丙種之二（下），中央研究院，語言學研究所（籌備處）。

2003.〈從原始漢藏語到上古漢語以及原始藏緬語的韻母演變〉，第三屆國際漢學會議論文集語言組《古今通塞：漢語的歷史發展》，頁187-223。中央研究院語言學研究所（籌備處）。

2006a.〈上古漢語前置輔音對韻母演變的影響〉,《四分溪論學集--慶祝李遠哲先生七十壽辰》下冊，687-708。劉翠溶主編，允晨文化出版。

2006b.〈漢語與苗瑤語同源關係的檢討〉,《中國語言學集刊》1.1:255-270。

2007.〈西夏語在漢藏語言比較研究中的地位〉,《語言暨語言學》8.2:447-470。

Gong, Hwang-cherng（龔煌城）

1980. A comparative study of the Chinese, Tibetan, and Burmese vowel systems. *Bulletin of the Institute of History and Philology*（BIHP）51.3:455-490.

1989. The phonological reconstruction of Tangut through examination of phonological alternations. *BIHP* 60.1:1-45.

1995. The system of finals in Proto-Sino-Tibetan. In William S.-Y. Wang ed., *The Ancestry of the Chinese Language*, 41-92. *Journal of Chinese Linguistics, Monograph Series* Number 8.

本文於民國99年10月25日發表於國語日報的書和人，2011年發表於*Journal of Chinese Linguistics* 39.1，頁301-309。

錢思亮院長與我

　　1970年春季，我在夏威夷大學語言學系準備博士學位學科考試，李方桂師為我安排到中研院歷史語言研究所任職，不巧碰到王世杰院長一直在病中，因此我的副研究員一職就一直懸著無法定案。後來王院長辭職，錢思亮先生於五月正式擔任中央研究院院長之職，我在中研院的職位很快就拍板定案。我也於六月間順利回國到中研院任職了。

　　錢院長做事一向謹慎細心，這是很多人都知道的事。1972年秋，我再到夏威夷大學去撰交博士論文，於次年六月間要應聘到新加坡南洋大學任教職。該校發給我的聘書一聘就是三年，若提前解約，另有規定。我向中研院只提出請假一年的申請，錢院長仔細看相關的文件，並且在公文上批得很仔細，最後寫的大意是：一年之後，屆時不再提出續請假的要求，始可同意。當年新加坡有如香港，大學教授的待遇相當優厚，比台灣至少高三、四倍，而生活費又很低，只可惜學術研究風氣欠佳。1973年秋，中東以阿戰爭再度爆發，因而有能源危機，物價飛漲，台灣更是首當其衝。經過慎重考慮之後，我仍然如期回國到中研院

復職。初回到台灣，覺得什麼都很貴，除了日常生活必需品之外，什麼都不敢買，而不像在新加坡時，想要什麼就買來用。不過，從長遠來看，當年所作的決定是正確的。我更要感謝錢院長的秉公處理。

我於1974年7月回國之後，更大的困擾是出國的手續非常繁瑣，出國旅費尤其難以張羅。回國後那幾年，我很少有機會出國參加學術研討會，偶而才有難得的機會。1975年，國語日報社要洽請李方桂院士到印尼去出席有關國家語言的會議，方桂師就推薦我去參加。1977年，美國語言學會要在夏威夷大學舉辦暑期語言學講習會，為期八週，我很想趁此機會去充電，就向國科會申請。事後我才知道，多虧錢院長看到我的申請案之後，他親自打電話到國科會承辦單位去洽商，我才順利獲得國科會的全額補助。此事固然讓我銘感於心，唯一的一點遺憾就是我一直沒能當面向他道謝。

錢院長公務那麼繁忙的人，卻對院內的研究人員也都有相當的了解，尤其難得的是，連我這樣的一個小人物，他居然也都叫得出名字來。有一次我到旅館去見方桂師，剛好錢院長也有事親自到旅館去找他。他從櫃臺打電話上來，方桂師順口說，「Paul正在我這兒。」錢院長一上來看到我就說，「我以為是哪一個Paul，原來是李壬癸先生。」我既驚訝又佩服他的驚人記憶力。

有一次在開會休息閒談時，談到某一知名學者且擔任過不少行政工作的，有人就稱讚他「一生清廉，並不愛

錢」，錢院長只是笑一笑，並沒說什麼。他顯然並不以為然，卻又沒有當場反駁，這就是合乎古人說的「隱惡揚善」的涵養功夫。錢院長擔任過台灣大學校長多年後又擔任中研院院長，大小公事最後都會送到他那裡，他閱歷既豐，又能知人善任，長者的風範確實令人折服。

談到錢院長，自然而然地令人想到胡適院長。當年台大傅斯年校長突然腦溢血去世，政府本來要聘胡先生繼任，胡先生就推薦錢先生。胡適先生一生助人無數，但他本人很少向人提起。從中國大陸流亡到美國那幾年，他的經濟狀況並不寬裕，但常自掏腰包濟助有潛力的年輕人在北美繼續深造，如陳之藩、彭明敏等幾位先生。他當時只告訴彭先生，他找到了一位願意按月供他生活費但不願具名的人士，彭先生也就信以為真。直到胡先生去世之後，錢先生才把真相告知彭先生（時錢任台大校長，彭任台大政治系教授）。彭先生聽了相當懊悔，責怪自己當年怎麼沒想到並親向胡先生道謝。胡先生協助陳之藩的事，寫在陳先生的小書《在春風裡》有九篇紀念胡先生的文章，其一寫到胡適先生給他的回信內容：「…我借出的錢，從來不盼望收回，因為我知道我借出的錢總是「一本萬利」，永遠有利息在人間的。」錢院長的為人頗像胡院長。

本文於2008年發表於《永恆的懷念：錢思亮先生百歲冥誕紀念文集》，頁81-83。

對我學術生涯有重大影響的李亦園院士

　　我首先要感謝李亦園院士讓我到清華大學負責新設立的語言學研究所所務，我才有機會展開抱負，於1986年起，訓練語言學研究所的學生調查研究臺灣南島語言，才把這個冷門的研究領域帶起來，並推廣到其他幾個大學，從清大到臺師大，再到臺大、中正大學等，同時也把它推上了國際南島語言學界。之前我雖然在臺大考古人類學系教了十年（1974-1984）的語言學課程，但該系學生幾乎沒有什麼人對語言學有興趣，反而中文系來修課的學生倒是有幾位，如：何大安、楊秀芳、魏岫明等人。

　　早在1970年夏，我初到中央研究院歷史語言研究所任職時，李先生就幫我不少忙了。那時他負責推動東海岸研究計畫，我也參與了該研究計畫，著手調查魯凱語作為我的博士論文，每個月的津貼（新台幣四千元）都超過我的月薪（約三千元）。過了兩年，我要回夏威夷大學撰交博士論文，缺少飛機票錢，也是李先生幫我設法解決的。

　　李先生的行政能力一流，且待人又誠懇，所以很多學

術界的朋友都樂意為他效勞。在他當人類學會理事長期間，年會都辦得有聲有色，相關活動也很有意義，例如去南部參訪一貫道大本營以及一個想要自給自足、不跟外界往來的特殊宗教團體。

在清華那三年（1986-89），我有較多機會跟李先生親身接觸。在行政方面，他提供我不少協助，排解一些人事方面的困擾。1986-87年，清大語言所聘請以色列的Robert Lees教授來客座一年。我事先安排他們夫妻住在校園內的宿舍，但沒裝設窗簾，他非常不滿，氣憤地說，Uncivilized！李院長知情之後，就出面去安撫他，果然，他的態度也變得很友善了。1988-89年，聘請王士元先生到清大客座一年，向國科會申請以講座教授的名義聘他，沒想到未獲通過，只通過以客座教授聘請他，所以王先生不應聘。後來也是李院長出面，寫信向他解釋，王先生才釋然於懷，應聘到清華教了一年，我們都非常高興。

他曾對我說：做事要以能達到目的為最重要，不妨在策略上做一點調整。我從他身上學到了處理重要事務的基本態度。例如，教育部要我為現存各種臺灣南島語言制訂書寫系統，採用羅馬拼音是最合理的選擇。然而，數十年前，我政府官方的態度完全排斥羅馬拼音，我只好暫以採用國際音標為名提出來，藉以減少阻力，實際上，還是採用羅馬拼音制訂了現存十五種臺灣南島語言的書寫系統。

據了解，由於沈君山院長的極力推薦，清華大學邀請李亦園先生去創辦人文社會學院。除了中語系、外語系、

經濟系之外，他陸續設立了歷史所、語言所、文學所、社會人類學所、哲學所等，他所物色的所長人選，可說都是一時之選，如歷史所杜正勝所長、社人所徐正光所長等等。但在當時的清華大學內部卻曾引起一些反彈的聲音。有一次，他們召開了檢討會，邀請毛高文校長、沈君山院長、李亦園院長以及各系所負責人出席。我事前並不知情，會中有若干人發言批評各系所的現狀，語言所也不能倖免。可以看得出來，他們對從清華大學校外聘去的人選具有排斥之意。他們會有這種態度，是可以理解的，卻讓李院長感到很尷尬。沈君山院長就深不以為然。既然不受歡迎，我如何能再待下去？我去見毛校長，表示我的看法。毛校長回應我的主要意思是說：該做的事還是要做。無論你做什麼事，都會有人反對。豈能因有人反對，就退縮而不做？毛校長的膽識和魄力，令人佩服。知道毛校長的態度之後，李院長也鬆了一口氣，並肯定我去見毛校長的談話和作法。後來事實證明，那幾年清大人社院運作得相當好，李先生所掌握的方向也都很正確。他從企業界募到一百萬元給人社院各系所舉辦各種學術活動，贏得不少讚賞的聲音。

李先生離開清華大學去負責蔣經國國際學術交流基金會之後，一直都聘我為國內或亞太地區的諮議委員，他信得過我們都會盡力。

教育部辦理學術獎，有幾年聘李先生當召集人，申請人若有語言學著作，他都會邀請我去參加評審委員會。

1998年，杜正勝所長推薦我爲教育部學術獎候選人，獲得李先生的大力支持，結果我也很榮幸地獲此殊榮。決審那一天晚上，他親自打電話告訴我這個好消息，我確實銘感於心。

　　我頭一次被提名爲院士候選人時並不順利，他私下透露給我眞正的癥結是什麼，非常難得。過了幾年，我又獲得提名，他也很爲我高興，並且對提名人鄭錦全院士當面表示讚賞之意。有學界的朋友如此相待，夫復何求？

　　李先生對臺灣國內外學術界的影響相當深遠，以上所述只是跟我個人直接相關的幾件事罷了。以下舉例說明他樂於助人的事蹟。

1986年，攝於清華大學。
右起：李亦園、李方桂、張琨、丁邦新、李壬癸。

　　美國宜蘭同鄉會邀請我於2007年3月10日到紐約臺灣會館參加年會，並做公開演講。會後李正三先生對我說，他很感激李亦園先生當年對他的特別幫忙。他曾在中研院近史所工作，要申請出國時，因爲他家族有人曾涉及二二八事件，無法通過「安全調查」那一關，就去求助於李亦園先生。李先生問他擁有什麼資料會有助於此事？李正三回說，他有國民黨黨員證。於是李亦園先生就爲他寫下了「此人忠黨愛國」這一類推薦的話，他也就順利出國了。我回國後對李先生提起此事，他也感到很欣慰。

　　張光直和李亦園兩位院士都對於我的台灣南島語言調查研究工作讚賞有加，我非常感激。

　　本文於2017年發表於《懷念李亦園院士》，頁30-32。

我所知道的高去尋院士 二、三事

　　我於1970年6月回國到中研院史語所任職之後，就跟高去尋院士成為同事了。他在三組考古學組，而我在二組語言學組，因為研究領域不同，平常很少接觸。只記得有一次他對我說：文章寫出來之後，不要急著拿去發表，先擺一擺，過些時候再拿出來看看，確實成熟了才好發表。他真是語重心長，也很愛護晚輩。

　　直到1976年，他擔任史語所編輯委員會常務召集人，而我也擔任秘書，因為編輯事務上的需要，我跟他見面的機會才多了一些。編輯會碰到有什麼問題，我都去向他請教，他也都很有耐心地告訴我如何處理才最妥當。我從他那學到很多做人處世之道，事後才覺得我確實受益良多。1981年，我辭去編委會秘書之職以後，才較少因公務去找他。

　　1978年，屈萬里所長因病去世之後，中研院高化臣總幹事力勸高先生接任史語所所長之職，他一再地懇辭，最後才勉為其難地肩負起重責大任。據許多人所知，高先生

終其一生都澹泊名利，他本來並沒有意願當史語所所長。儘管他公務很忙碌，我們這些晚輩的有事去找他，他都很誠懇、很有耐心地跟我們談。只要他辦得到的，他一定設法協助。他告訴我不少語言組過去的掌故。

過去中研院仿照公務員的辦法，研究人員每年都要辦理年度考績：研究成績正常的考乙等（二等），研究成績特別優秀的才能考甲等（一等），並且每一個研究所考甲等的不得超過半數。有一年，二組的每一位同仁的成績都很優秀，二組主任丁邦新先生在考績會上就很客氣地說：「二組每人都很優秀，除了我本人以外，請都考甲等。」高所長當場就說：「丁先生你太客氣了，」就完全依照丁先生的說辭，除了丁先生以外，讓二組每人都考甲等。事後丁先生自己覺得有點窩囊；二組人人都很優秀，難道他這個組主任真的會不夠好嗎？我聽了就到事務室去查考績，發現高所長已經把他自己改為考乙等，而把丁先生改為考甲等了，並且蓋了章以示負責。高先生他這種虛懷若谷、凡事謙讓的美德，外界未必都知道。幸而錢院長看了史語所送去的公文之後，才又把高所長的考績改回甲等，這才公平。

李濟院士於1979年去世之後，他留在中國大陸的兒子李光謨先生，很希望能到台灣來料理後事。他託人在美國的李方桂院士出面接洽，李先生就寫信給高所長，請他去找吳大猷院長設法。高所長也真的去找吳院長談過此事。可是，在那個戒嚴時期、所謂「漢賊不兩立」的政治環境

之下，要讓中國大陸人士公然來台，幾乎是不可能的事。此事後來也就不了了之，令高先生感到遺憾。然而，李方桂、高去尋兩位前輩還是盡了一份心力。事後我也是聽高先生親口對我說了才知道的。隔了好多年，台灣解嚴之後，李光謨先生終於如願到史語所來開會和訪問。

1992年某天，管東貴所長忽對我說：「聽說高先生人走在路上突然中風，送醫院治療中。我們一起到醫院去看看他吧！」我說好。我們本來以為他只是一點小毛病，到醫院治療應無大礙。哪裡想到：我們到醫院打聽高先生在哪一個病房，他竟然已撒手人寰了！當時管先生跟我都楞了半天，說不出話來。我也相當後悔，好久都沒去見高先生跟他談話了。

　　本文於2009年發表於《潛德幽光：高去尋院士百歲冥誕紀念集》，頁69-70。

懷念母校宜蘭中學的良師益友

　　在宜蘭高中部念了三年書，對於我這一生的學術生涯的確有深遠的影響。要不是有宜蘭高中那三年的養成教育，當年我就不太可能考上大學（台灣師範大學），也就不可能有機會赴美留學，以後我也不可能到大學（台師大、臺大、清華等校）任教以及到中央研究院任職了。這些都是幾乎可以確定的事。

　　在羅東中學初三快畢業時（民國41年），我開始思考升學問題。一般學生都想留在母校直升，羅東中學本來只有初中，我考進初中那年開始設立高中，所以畢業後可以繼續直升高中。全校有十幾個人可以直升保送高中部，我是其中一個。

　　然而有一天，我聽到幾位同學談起，將來要念什麼學校、出國做什麼之類的話題。有位同學（蘇介堯）說，宜蘭中學每年都有人考上大學，但是羅東中學才剛成立高中部，將來學生能否考上大學還很難說，至少他聽說過宜蘭中學的升學口碑不錯。他的這句話對我影響頗大，如果念

完高中後有機會考大學，我當然要繼續升學。於是我就去報考宜蘭高中，考上後就放棄了羅東中學的直升資格，改到宜蘭中學去念書。

在宜蘭中學上學大約一星期左右，當時高一有兩班，我的同班（甲班）同學都非常活潑、很愛玩；另一班（乙班）則很安靜，很多同學整天都在靜靜地念書，我想長久這樣下去也不是辦法。當時我還是小孩子，膽子也小，因此我找了隔壁班的同學，也是我的小學同學黃鎮清，請他陪我到教務處找註冊組長，懇求他讓我調到隔壁班就讀。但我不敢明說是因為讀書風氣太壞，只好說：「我跟這位同學是小學同學，所以希望跟他一起讀書。」註冊組長王友根老師認為這不是理由，不過因為隔壁班成績較好，他看我考進來的成績還可以，所以還是同意讓我調班，我非常感激他。後來我才知道，高一是根據數學分數的高低進行分班，雖然我的其他科目考得不錯，名次也蠻前面，但數學沒有考好，所以被編入次第的班級。

換班後，同學們的讀書風氣很好，我也受惠不少。後來我們這班畢業考大學（那時只有臺大和師大，還有淡江英專和台中農學院，根本沒有成大、清華、交通這些學校，當年也正值東海大學第一屆招生，那是民國44年），結果我們班上百分之八十幾的同學，考上了第一志願臺大、師大，而另一班卻只有一位同學（黃德銘）考上了台大法律系，次年又有一位同學（林誠一）也考上了臺大法律系。當時我若想報考臺大，分數也可以進臺大，但我的第一志願是師大，最主要的原因是我家實

在太窮，沒有錢讓我念書，繳不起學雜費。師大全部是公費生，若住宿每天還供餐，每月發幾十塊錢零用金，我覺得這樣已夠滿足，於是選擇就讀師大英語系。

無疑地，當時（民國41年）的宜蘭高中部是全宜蘭縣最好的。羅東中學初中部也很不錯，只是當時的高中部比起宜蘭中學尚有一段距離，主要是欠缺優良的高中師資。我羅中初中同班有幾位很優秀的同學（如吳鼎臣、林義洋、周威烈等人）在羅東高中念完了一年，就到宜蘭中學考插班，畢業後他們也都順利地考進了大學。現在的羅東高中顯然比當年好太多了。

我們宜中各科的老師真的大都很好，例如教我們數學的劉啓淦老師，教我們地理的楊治宋老師，教我們國文的王偃老師（高二）和劉鳴嵩老師（高三），教我們歷史的王友根老師，教我們化學的盧逵老師。他們不但教學認真，而且很關懷學生。最近跟早我兩屆的學長李汝城醫師談起這幾位老師，他也都記得，並且懷念他們。無可諱言地，難免也有極少數老師並不夠理想。但是，因為同班同學的素質好，而且又肯自己下功夫讀書，因此打下了很好的基礎，我們的升學之路才很順暢。我從同學就學到不少，如邱惠卿、吳松枝、林洋一、李煥等人。有一年，我跟林洋一同學座位在一起，他的數理就比我好，我常向他請教。吳松枝活潑外向，深受同學的歡迎，他喜歡自己看課外書，因此他的見識也較廣。李煥數理跟人文都好，又下得一手好象棋，他跟林錫耀棋逢敵手，我也愛看他們兩人拼

鬥。邱松根跟劉燉昱兩人很會唱歌，常一起合唱，可惜我沒有音樂的天份，並沒有從他們學到。黃家富的地理科最好，他告訴我們要多看地圖，地理才會好。類似這一類的知識，讓我一生享用不盡。

我家在冬山鄉珍珠村的鄉下。念中學六年，都要搭火車去上學。我出生在農家，每年寒、暑假都要下田工作，還要找機會跟著我四哥去打零工賺取學雜費，因為我父母沒錢提供我每學期的註冊費。我高一才念了一學期，我大哥患血癌去世，家庭經濟陷入困境，我幾乎輟學。幸而鄰居潘春福先生的勸說，五哥也主張，即使再念一學期也好，父親就把辦大哥喪葬費的結餘款交給我去註冊。我能念完宜蘭高中，接著又念完台師大，多虧我父母和兄長的協助和大力支持。後來能夠有機會出國留學，更是我在台師大的恩師林瑜鏗教授全力栽培，否則哪裡有今日的我？

本文於2012年發表於《宜中人通訊》6，頁22-23。

何大安

　　何大安雖然在臺大跟我修過幾門語言學課程，但是在漢語語言學方面，他遠比我精通，而且具有很重要的創獲。除了已出版幾部專書（如《規律與方向：變遷中的音韻結構》，1988）之外，他的重要論文都已收入《漢語方言與音韻論文集》（何大安2009）專書中。

　　大安只比我晚五年（1975）到中研院史語所任職，因此我們共事長達三十多年之久。歷年來我所寫的文章，他大都先替我看過，並給我很好的修訂意見，確實為我的論文增色不少。退休之後，我只要寫有關漢語的文章和緬懷師友的文字，都請他先看過，他也都很用心地替我看過並提供改進意見，我大都完全採納。

　　大安不僅做學問很嚴謹、有眼光，而且行政能力也很強。在公務上，他確實幫過我不少忙。在語言所成立籌備處的前三年（1997-2000），我當籌備處主任，許多事都是他替我做的。這使我想起胡適和傅斯年兩位前輩學人。他們在北大曾有師生之誼，後來也曾共事。胡適曾盛讚傅斯年的行政能力，他覺得自己是比較適合關起門來做學術研究，不像傅斯年那樣既能做學問，又有超強的行政能力。

對大安，我也深有同感。

　　大安也做過台灣南島語言研究工作，尤其對排灣語很下過工夫。他最重要的論著是〈台灣南島語的語言關係〉（1998），他對台灣南島語言的分類有不少跟Blust（1999）的不謀而合。例如，卑南和排灣都是主要分支，又如邵和四種西部平埔族合爲一個主要分支。他的分類也受到國際南島語權威學者Malcolm Ross的重視。

　　大安人很謙虛，一直彬彬有禮。我把他當好友。有時我覺得他爲我所寫的論文提供很多重要資料，邀他爲共同著作人，他都婉拒了，讓我過意不去。

原載《八十自述》（2017），頁156。

右起何大安、楊秀芳、龔煌城、蔡盞、王心玲、李壬癸

鄭錦全與我

　　鄭錦全院士的背景跟我的有些類似：我們小時候都是農村的鄉下人，住在較偏僻的地方，上中學都要走不少路去搭車上下學，每天在路上花掉不少時間。大學他念臺大中文系，而我念臺師大英語系，後來我們都走上語言學研究之路，可說是殊途同歸。他在臺大跟董同龢教授修語言學，並調查臺灣南島語言，而我在師大跟林瑜鏗教授修語言學，到夏威夷大學才學南島語言學。他的專業是漢語，而我的專業是南島語，但我們有一些共同的興趣。我們同一年（2006）從中研院退休時，中研院語言所分別為我們出版七秩壽慶論文集。如今又有一部八秩壽慶論文集要獻給鄭教授，令人羨慕。

　　三十多年前，我在《中國語言學報》發表了一篇論文：A secret language in Taiwanese，他似乎頗感興趣，來信鼓勵我，對我說：如有近作，希望能讓他知道。他大概也把它介紹給他所指導的研究生，如鍾榮富。林燕慧當年也曾寫信來問我有關那篇秘密語言的一些問題。

　　鄭先生是美國伊利諾大學香檳分校語言學系的教授，研究工作認真努力，有不少創獲。例如「詞涯八千」，指

古往今來每個人一生所使用的詞彙或字有限度，不超過八千個；古人的生活圈和人際互動也是受限，不超過七百公里（鄭錦全1998），很有見地，也很有意思。又如語言分類（subgrouping），他提出計量方法，是一種新的嘗試，我寫的〈一百年來的語言學〉曾引用他對漢語方言的計量分類。他對計算機之熟諳程度，華裔語言學者少有人能及。

在鄭先生回國服務之前，我們有幾次在國際學術研討會上碰面，包括在加州大學柏克萊分校辦的POLA workshop（1989）、在夏威夷大學召開的第六屆國際南島語言學會議（1991）、在瑞典Lund大學召開的第31屆國際漢藏語言暨語言學會議（1998）等。他不只自己去宣讀論文，也帶著研究生去宣讀論文，很會為學生設想。我相信能當他的學生，一定都很幸運。他有一個學生叫杜玟萩，論文寫有關台灣南島語言的分類，為了她，鄭先生不止一次來信問我相關的語言資料，由此可見一斑。

我主持清華大學語言所時，曾請鄭先生做一次公開演講。他在伊大負責籌辦於1996年召開的「第八屆北美中國語言學研討會」（Eighth North American Conference on Chinese Linguistics），也邀請我為invited speakers之一。1989-90年，我在加州大學柏克萊分校訪問時，他安排邀請我到他教的大學作演講，順道也應黃正德教授之邀到康乃爾大學作一次演講。有一年，我安排邀請他到中研院史語所當訪問學人，他跟我們語言組的同仁相處得都很好。

2003年，中研院語言學研究所籌備處要正式成所，諮

詢委員會議決定聘他爲首任所長。他行政幹練，待人處事都很得體。2005年我榮獲臺美基金會傑出人才獎，要到美西長堤（Long Beach）去領獎，他不但批准我的旅費，而且立即聯繫中研院語言學院士們提名我爲下屆院士候選人，果然，我於2006年順利當選。

1970年代，美國跟中國大陸展開交往以後，他參加一個參訪團前往中國大陸參訪，回美後又發表了一些參訪感言，因此被列入了國民政府的海外黑名單，長達十五年，他都無法回到台灣，令他母親很著急，卻無法可施。解嚴之後，他才能再度回到故鄉。大約在1976年，我曾被密告「思想有問題」，弄不好就會被送到綠島去管訓，幸而有中研院的同事幫忙，才解除危機。我們都曾爲白色恐怖的受害者。

鄭先生在美國伊利諾大學香檳分校語言學系任教數十年，又在香港城市大學任教三年並兼系主任，退休後又在臺師大擔任講座教授，協助其顯著提高國際學術地位並且被教育部核定爲國內十幾個頂尖大學之一。他桃李滿天下，研究範圍很廣，從語音、音韻，到詞彙、到句法，從共時到貫時，從核心語言學到實用語言學與社會語言學，應有盡有。他眞是令人非常敬佩的語言學家，絕非我能力所及。

他的夫人梁慕琴女士曾經當過趙元任先生的助理。據說有一次趙元任帶著他們三個人到他家去便餐，但未事前告知趙太太，結果趙太太很不高興，開飯時她竟然拍桌把

趙先生罵了一頓，讓錦全兄嫂等人吃不下飯。不過，趙太太隨即對客人還是很友善，把沒吃完的飯菜都打包讓他們帶回去吃。我似乎比他們幸運一些：有一次李方桂先生開車載我到他家去吃午飯，事前並沒告訴李師母，但她還是和和氣氣地善盡招待我的責任，讓我有賓至如歸之感。

　　錦全兄跟我同年，剛過八十。根據統計，臺灣男人平均壽命約77歲。我們倆人都已賺到了，而且每過一天就多賺一天，每過一年就多賺一年。我們互相勉勵，看將來誰會賺得最多！

　　本文於2017年12月發表於《點亮語言世界——鄭錦全先生八秩壽慶論文集》序。

左為鄭錦全

令人敬佩的湯廷池教授

我跟湯廷池教授曾在台灣師範大學英語系共事三年（1964-67），後來在清華大學語言學研究所共事也是三年（1986-89），那時他住家就在新竹市，每周二晚上我們通一次電話，公私事無所不談。

湯先生對於各種新出語法理論的掌握，確實令人佩服，國內的語言學者很少能企及。他會運用最新的語法理論來探討漢語，常能發掘出漢語各種語法現象，是傳統語法學者無法觀察到的，而且他條理非常清楚，讀者可以同時吸收新的語法理論和漢語的語法結構系統。

我於1974-84年在台灣大學考古人類學系開授語言學課程，我的句法課就是採用湯先生所寫的《國語變形語法研究》（1977）作為主要教材，我們都覺得學到很多。湯先生用功甚勤，也很多產，他一直有新的論著發表，我們陸續可以從他的著作中學到新的語法知識，包括《國語語法研究論集》（1979）、《漢語詞法句法論集》（1988）、《漢語詞法句法續集》（1989）等，我們恐怕有點應接不暇了！

1977年夏天我跟湯先生都獲得國科會的資助，到夏威夷大學去參加六個星期的美國語言學研討會（1977

Linguistics Institute）, 重要的演講我們都去聽。哈佛大學久野
暉Susumu Kuno教授所開的語法課，我跟湯先生、黃正德
都去聽講。久野談到的各種語法現象，湯先生常能隨口就
點出來，一語道破，令人佩服。事隔多年，我的印象仍然
很深刻。他還告訴我們一件很感動人的事：他從Texas大
學回國之後，上床睡覺休息，他祖母就跑進他臥房去撫摸
他的頭。他笑著對我們說：「在祖母面前，你是永遠長不
大的！」

1992-94年間，中研院史語所邀請了Charles Fillmore
教授到南港來做一系列的演講，湯先生也來聽講，以當時
現場的反應來看，湯先生又是國內最能掌握最新的語法理
論的語言學者了。他覺得有點遺憾的就是，他不敢提出自
己的創新理論來。

1993年3月第一屆台灣語言國際研討會在台師大舉
行，我應邀做了一場專題演講，講題是「台灣南島語言的
分布和民族的遷移」，由湯先生主持和介紹，他措辭非常
客氣。一開場，我先說明國內做南島語言的人很少，看到
錯誤我也不太忍心都去挑出來，我說我分析我自己的行為
有如金庸筆下的東邪黃藥師對他徒弟的偏袒一般。他的徒
弟背叛了他，他很生氣，若找到他們，他原要把他們殺
掉，可是當他看到背叛他的徒弟梅超風正在跟對手歐陽克
打而打不過他時，他就出手協助她了。演講過後，湯先生
對我說：你能夠拿自己來做消遣，顯示你對自己有信心。
後來還記得我演講內容的人大概不多，但卻有聽眾還記得

我提到東邪的故事。

　　我跟湯先生的私交一直都很不錯。我很佩服他的專業素養以及他對漢語研究的卓越貢獻，而他對於我的台灣南島語言研究工作也都尊重。我感謝他多年來對我的支持，包括專題研究計畫以及學術獎助的申請，據了解，只要送給他審查的，他都是持很肯定的態度。有同行如此，我沒任何遺憾了。

　　他的女兒湯志眞博士也是極優秀的語法理論學者，她做台灣南島語言句法方面的研究，相當出色。從1991年元月她到中研院史語所任職起，她一直是我所敬重的同事，而她待我如同父執輩，我們都很坦誠相處。後來語言所搬到人文大樓之後，她研究室就選在我隔壁。早年爲了陪她父親到香港去教一年書，她犧牲了自己那一年的學業去照顧他。湯先生晚年健康欠佳，極需要有人專心照顧他，志眞一直在家日夜照顧他，並且於2019年4月起辦理提早退休。有這麼孝順和貼心的女兒，湯先生可以說是前世修來的福了。曹雪芹在《紅樓夢》中所寫的〈好了歌〉道：「癡心父母古來多，孝順子孫誰見了！」從志眞身上，我們確實是見到了眞正孝順湯先生的好女兒了。

　　　　　　　　　　　發表於2020年湯廷池老師紀念網站

懷念曾永義先生

一、前言

　　曾永義教授（1941/4/4-2022/10/10）晚年跟我可以說是很親近的朋友，我們幾乎無所不談，尤其有關國語日報社的存續問題，我們一直都很關切。我們多年都是國語日報社的常務董事，過去這些年來我們常在一起開會，每年至少見幾次面。

　　他是海峽兩岸極富盛名的戲曲學大師，幾乎每年都有他自己創作的劇本公開演出，我們也都受邀去觀賞。永義兄出口成章，下筆如飛，不出幾天一個劇本就寫成了。他的劇本著作有崑劇、京劇、豫劇、歌劇、歌仔戲等多種型態，他的創作才華由此可見一斑，令人佩服。他最後的劇本〈李斯韓非秦始皇〉於10月14日演出的前四天他就先走了，演出那天最後銀幕上打出了「緬懷曾永義老師」字眼。前一週於10月7日，詩詞曲歌唱跨界音樂會，即他所創作的詩詞曲在中山堂公開演唱時，他還到場向觀眾揮手致意，遠看他的臉色都是灰色的，我當時就覺得不妙了。

　　我第一次看到曾永義大概是在1974年秋季。中研院史

語所傅斯年圖書館藏擁有一批俗文學，他有意整理，應邀
到史語所做公開說明。我當時對他的印象是此人口齒清
楚、條理分明。

後來內人王心玲在台灣大學攻讀比較文學博士學位
時，曾經修讀曾老師的戲曲課程，他很稱讚她，給她高分
的學期成績，他是台大中文系戲曲課程的台柱。我們在國
語日報社閒聊時，他就愛開玩笑說：他地位崇高，因為我
就是他的「徒夫」（徒弟的丈夫）！他平常愛開玩笑，只要
有他在場，談笑風生。最近這些年來，他對我非常友善，
都叫我「老哥」。少掉這種老友，倍感寂寞，令人傷感！

二、台灣大學長興街學人宿舍

台灣大學為了爭取海外學人回國服務，在長興街蓋了
數十戶學人宿舍，相當寬敞且好。我於1974年夏辭去新加坡
南洋大學教職，回國到中研院史語所復職，為了解決住宿問
題，就跟台灣大學考古人類學系合聘，住在長興街學人宿
舍。梅廣、黃宣範、曾永義、鄭昭明也都住在那裡，大家有
機會碰面。有一次我們社區聚餐，每家負責做一道菜，聽說
曾太太因故不肯做，永義只好親自做了一道酸辣湯應景，鄰
居談起來笑稱那是「博士湯」。他女兒回家去轉述，因而引
起他們夫妻大吵一架，我們都深感不安。那幾年我內人也在
台大旁聽一些中國文學課程，有時要向永義兄請教一些問
題，原來她是在準備報考比較文學博士班。

三、古今文選

　　曾永義曾擔任國語日報《古今文選》主編第七集到第十三集，自民國58年10月至85年11月，長達二十七年之久，每兩週出一期，每年出26期，雖有二、三個主編，他們夠忙碌的。《古今文選》所選的文章大都很好，有詳細的注釋，古文常譯成白話文以便參照，對學生很有幫助。元代戲曲選大都出現在第七集到第十集，如元人小令、散曲、〈感天動地竇娥冤〉、〈趙氏孤兒大報讎〉等。國語日報於民國40年9月開始附載《古今文選》，前幾年都由梁容若老師主編。民國44年秋季，我在台灣師範大學念大一國文，由梁容若老師任教，除了讀課文外，他還選了若干《古今文選》作為補充教材，我喜歡那些《古今文選》勝於課文。我子女念小學時，我都訂國語日報給他們看。我擔任國語日報社董事那幾年，報社贈送報紙。那幾十年我都把《古今文選》收藏起來，至今仍在我書架上。國語日報社出版《古今文選》精裝本第一集至第十五集，都擺在我研究室裡，有空時我就翻閱那些文章。曾永義也很珍惜《古今文選》，認為那是國內最好的文選。他有一篇散文〈夢見莊周〉收在第十二集第713期。我那篇〈冬山河憶往〉由他推薦收在《古今文選》第1405期（民國105年9月4日）。我也為國語日報《書和人》、《語文週刊》寫過好幾次文章。

四、國語日報社

永義過去數十年來一直跟國語日報社有很深的淵源，他跟歷任社長、董事長、董事們以及各部門主管都熟識，必要時報社也會請他出面協調，各方人馬也都信得過他為人公正、沒有偏私，他個人也沒有什麼野心。有一次他高票當選董事長，他看到另一位落選人臉色大變，他就當場宣布婉拒董事長之職，禮讓給那一位落選人。

國語日報社自創社以來對台灣推行國語有很大的貢獻，報社業務也蒸蒸向榮。它所發行的國語日報報紙向來都虧本，很多年都靠「語文中心」和「文化中心」收入的盈餘來貼補，尚有盈餘存入基金。可惜近二、三十年來受到少子化的不利影響，收入一年不如一年，年年虧空，令董事們都很憂心，永義當然沒有置身事外。不幸地，別有用心的人又加以操弄，報社是否能繼續營運下去，前途未卜，永義兄可說帶著一點遺憾離我們而去。

五、個性率眞，興趣廣泛

他個性率眞，很容易相處，交遊很廣。他好飲，尤其愛好烈酒如威士忌，跟親朋好友在一起，他一定要喝酒。他號稱「党魁」，是指酒党之首，跟他有來往的人都知道他深以「党魁」為榮。

中央研究院院士選舉，他第一次提名並沒有順利當

選，他難掩失望之情。我曾勸他要以平常心看待選舉，只要繼續認真努力做研究，時機成熟時，自然水到渠成。果然不出幾年，他也就順利當選院士了。他高興之餘，不忘感激之情。

自從他當選中研院院士以來，每年都在水源會館宴客，座上賓包括黃啓方、齊益壽、何大安、李壬癸我們這幾對夫婦，連同主人一對，他有好幾種烈酒都寄存在餐館裡，賓主盡歡才散。今後再也沒有這種輕鬆愉快的聚會了。

中國歷代皇帝有不少都是橫死的：上吊、服毒、砍頭、溺死等等。永義曾經用心檢查歷朝文獻紀錄，結論就是：皇帝「真的幹不得呀！」平時專業研究和教學已經夠他忙碌了，還會做這一類的研究，可見他興趣很廣泛的一斑。

曾永義著作等身，近四十年來幾乎每年都有專書出版，以戲曲研究的居多，學術專著有40筆，編輯著作有21筆，學術通俗著作有10筆，散文集也有14筆，洋洋大觀。《說俗文學》、《說戲曲》、《說民藝》這一類含有「說」字的學術專著，實為「論說」，並非學術通俗著作，但大都是深入淺出，沒有像他那樣具有相當深厚的功力是寫不出來的。正如《人間愉快》，讀他的散文才真令人輕鬆愉快！

　　本文於2023年發表於《中國文哲研究通訊》第三十三卷第二期。

懷念多才多藝的
李煥博士

　　在宜蘭中學高中部，我有一個同班同學李煥，他家住
蘇澳，父親在蘇澳水泥廠當工程師，令人羨慕。那時整個
宜蘭地區以宜蘭中學的校譽最好，升學率最高。他是「通
學生」，每天搭火車往返蘇澳—宜蘭之間，花掉很多時
間，但他各科成績都很優異，國英數他常是班上最高分。
我羨慕他主要是他的家庭環境好，父母都是高級的智識份
子，注重子女的教育；不像我常要為學雜費發愁，週末和
寒暑假期都得下田工作。後來他考上了台灣大學化工系就
讀，而我上台灣師範大學英語系，我們就少連繫。他到美
國後幾十年更是完全失去了音訊，直到幾年前才得以電
子郵件通了八次信（2012年4月29日-5月20日）；他人在美國也
知道我因研究台灣南島語言而獲得總統科學獎（2009年）。
2012年6月，就聽到他去世的消息了，非常遺憾。
　　2012年4月宜蘭中學七十週年慶，我應邀寫了〈懷念
宜蘭中學的良師益友〉，感謝宜中的師友，使我順利考
上了大學。我寄給李煥看，他來信（英文寫的，今改譯為中文）

卻說得很坦白:「在宜中成長的那幾年,至今在我心中仍有鮮明的印象。回想起來,我們家住蘇澳的通學生,相當辛苦。我每天在路上就得花上4小時,因此對假期還強迫我們去參加各種政治活動,我很反感。趙仰雄校長太過於黨國意識了,他老友倪文炯把學校像監獄一般來管理;他們只要學生盲目服從,灌輸黨國教條,而不是鼓勵學生要有創意和獨立思考。要不然,我們學校生活就會更愉快了。」

不久以前我才從另一位同班同學沈傳信得知:李煥生前一直有個憾事,那就是他不知生父在何處,或說生父在重慶被日軍炸死,而在蘇澳的卻是他的繼父。1949年國民政府丟掉中國大陸時,許多人逃難到台灣來,李煥的母親帶著他也逃到台灣來。因緣際會她在重慶時就嫁給了他的繼父,才能有安定的生活,並培養李煥長大成人,直到他出國赴美國留學。雖非生父,繼父卻也功不可沒,況且也很疼他。戰亂時期,類似李煥父母親的情形,大概不少。沈傳信說,李煥的父母後來也移居美國,因此彼此也都認識並見過幾次面。

猜想李煥小時候大概也不太懂得大人的事。長大了才會想到繼父畢竟隔了一層,不如自己的生父。可是,人生往往不盡如人意,奈何!我本來很羨慕他,沒想到他家也有他家的苦衷!

儘管他比我們年輕兩歲,在宜中李煥的數理跟人文各科成績都很優秀,他的書法、美術也都很出色。高三那年

宜蘭縣全縣中學生作文比賽，他也獲獎。宜中高三畢業的美術展，有三分之一以上都是他的畫作，由美術科田績之老師挑選的。他又下得一手好象棋，跟林錫耀同學棋逢敵手，我很愛看他們兩人的拼鬥。我們班上的同學以本地生居多，外省籍的只是少數，而且都不會說台灣話，只有李煥能跟我們講道地的台灣話。前幾天我跟另一位同學邱松根談起李煥，他對他讚不絕口：人文數理藝術各科都極優，無人能及。

李煥很好辯。雖然他常常有理，可是偶爾也會不太講理。有一次我們談到達爾文的演化論，人是靈長類的一種，跟黑猩猩，大猩猩，紅毛猩猩，猿猴都有密切的親屬關係。沒想到他竟會忽然冒出這樣的話來：如果達爾文的演化論是正確的話，我們怎麼沒看過猴子變成人呢？

1955年李煥考上台大化工系，是當年該系的榜首，而他卻比同班的少兩歲。他們對他的聰明都留有深刻的印象，故意找他下棋、打乒乓、打檯球，他也都欣然迎戰，從不退縮。他固然常常贏，輸了也會再比下去。後來他於1989年專程從美國回到台灣大學參加同班同學畢業30週年慶，又於2009年再回到台大參加50週年慶。可見他也相當念舊。

楊振寧、李政道於1957年榮獲物理學諾貝爾獎。兩年後李煥也考上清華大學物理所，該所偏重理論，物理系畢業生都不容易考上，何況其他系？然而他在大學四年所受的訓練是化學工程，物理學的基礎畢竟不足，這

對他以後的學術發展肯定會有不利的影響。他修完碩士學位之後，就到美國加州大學柏克萊分校去攻讀核子物理（nuclear physics）博士學位。畢業後他先在波士頓的東北大學（Northeastern University）物理系教了幾年書，然後到Los Alamos National Laboratory任職，一直到退休。

李煥絕頂聰明，確實具有多方面的才華和興趣，非常人所能及。或許他興趣太廣泛，沒能在任何一個特殊領域有突破性的發展，非常可惜。據說他曾發表一篇很有發展潛力的論文，楊振寧頗欣賞並認為若能持續做下去，很有可能會有突破性的成果出來。可惜李煥並沒有持續做下去，多年以後他才知道楊振寧的看法，後悔已經來不及了。

李煥一生都爭強好勝，從不認輸。他於2012年去世之後，他在台大化工系的同學王倬院士曾寫了一篇追悼文（英文），提到他們兩家的人曾經一起到Lake Tahoe去渡假。晚上兩個男人到賭場（casino）想要"玩一會兒"，沒想到欲罷不能。李煥的手氣並不順，一直賭到清晨，輸光了他身上所有的現金，再向王倬借錢，也都輸光了。他還要以簽帳卡去提現金準備繼續賭下去，王倬只好硬把他拖走，離開了賭場。李煥好強爭勝的個性，由此可見一斑。

李煥似乎對什麼都會好奇，而且還有打破砂鍋問到底的精神。他曾提出有關漢語方言方面的問題，我只好請我的同事何大安院士代替我回答了。

李煥跟他的原配是同班同學，育有一子一女。可惜在

他退休之前，他們就已經分手了。他身體本來很健壯，後來有血管方面的毛病。去世前八年，他突發心臟病，在網球場上暈了過去。隨後雖然做了心導管手術，他的健康卻每況愈下，從未恢復正常。開同學會時，人家都快要不認得他了。他寫信告訴我，他跟家人一起到夏威夷Kauai島上去渡了一週的假。才過沒有多久，他就在醫院的病床上睡夢中過世了，遺有第二夫人，一子一女。

附註：本文部分內容之資訊取材自王倬院士所寫的 In Remembrance: Huan Lee（李煥，1938-2012）。

本文發表於2018年《傳記文學》113卷第1期，頁78-80。

每兩週有一種語言消失

　　古人說：「天地不仁，以萬物爲芻狗。」在這種弱肉強食的世界裡，弱勢的物種和族群，若沒刻意保護，很難生存。地球上生物經幾億年演化，各種動、植物物種少說也有幾億萬種。但是，自從十八世紀下半西方工業革命以來，人類以驚人的速度成長，人類擴散到地球的每一個角落，對自然環境生態產生空前的破壞，侵佔了原來屬於各種動、植物的棲息地及其生存環境。因此，許多珍貴的動、植物都在快速消失中，據了解，平均每天都有幾百種動、植物從地球上消失。凡是對生物鏈稍有認識的人都會知道：物種一旦有缺口，許多相關聯的其他物種也會跟著遭殃。如果讓這種生態繼續惡化下去，人類的生存本身一定也受到威脅。

　　語言消失的速率甚至比有些物種的消失速率還要快、還要糟：語言消失的速率是哺乳類動物的兩倍，是鳥類的四倍。平均每兩週就有一種語言消失。世界上的語言現存的還有五、六千種。以目前消失的速率來估計，五十年之內至少有一半會消失，一百年之內有百分之九十會消失。如果按照目前的趨勢發展下去，未來世界恐怕只剩下少

數幾種佔絕對優勢的語言，包括華語和英語。根據Alaska Native Language Center的Michael Kraus的報告，世界上現存的語言，其中有百分之二十至四十已接近消滅的邊緣，只有百分之五至十還在「安全」範圍之內，因為只有不到十分之一的語種使用的人口多而且具有官方語言的地位。如果人類能及時覺醒並立即採取必要的措施，或許有一半的語言還可以存活到一百年之久。

　　一種「健康的語言」必須持續地要有新的使用人，也就是不斷地有下一代的人傳承下去，否則它的命運就注定死亡。從這個角度而言，所有台灣南島語言都已面臨消失的危機。現存的三種平埔族語言恐怕不出二十年大都會消失，九族的高山族語言恐怕也在五十年之內大都會消失。事實上，大約有一半的台灣南島語言已經消失了，有的甚至沒有留下任何記錄。

　　語言是一個民族文化最精華的部分。語言學大師諾姆・喬姆斯基說，「語言是人類心靈之窗」。許多少數民族語言和漢語方言都珍貴無比，它們具有優勢語言（如英語、華語）所沒有的語言現象。這些語言和方言都是人類智慧財產。它們是人類共同的資產，如果任意讓它們自生自滅，這是全人類的損失。這種「文化財」的損失，不是有形的財產可以相比的。

　　　本文於民國90年1月30日發表於《聯合報》民意論壇

何止第十族？

　　一般人都只知道台灣有「九族」，卻不知道事實上還有好多種平埔族群「姿身未明」。住在日月潭的邵族過去常被誤認為是阿里山鄒族的一部分，因此邵族人的地位多少年來一直都被忽視。直到最近新政府終於向前踏進了一大步，日前正式承認他們為「第十族」，陳水扁總統也親自前往主持該一盛會。我們衷心地祝福所有邵族的父老兄弟姊妹們，希望他們今後過著名符其實而且更有尊嚴的生活。

　　其實何止第十族而已？其他各地區的平埔族群呢？在台南高屏一帶的西拉雅呢？原來在蘭陽平原而今定居在花東縱谷平原的噶瑪蘭呢？又如，原來在西部內陸平原，而今仍有不少後裔在埔里盆地定居的巴宰呢？住在花東一帶的噶瑪蘭人戶籍上常被錯誤登記為阿美族人，但政府因循苟且數十年，至今仍未更正。此一錯誤，一方面令人啼笑皆非，另一方面也令人痛心。戶籍工作人員有的確實出於無知，有的決策單位卻恐怕是出於利益的考量。據說甚至也有原住民的立委也反對承認平埔族的原住民身份，他們有一個很牽強的理由：身份認定有困難！技術上的困難，

理應設法解決。我們不希望真正的動機乃在，肥水不願落入外人田，不希望其他相關的族群也來分一杯羹吧？

　　去年（民國89年）底舉行第四屆促進原住民社會發展有功的團體和人士表揚大會，總統召見，我提出三個建言，其中之一就是：原住民身份的認定應包含各種平埔族群，如邵族、噶瑪蘭、巴宰、西拉雅等等。總統雖然沒有當場作什麼裁示，但原住民委員會尤哈尼主任頻頻點頭，表示贊同。會後我們交換意見，尤哈尼主任認為大家都有必要調整心態，不僅一般老百姓，而且執政者，有影響力的人士都要一起來共同努力，這個問題才有希望得到合理和妥善的處理。

　　最後補充一點說明。語言學的證據顯示邵族跟西部平埔族的血緣關係較密切，也就是說，邵族本來就是一種平埔族。可是，聽說邵族人士非常反對稱他們為平埔族。理由何在？一般所說的九族全都是屬於過去所說的「高山族」。若承認自己是平埔族，豈非有礙於成為「第十族」的努力嗎？現在既然政府已經公開認定邵族為第十族了，希望邵族的朋友們可以認真思考，誰（哪一族群）才真正是他們自己的親兄弟姊妹了。

本文於民國90年9月28日發表於《聯合報》民意論壇

語言能起死回生嗎？

　　數十年來政府和官方文獻只承認台灣南島民族只有「九族」。近幾年學界呼籲政府至少應該承認仍然保存有語言和傳統文化的若干平埔族群，包括噶瑪蘭、邵族和巴宰族等的合法地位。88年的九二一大地震使人口稀少的邵族（只有二百人）幾乎亡族滅種。

　　前年（90年）九月二十一日陳水扁總統特別選在九二一紀念日上正式宣布邵族為「第十族」。因此，邵族不應該再被誤認為鄒族的一部分了。但是有幾個人真正關懷邵族的語言和文化呢？如今，真正會講邵語的只有十個左右，而且年齡都在六、七十歲以上。有哪幾位年輕人肯認真學習自己的母語和傳統文化智識？連邵族人自己都不關心，遑論他人？邵族本來也是一個強勢的族群，不僅環繞日月潭地區有數十個部落，連埔里、水里一帶也都是他們的勢力範圍。1873年10月歐美人士T. L. Bullock, William Campbell（甘為霖）、Joseph Steere（史蒂瑞）等人到水社（日月潭）訪問時，根據史蒂瑞的報導，邵族人口仍然有近一千人之多。那個時候的小孩日常也都講母語，男孩仍然去齒。曾幾何時，今日連成人也都不會講了，而且情況還

在繼續惡化下去。再過一、二十年，邵語恐怕也難逃完全滅絕的命運了。

去年（91年）12月25日行政院長游錫堃（幾年前他擔任宜蘭縣縣長於噶瑪蘭祖居地）正式宣佈噶瑪蘭為「第十一族」。今日住在花東沿海一帶的噶瑪蘭人日常仍然講噶瑪蘭語和保存若干傳統文化。希望在戶籍上誤被登記作「阿美族」的也及時獲得更正。蘭陽平原的噶瑪蘭人在二十世紀初日常都講自己的母語，我父母親早年都認識不少噶瑪蘭人說噶瑪蘭話。事實上我小時候也穿過「番仔布」做的衣服。日治時期有不少日本學者（先後有：伊能嘉矩、小川尚義、馬淵東一、淺井惠倫）都在蘭陽平原蒐集過一些活語言的資料。如今，蘭陽平原的噶瑪蘭已經成為死語了。若要恢復他們的語言和傳統文化，就非借助花東一帶的噶瑪蘭人不可了。然而，即使在花蓮縣的新社村，噶瑪蘭語並沒有真正傳承給下一代，中年以下的大都不會講母語了。要想在蘭陽平原恢復噶瑪蘭語言，恐怕比登天都還要難。

哪一個平埔族群最有可能成為官方所承認的「第十二族」呢？除了上述邵語和噶瑪蘭語兩種以外，現在只有在埔里的巴宰族還有極少數老人還會講巴宰語。可惜語言的保存和流通情況甚至還不如上述兩種平埔族群語言。只要加倍努力和加快腳步，他們還是有機會的，否則機會稍縱即逝。巴宰族的祖居地原來在台灣西部平原，大甲溪中下游地區，是靠內陸的平埔族群，他們早期的地盤相當大，即使到了清代末期也要比日治時期大得多，人口也相當

多。如今人口凋零，母語及傳統文化也已消失殆盡，充其量其語言只不過苟延殘喘而已。有鑑於此，本人花了好幾年的工夫，編寫了兩部專書：《巴宰語詞典》和《巴宰族傳說歌謠集》，並已陸續出版，希望為保存這種稀有的語言文化工作盡一點棉薄之力。

　　眼看著兩種平埔族群已先後獲得政府正式承認為「原住民族」，其他族群有的也躍躍欲試，希望有朝一日也獲得相同的地位。可是，他們的語言都早已消失了。沒有語言，又何來文化？又如何擁有普遍的族群認同？最關鍵的問題是：已消失的語言，能不能起死回生？環顧世界，日本的原住民語言是愛奴（Ainu）最近（大約在1980年）才消失，日本關心的人士曾試圖挽救它的生命，可惜並不成功。美洲的原住民語言就是各種印第安語言，絕大部分的語種都已消失了，有些最近幾年才消失。至今還沒有任何一種已死的語言能夠用人工的力量使它復活。即使瀕臨消失的語言，想要復育都有很大的困難，何況是已消失的語言呢？

　　誠然，有少數平埔族語言有文獻記錄，例如原在台灣南部的西拉雅語以及原在西部平原的法佛朗語（是原在雲林沿海一帶的貓霧捒語的一種方言），都有十七世紀荷蘭時代留下的文獻記錄。但那些文獻記錄數量很有限，顯然不足以應付日常生活之所需，絕對無法成為有效的溝通工具。原在大台北地區的巴賽（Basay）語言於日治時期曾留下一些記錄（大約一千個單語，十多個文本，即傳說故事和幾首歌謠），很顯然地也不能成為日常使用的活語言。想要恢復這些死語的

人，其動機或許純正可感，但其結果必然令人失望。

　　古今中外，只有希伯來語死而復活過來。這是全世界唯一的特殊例外。希伯來語曾經像拉丁語文一樣在歷史上消失，但是具有宗教狂熱的猶太人，遍佈於全世界，幾千年來一直傳承著希伯來語文，以希伯來文唸聖經，從未中斷過。以色列復國之後，希伯來語也真正在以色列復活了！反觀國內，有那一種平埔族群具有像猶太人那種堅忍不拔的精神？

　　本文於民國92年3月18日發表於《聯合報》民意論壇

何謂太魯閣族？

　　根據報載（中國時報，15日第A12版），行政院會在昨天（1月15日）通過「太魯閣族」正名案。

　　台灣原住民（包括平埔族）都是屬於南島民族，在學術上可以分為十多個族群（ethnic groups）；泰雅、布農、鄒、魯凱、排灣、阿美等等。過去人口少的常被忽略，而沒有獲得官方的正式承認。因此，日月潭的邵族在兩年多以前才獲得政府承認為「第十族」；原來在蘭陽平原定居的噶瑪蘭，有一部份族人遷移到花東縱谷平原的，一年多以前才獲得承認為「第十一族」。邵族和噶瑪蘭族的獲得官方的地位，可說大快人心，是因為有充分的學理做基礎，沒有人會反對。

　　有的族群幅員廣大，方言差異較大，以致有些方言彼此無法溝通。泰雅語群便是如此。泰雅語群分為泰雅（Atayal）和賽德克（Seediq）兩個亞群。其實，泰雅亞群本身又可分為斯考利克（Squliq）和澤敖利（Ts'ole'）兩個支群，彼此之間也難以溝通，例如萬大方言（在仁愛鄉）和汶文方言（在泰安鄉），它們跟最通行的方言都有顯著的不同。賽德克亞群也有三個方言：Tkdaya（霧社、湄溪、中原、

清流等村）、Toda（春陽、精英二村）、Truku（太魯閣方言包括其他各村），但方言的差別並不大，還沒有到彼此無法溝通的地步。如果一定要把泰雅語群分開爲泰雅和賽德克兩個不同的族群，也未嘗不可，在學理上還說得過去。但是分出來的仍應叫作「賽德克」，而不應叫作「太魯閣」，道理很簡單，太魯閣只不過是賽德克的一個方言罷了。所有的賽德克人（包括太魯閣人）都管「人」叫作Seediq（賽德克），而不是Truku（太魯閣）。政府要正式宣佈的第十二族稱爲「太魯閣族」，實在考慮不周詳，毫無學理上的依據可言。那只不過是住在太魯閣地區的人口多，以多取勝罷了。居住在原鄉的賽德克人當然反對，可是因爲他們人數較少，他們的聲音就被忽視了。

　　據了解，居住在太魯閣的賽德克人內部的意見也不一致。知道族群的來龍去脈並且較爲理性的人士都主張應該自稱爲「賽德克族」，而不宜稱爲「太魯閣族」。可是，一些較激進的人士卻堅持要用「太魯閣族」這個名稱，使得政府決策者以及民意代表，也不得不在壓力下作妥協。妥協的結果，只好做一些不太合情理的安排了。

　　須知所有的泰雅語群（含賽德克人）約在二百五十年前都還住在現在的南投縣仁愛鄉山區。也就是說，他們都有共同的祖居地。如今太魯閣方言要分出去，其他賽德克人（在仁愛鄉）要如何自處？他們要是選擇仍然留在泰雅群，固然奇怪，若也一起分出去並稱之爲「太魯閣族」，就是以次方言取代語言或主要方言的名稱了。他們眞要進退維

谷了。

太魯閣之成爲第十二族，可說純粹是政治的考量。更有資格成爲獨立族群的巴宰（Pazih）呢？吃虧在他們人數太少，聲音還不夠大罷了。

　　本文於民國93年1月7日發表於《聯合報》民意論壇

本土與非本土語言研究

　　台灣本土語言流失的情況嚴重。爲了加強本土語言的研究，立法院於5月12日舉辦了「本土語言政策」公聽會，應邀出席發言的有：專家學者11人及立法委員5人，此外，相關的政府人員也有7人出席，發言相當踴躍。

　　語言研究的對象有本土的，也有非本土的。即使研究本土的語言，也得要了解跟它密切相關的語言或方言。就閩客語而言，並非只在台灣才有，在中國大陸上也有許多閩客語的方言，也得加以調查研究並比較，才能眞正了解台灣的閩客語，也才能爲台灣的閩客語定位。不如此，我們的眼光會變得太狹窄，無法出人頭地。同樣的，要調查研究台灣南島（原住民族）語言，就得設法了解台灣地區以外的其他各種南島語言，包括菲律賓、印尼、馬來西亞等地的南島語言，甚至遠至非洲東岸馬達加斯島的Malagasy語言，以至東太平洋大洋洲的夏威夷語、紐西蘭的毛利語等等。

　　我窮畢生之力都在研究各種台灣南島語言，可是我也到南太平洋調查研究過萬那杜（Vanuatu）群島的語言，到北太平洋東加羅林群島調查研究過庫塞語（Kusrae），到菲律

賓調查過小矮人（Negrito）語言和巴丹群島的語言。我如果還有一點學術成就的話，跟我的這些調查研究經驗有關聯。我「生於斯，長於斯」，我自然非常關心台灣學術的前途。其實我也做過閩南語研究，所發表的論文對學術上也還有一點貢獻，例如〈台灣話的秘密語言〉（英文）一文，常被引用。

閩客語和國語都是漢語方言，漢語又是漢藏語族的一個分支，因此調查研究藏緬語言對我們也是有必要的，因為它們都是有類緣關係（genetic relationship）的語言。以西夏語為例，它雖是早已滅絕的語言，卻是我們重建漢藏語史非常重要而不可缺少的語言。因此，中研院語言所的研究人員這些年來所做的調查研究工作有的跟本土語言直接相關，有的是間接相關，而不是毫不相干。

中研院語言所的17位研究人員，已有三、四人專做台灣南島語言，也有三、四人專門在做閩客語調查研究。其他的研究人員大都在做漢語的研究，也是跟本土息息相關，只有二、三人在做藏緬語，半個人在做蒙古語。即使把本所現有的人力和經費大部分都投入閩客語的研究，其研究成果也只會比現在急速倒退，而不可能更好。研究經驗和成果是要經年累積的，而不是一蹴即至的。況且，閩南語有沒有那麼多重要的語言現象可以發掘得出來，也是我們必須慎重考慮的問題。其實，中研院語言所近年來公開徵才啟事，就是以研究本土語言為優先考慮的對象。

語言學理論的研究是極為重要的一環。理論上的研究

必須取材於世界各種類型的語言，而不能侷限於本土的語言。否則對語言現象的掌握就不夠完整，寫出來的論文也就難以達到國際學術水準。中央研究院各研究所所有研究人員的主要職責是要把研究工作做好，達到國際學術水準。國內外的專家學者都可以客觀地評量他們的研究成果是否達到一定的水準，研究方向是否正確。二年多以前（2002年12月），中研院曾聘請國際語言學者來評鑑語言所籌備處的研究成績，結果都一致地肯定。該所的學術水準和表現被評定為中研院十多個人文研究所當中，排名在很前面的一個研究所。

語言政策的制訂，諸如音標的統一，是教育部國語推行委員會或文建會的職掌。國內母語流失的情況嚴重，要搶救本土語言，從家庭、社區、教會到各級學校都有責任，是大家都要共同參與努力的事。換言之，我們不能只責備任何單一機構的不盡力。

立法院關切中研院所做的各種研究工作是很正常的現象，也是立法委員的職責，提出任何建言應該也都是善意的。但是，如果立法委員要指定研究的方向，以至對於研究的對象也要明訂百分比，恐非學術之福，將不利學術的正常發展。

本文於民國94年5月18日發表於《自由時報》自由廣場

我們有不同的想法
── 台灣南島語言的多樣性

　　台灣南島語言非常珍貴，是因為它們具有兩種重要的特徵：（一）語言現象的多樣性，（二）保存許多古語的特徵。本文舉例說明了一些現象，而以數詞為例做比較詳細的說明。

一、語言和思想的關係

　　思想不能脫離語言而存在，思想和語言有如一個銅板的兩面。因此一種語言的結構系統影響一個人的思考模式和世界觀。語言學大師薩皮爾（Edward Sapir, 1884-1939）和沃爾夫（Benjamin Whorf, 1897-1941）曾提出「語言相對論」的學說，它包括這兩個基本主張：（一）所有高層次的思考都必須依賴語言才能運作，（二）一個人所使用的語言，其結構系統影響他對外界事物的了解，所以人們的宇宙觀因語言而異。

　　台灣原住民（含各種平埔族群）都屬於南島民族。南島語

言的結構系統跟漢語有顯著的不同，他們的思考模式跟漢人也就有顯著的差異。可惜我們的教育體制並未考慮到這些基本上的差異，習慣說南島語言的人在接受漢人的教育體制中會有一些不利於他們的因素。

二、台灣南島語的重要性

南島民族遍布於太平洋和印度洋中的各群島上，也包括馬來半島和中南半島，語言總數估計約有一千種之多，總人口約四億五千萬。台灣島上的南島語言雖然只有二十多種，但是卻具有兩種重要的特徵：（一）語言現象的多樣性，（二）保存許多古語的特徵。因此，台灣南島語言在整個南島語族中佔有極為重要的地位。南島語比較研究的國際知名學者一定都要引用和參考台灣南島語言的資料和現象。

三、台灣南島語的多樣性

台灣南島語言彼此之間的差異非常大，比起其他地區（菲律賓、馬來西亞、印尼等地）的南島語言都要大。語言愈紛歧的地方，表示它時代的縱深愈長。換言之，台灣很有可能是南島民族的祖居地（Austronesian homeland），也就是說古南島民族很可能從台灣擴散出去。絕大多數國際南島語言學者都相信這種說法。

　　台灣南島語言的多樣性可以從以下這幾方面來檢討：
（一）詞序，（二）焦點系統（focus system），（三）助
詞，（四）人稱代詞，（五）詞綴，（六）數詞。本文除
了對數詞會做較詳細的解說以外，其他各項我們只能做簡
短的說明。

（一）詞序的多樣性

　　漢語和英語的句子通常都是主詞（s）在前，動詞（v）
在中間，受詞（o）在後，就是SVO的詞序，例如，「他
釣到一條大魚」。台灣南島語言的詞序卻有VSO，VOS，
SVO等各種詞序，而以動詞出現在句首的居多，然而賽夏
語、邵語、巴宰語卻是SVO型的語言，像漢語和英語，顯
然受到了漢語的影響。

（二）焦點系統的多樣性

　　漢語和英語都有主動式和被動式的句子。例如，「他
釣到一條大魚」是主動式，「一條大魚被他釣到了」是被動
式，前者是以主事者當主詞，而後者是以受事者當主詞。又
如，「他在海邊用竹竿釣到一條大魚」，在漢語並不能以
「海邊」或「竹竿」當主詞，可是在台灣南島語言卻可以，
是用動詞的變化和名詞的格位之間的呼應來呈現。菲律賓、
馬來西亞、印尼等地的焦點系統都很類似，而台灣南島語言
有些和它們相似，卻也有相當不同的焦點系統，尤其是鄒語
和卑南語。台灣甚至有完全沒有焦點系統的語言，那就是魯

凱語。別的地區的南島語言並沒有這麼大的差異。

（三）助詞

漢語和英語都有若干助動詞，例如，「我會去」中的「會」字，「你可以來」中的「可以」，但是很多句子並沒有助動詞，如「我去了」，「你來了」。鄒語每個句子都得要有助動詞，而平埔族邵語、巴宰語和噶瑪蘭語卻沒有任何助動詞。當然，有的語言也有若干個助動詞，如泰雅語、賽德克語、布農語。台灣南島語言的現象比起漢語和英語更為多樣，由此可見一斑。

（四）人稱代詞

南島語言第一人稱複數都有「我們」和「咱們」之分，有如台灣閩南語的*goan* 和*lan*的不同。前者是「包括式」（包括聽話者在內），而後者是「排除式」（排除聽話者）。這是南島語言的一個特色。

每一種台灣南島語言的人稱代詞至少有三套：主格、屬格、斜格，有如英文的I, my, mine, me的變化。賽夏語卻有七套之多。人稱代詞有的是自由形式，而有的是附著形式（必須附著在動詞或名詞）。有的語言所有的人稱代詞都是自由形式（如賽夏語），有的幾乎都是自由形式（如邵語）；而有的語言人稱代詞卻幾乎都是附著形式（魯凱語萬山方言）。主格的附著形式只出現在第一和第二人稱，絕大多數的語言並沒有第三人稱主格的附著形式，唯獨鄒語卻是

例外。人稱代詞系統以台灣南島語言最爲多樣。

當兩個人稱代詞出現在一起時，其排序卻很複雜，台灣南島語言呈現了許多種可能性，由語法功能、第幾人稱、以及其他音韻、構詞或句法結構的因素來決定。

（五）詞綴

詞綴是指附著在實詞上的附加成分，如英語cakes中的-s，needed中的-ed，dis-engage-ment中的dis-和-ment，漢語的「我們」中的「們」，「我的」中的「的」。漢語和英語的詞綴都只有附在語根的前面或後面，但是南島語卻有附在語根中間的，例如阿美語k-um-aen「吃」中的-um-是加在語根kaen第一個聲母和母音之間的。另一個常見的中綴是-in-，如阿美語的t-in-ai'「腸」，比較tai'「大便」。當這二個中綴一起出現時，絕大多數語言其次序是um在前，in在後而爲-um-in-，但是平埔族Favorlang語（曾在雲林）卻是顛倒過來而爲-in-um-，這在台灣以外的地區也是不常見的。

（六）數詞

台灣南島語言現象的紛歧和多樣性，可以數詞爲例來做較詳細的說明。大家所熟悉的語言，如漢語和英語，都是採用十進法，絕大多數台灣南島語言雖然也採用十進法，但是平埔族巴宰語卻是部分採用五進法：6到9是5+1,5+2, 5+3, 5+4。賽夏語的7是6+1，這是其他地區都找不到

的例子。泰雅語群（包括泰雅和賽德克）、邵語和西部平埔族語群（包括道卡斯、貓霧揀、巴布拉、洪雅）的6是二個3（2x3），8是二個4（2x4），賽夏語的8也是2x4。數詞10以下的，除了用加法和乘法表示以外，還有用減法：賽夏、邵和西部平埔族語群的9是10-1。更有趣的是，賽夏語的數詞20（Sa-m'iLaeh）是指「整個人」，按：每一個人全身共有20個手指和腳趾；平埔族法佛朗語的40是2x20，法語的80是4x20，也是同一道理。這就是說，南洋群島上千種南島語言各種數詞的系統在台灣都可以看到，甚至在其他地區看不到的，在台灣也可以看到。請看下列二表：

表一、台灣南島語數詞系統對照表

語言	數詞
巴宰	1, 2, 3, 4, 5, 5+1, 5+2, 5+3, 5+4, 10
賽夏	1, 2, 3, 4, 5, 6, 6+1, 2×4, 10-1, 10
泰雅、賽德克	1, 2, 3, 4, 5, 2×3, 7, 2×4, 9, 10
邵	1, 2, 3, 4, 5, 2×3, 7, 2×4, 10-1, 10
西部平埔族	1, 2, 3, 4, 5, 6, 7, 2×4, 10-1, 10

表二、台灣南島語數詞對照表

	1	2	3	4	5
巴宰	ida	dusa	turu	supat	xasep
賽夏	'aehae'	roSa'	toLo'	Sepat	Laseb
泰雅	qutux	'usa-ying	tu-gal	sapaat	ima-gal
邵	taha	tusha	turu	shpat	rima
道卡斯	taanu	dua	turu	lupat	hasap
貓霧揀	na-ta	na-roa	na-torro-a	na-spat	na-hup

	6	7	8	9	10
巴宰	xaseb-uza	xaseb-i-dusa	xaseb-i-turu	xaseb-i-supat	isit
賽夏	SayboSiL	SayboSiL o 'aehae'	ka-Spat	Lae-'hae'	langpez
泰雅	ma-tuu'	pitu	ma-spat	maqisu'	magalpug
邵	ka-turu	pitu	ka-shpat	ta-na-thu	makthin
道卡斯	takap	pitu	maha-lpat	ta-na-so	ta-isit
貓霧捒	na-taap	na-ito	maa-spat	na-ta-xa-xo-an	tsixit

四、保存古語的特徵

台灣南島語言保存了許多古語的特徵，在其他地區的南島語言都已消失了那些現象。例如數詞「2」在台灣南島語言是 *dusa*、*Dusa*、*tuSa* 等，都保存語詞中的 *s* 或 *S* 音，在台灣以外的地區的語言大都已脫落而成為 *dua*；數詞「4」在台灣南島語言是 *sepat* 或 *Sepat*，而在其他地區只是 *epat*，也就是丟失了語詞前面的擦音。又如，在台灣南島語言有區別的語音，例如「眼睛」一詞，在台灣有 *mata*、*maca*、*masa*、*maθa* 等各種變異，在台灣以外的都只是唸 *mata*；數詞「七」，台灣和其他地區的語言都是 *pitu*，不管在哪裡都是發 *t* 音。也就是說，只有在台灣南島語言才保存這兩種語音的區別：*t* 和非 *t* 音。又如「鰻魚」，在台灣唸 *tuna*、*tuɭa*、*tuða* 等，在台灣以外都只唸 *tuna*，該語詞中的音（非 *n* 類的音）只有台灣南島語還保存和「母親」*ina*

中的*n*音有區別。此外，只有幾種台灣南島語言保存小舌塞音*q*，而在其他地區的南島語言都已變成喉塞音或消失了。

五、搶救調查和研究

　　台灣南島語言仍然存活的只有十四種。平埔族群的各種語言大都已經消失了，目前只有巴宰、邵、噶瑪蘭三種還有少數年長的人還會講。其實在高雄縣山區的卡那卡那富和拉阿魯阿兩種語言也只剩下極少數人還會講，真正講得好的只有個位數。賽夏語和若干種珍貴的語言或方言的保存狀況也是不理想。每一種語言都有它自己的結構系統和它所代表的知識體系，一旦消失就是無可彌補的損失。

　　因為台灣南島語言非常珍貴，而好幾種語言卻又有瀕臨滅絕的危機，這些年來我們都在優先搶救調查和研究這些語言。除了陸續發表研究論文之外，我們都儘量記錄各層次的語言材料，包括詞彙、片語、句子、文本、傳統歌謠等等。在中研院語言所最近這幾年先後出版了三種平埔族語言的詞典：《巴宰語詞典》（2001），《邵語詞典》（2003），《噶瑪蘭語詞典》（2006），和一種文本專書：《巴宰語傳說歌謠集》（2002）。

　　對於已消失的平埔族語言資料，我們也設法尋找各種可用的文獻紀錄加以整理、分析、研究。南部西拉雅語已有不少荷蘭傳教士留下的傳教語料，又有契約文書叫作

「新港文書」，我們廣泛地收集、分析、解讀，發掘到一些新的語言現象，並已撰成學術論文發表。西部平埔族只有法佛朗（Favorlang，屬於貓霧捒語）有荷蘭傳教士所留下的文獻紀錄，原來有五篇講道（sermons），我們對於內容並無所悉，如今也已解讀出來了，對於它的語法結構我們也有了初步認識。大台北的平埔族巴賽語在日治時期有淺井惠倫留下的田野筆記，不但有詞彙，而且也有十三個文本，經過解讀，我們也能初步掌握這種語言的語法系統。除了發表相關的研究論文以外，這幾年來我也編輯了這兩部專書先後在東京外國語大學亞非語言文化研究所出版：（1）English-Favorlang Vocabulary（2003），（2）《台灣蕃語蒐錄》A Comparative Vocabulary of Formosan Languages and Dialects（2006）。

　　為了使台灣南島語言的資料更為豐富和完整，本人每年都到日本東京外國語大學和名古屋南山大學去收集日治時期小川尚義和淺井惠倫這兩位日本語言學者所蒐集的各種台灣南島語言資料，包括已消失的各種平埔族語言資料，尤其珍貴。因此有關台灣南島語言前後一百年的研究資料都在我們掌握之中。

六、台灣南島語言的分化和擴散

　　研究台灣南島語的目的是什麼？簡單地說，就是要探索這些語言的奧秘。值得我們去發掘的語言現象非常多，

就像有永遠發掘不完的寶藏一樣。今後這幾年我們要把研究重點放在語言的關係上。釐清了這些語言的親疏遠近關係之後，就可以正確地推斷南島民族的分化過程及其擴散歷史。主要根據語言的証據，我製作了台灣南島民族過去五千年來的遷移圖（參見遷移圖，P.237），已增修了好幾次。

　　台灣南島語言最紛歧的地區在中南部，因此古南島民族擴散的中心很可能在西南部平原，也就是在嘉南平原那一帶。歷史語言學者都認為，大約在五千年前古南島民族開始分化和擴散出去。第一批分化出去的是魯凱語群（唯一沒有焦點系統的語言），向東南方向的山地擴散。第二批分化出去的是鄒語（有許多不同於其他語言的語法特徵），向東北方向的山地擴散。第三批分化出去的大概有三支：向北的就是北支（含泰雅語群、賽夏、巴宰、西部平埔族群），向南的就是南支（排灣），向東北的就是布農族。每一階段估計若相差五百年，第三批就是四千年前了。第四批大約在三千五百年前，從西南部平原向東擴散的是東支群（含阿美、噶瑪蘭、巴賽【在大台北地區的平埔族】、西拉雅）。東支大約在二千年前再向北擴散到大台北地區，一千年前再向蘭陽平原擴散。至於蘭嶼島上的雅美族，跟台灣本島的語言關係很疏遠，而跟菲律賓巴丹群島的語言很密切，雅美族大約七百年前才從巴丹群島向北遷移過來。以上是根據目前暫定的語言分類所做的推測，並沒有任何文獻紀錄，卻有一些考古的資料可以互相印證。

　　台灣四百年前才開始有歷史文獻紀錄。根據各種語言

和方言的分類和地理分布，依年代先後的順序有以下這幾波的擴散：（一）四百年前，排灣族從大武山一帶向南和向東擴散，（二）三百年前，布農族從南投縣信義鄉山地向南和向東擴散，（三）二百五十年前，泰雅語群從南投縣仁愛鄉發祥村向東和向北擴散，（四）二百年前，西部平埔族向蘭陽平原遷徙。以上是根據語言的分佈、荷蘭時期的戶口調查、口傳歷史和各種文獻記載等所做的推斷。愈近的年代愈精確，而年代愈久遠的只能粗估。

本文於2006年9月刊於《科學人雜誌》多樣性台灣特刊，頁128-134；2008年1月發表於《語言學科普選刊》第一輯，頁5-12。

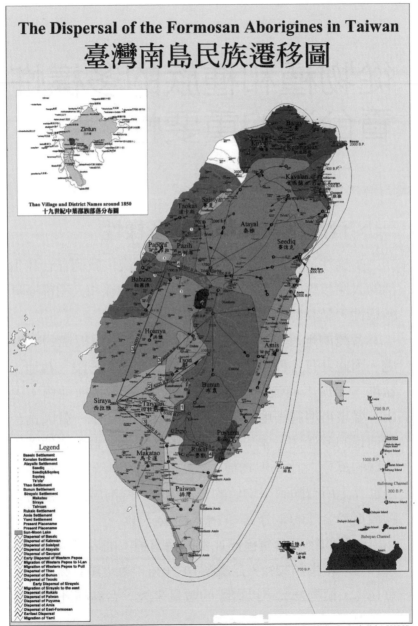

The Dispersal of the Formosan Aborigines in Taiwan
臺灣南島民族遷移圖

從物種和種族的多樣性
看台灣的重要性

一、台灣地景和物種的多樣性

多樣性是人類生存和發展的重要關鍵。我們在台灣生活的人應該感到很幸運，台灣的地景、物種和人種都極具多樣性，是其他地區無法比擬的。

台灣的地理位置是在歐亞板塊和太平洋板塊的交接處，因此具有各種自然地形和景觀：高山、丘陵、台地、盆地、平原、河流、海岸、深海、島嶼等各種地形。火山、溫泉、地震等地殼活動的現象又特別活躍。就因為台灣地景的多樣性，才孕育出生物的多樣性。台灣陸地僅佔地球的萬分之2.5，但物種（species）數量卻佔全球的2.5%，是世界上所有國家平均值的一百倍。台灣海域海洋生物的物種更是全球的十分之一（陳郁秀等2007:71）。

台灣的物種含有極高比例的特有種：哺乳類64%，鳥類19%，爬蟲類32%，昆蟲類10-70%，兩棲類31%，淡水魚16%，植物25%。以實際的數量來說，台灣哺乳類的特

有種約有44種，鳥類的特有種有15種，淡水魚的特有種有34種，爬蟲類的特有種約有28種，昆蟲類的特有種約11,500種，植物的特有種約有1,060種（陳郁秀等2007:71-75）。

　　具體地說，台灣擁有這些胎生的野生哺乳類動物：猴、熊、豹、鹿、野豬、穿山甲等。這些胎生的哺乳動物只在華理士分界線（Wallace line）以西的地區才有。台灣的植物，包括竹、稻米、小米、甘蔗、松、姑婆芋、山蘇、白茅、藤、魚藤、咬人狗、菝葜、野棉花、樟等，有些是華理士分界線以西才有的植物。台灣的地理位置剛好是在華理士分界線以西，而菲律賓群島除了Palawan島以外，都在華理士分界線以東，就缺少這些動、植物。

　　生物的多樣性提供人類生活和生存所需的各種資源。根據達爾文的演化論（Darwin 1859），物種愈多樣，種屬的差異性愈大，其存活的機遇率也愈高。人類生活的自然生態環境愈多樣，對人類的生存也就愈有利。凡是在台灣生活的人都要好好珍惜台灣這塊土地上的物種多樣性，台灣才有希望，才有前途。在亞洲、太平洋地區，很難找到比台灣更適合人類居住的地方。可是受到各種人為因素的破壞，我們生活的環境遭受嚴重的破壞，許多物種都在消失中。台灣超過15%的淡水魚和5%的哺乳類動物，已在過去五十年內消失。生物消失的原因，包括棲地破壞、外來入侵種、環境污染、人口過多、過度利用等等。保護生物的多樣性人人有責。我們居住在台灣的所有人都有必要改變生活的方式和態度，要節約能源，愛護野生動、植物，

不放生、不吃野味和稀有魚類。我們要大家一起來，共同努力，維護台灣的自然環境和生物的多樣性。

二、台灣種族和語言的多樣性

台灣至少在三萬年前就已有人類在這裡活動了。因為現存資料太少，今日無法判定他們屬於哪一個民族。不過，過去五、六千年來一直在台灣居住的，可以確定都是屬於南島民族，這個民族遍佈於太平洋和印度洋各群島。經過這幾千年來的發展和分化，台灣南島民族在台灣本島上已經分化為約二十種不同的族群，有的住在山地，如泰雅、布農、鄒、魯凱、排灣等，而有的住在平地，如阿美、卑南、噶瑪蘭、西拉雅等。從他們的語言可以看出他們的差異性非常大，遠非其他地區，包括菲律賓、馬來西亞、印尼等地，所能比擬。菲律賓、馬來西亞、印尼每個地區的族群或語言的總數比台灣多很多，但是就語言現象的多樣性而言，台灣卻遠超過他們。這是國際南島語言學界普遍承認的事實。

族群和語言的多樣性有什麼特殊意義呢？語言學大師Edward Sapir於1916年提出這樣的概念：語言最紛歧的地區就是一個民族或語群的擴散中心。他用這個方法來推斷美洲各種印地安民族的起源地，如Athapascan語族和Algonquian語族。俄國植物學家Vavilov（1926），也用同樣的原理推測各種人工栽培植物的起源地。因此，國際知名

的各領域研究南島民族的學者（如語言學者Robert Blust，考古學者Peter Bellwood，遺傳學者Alicia Sanchez-Mazas等）都認為，台灣最有可能就是古南島民族的起源地（homeland）。

思想不能脫離語言而存在。語言愈紛歧，思想體系和思考模式也愈多樣，我們的生活也就愈多采多姿和有豐富的內涵。

台灣南島語言現象的紛歧和多樣性，可以數詞為例來做較詳細的說明。大家所熟悉的語言，如漢語和英語，都是採用十進法，絕大多數台灣南島語言雖然也採用十進法，但是平埔族巴宰語（Pazih）卻是一部分採用五進法：6到9是5+1，5+2，5+3，5+4。賽夏語的7是6+1，法佛朗語兼採十進法和二十進法，這是其他地區都找不到的例子，也就是說，南洋群島上千種南島語言的各種數詞系統在台灣都可以看到，甚至在其他地區看不到的，在台灣也可以看到。

三、宜蘭縣境內的南島民族

台灣是一個多族群的社會，宜蘭縣就是台灣的一個縮影。因為宜蘭縣境內就有漢民族和南島民族，而其內部就包含好幾種不同的族群，包括泰雅（Atayal）、噶瑪蘭（Kavalan）、巴賽（Basay）、猴猴（Qauqaut），以及從西部平原遷移進來的五種平埔族：道卡斯（Taokas）、巴布拉（Papora）、貓霧捒（Babuza）、洪雅（Hoanya）、巴宰。除了

泰雅族以外，所有的平埔族如今都已完全漢化了，已經分不清漢族和南島民族。我們相信這些平埔族各族群的基因大都流傳下來，今日還留在蘭陽平原上所謂漢人的血液中。

宜蘭縣境內的南島民族包括住在山地的泰雅族和平地的幾種平埔族：噶瑪蘭族、巴賽族的一支哆囉美遠（Trobiawan）人，以及猴猴族。此外，還有從台灣西部陸續遷移過來的平埔族，包括道卡斯、巴布拉、貓霧拺、洪雅、巴宰等族，先是在1804年來了一批有一千多人，但後來只是零星三、五成群地陸續遷入羅東和三星的阿里史及蘇澳附近的馬賽等地，稱為「流番」。

從考古遺址出土的器物，用碳14測定年代，最早在蘭陽平原定居的南島民族大約在距今約四千二百年前，是大竹圍遺址（礁溪）。其次是丸山遺址（冬山丸山村），距今約2000至3500年前。第三批在蘭陽平原上定居的是噶瑪蘭族，距今可能在一千三百年以前。後來在新北市貢寮區一帶定居的凱達格蘭族在距今約四百年前，有一支叫作哆囉美遠的人也遷移到蘭陽平原沿海部分地區，包括社頭（今壯圍鄉大福村附近）、里腦（冬山鄉補城村）等地。大約二百多年前，猴猴族大概從花蓮立霧溪逐步遷移到南澳、南方澳，再向北遷至猴猴社區，直到十九世紀末就完全消失了。

在宜蘭縣境內的泰雅族原先在南投縣仁愛鄉發祥村（瑞岩）定居，大約二百五十年前開始向北向東擴散。泰雅族遷移到宜蘭縣境內的南澳鄉和大同鄉各村，最早的距今

還不到二百五十年，最晚的是一百多年前。泰雅語也有很多不同的方言，其中以大同鄉的四季村（Skikun）和樂水村碼崙（Mnawyan）方言最具有特色。

宜蘭縣境內各族群遷入的先後次序、年代及來源大致如下：

1. 噶瑪蘭族：大約一千三百年前，來自台灣東部；
2. 哆囉美遠人：大約四百年前，來自台灣北部；
3. 猴猴族：近三百年前（最先到大南澳，再到南方澳，然後才到蘇澳）；
4. 泰雅族：大約二百五十年前，來自南投縣山地；
5. 漢族：大約二百一十年前（吳沙於嘉慶元年（1796）率眾入宜拓墾）；
6. 西部平埔族：二百年前（潘賢文於嘉慶九年（1804）率"諸社番千餘人越內山，逃至五圍"），來自台灣西部的這些族群的遷入宜蘭不僅年代有先後，而且來源和方向也各有所不同。

蘭陽平原清代有36社（部落），後來加上馬賽。西勢（溪北Xi-Xa-im-imis）有20社，東勢（溪南Xi-tib-tibuR）16社。蘭陽平原許多地名原來都是噶瑪蘭語，都有意思。

西勢（溪北Xi-Xa-im-imis）20社如下：

1. 打馬煙Xi-zamamar「火」；
2. 哆囉裏遠Xi-ptubliawan「人丁眾多」；
3. 抵美簡Xi-ptubkan「浮地」；

4. 奇力丹Xi-mazittan「溫泉」或「鯉魚」；

5. 抵巴葉Xi-ptubayal「熱地」

6. 流流Xi-mraurau「細長」；

7. 奇立板Xi-tuppan「砂」；

8. 麻裏目罕Xi-malibuqan「人名」；

9. 抵美福Xi-tamihok「雞的名產」；

10. 新那羅罕Xi-salawan「渡船」；

11. 擺裏Xi-pailil「織布名產」；

12. 賓那瑪拉Xi-ptubkan「公平」；

13. 瑪立丁洛Xi-mazittan「低地」；

14. 新那罕Xi-xinnahan『溪邊』；

15. 奇武暖 Xi-banur-an「斑鳩之地」；

16. 都美都美Xi-ptub-tubi「老藤」；

17. 踏踏Xi-taptap「無水之地」；

18. 打那岸 Xi-tarozangan「鹿仔樹（構樹）」；

19. 貓乳Xi-tamalin「祭獻」；

20. 熳魯蘭Xi-banur-an「斑鳩之地」。

東勢（溪南Xi-tib-tibuR）16社如下：

21. 奇武荖Xi-burau「尖尾螺」；

22. 裏腦Xi-rinau「樹名」；

23. 達魯安Xi-tarungan「女人」；

24. 珍珠裏簡Xi-tarurikan「烏老珠」；

25. 武罕Xi-buqan「砂」；

26. 打蚋米Xi-tarabi「女名」；
27. 歪仔歪Xi-uayaway「籐」；
28. 巴撈屋Xi-paraut「溫泉」；
29. 掃笏 Xi-sax-saxul「痛飲而打腳腿」；
30. 瑪拉胡嗎Xi-bahuyan「籠」；
31. 瑪搭吝Xi-matarin「遷移」；
32. 加禮宛Xi-kaliawan「瑪璃珠」；
33. 婆羅辛仔宛Xi-pulusinawan「竹」；
34. 利澤簡Xi-rikan「休息處」；
35. 留留Xi-raurau「島」；
36. 猴猴Xi-qauqaut「竹」；

　　此外，羅東地名是噶瑪蘭語Rutung「猴子」。

　　羅東是二百年前西部平埔族人所開墾的，領頭的是巴
宰人潘賢文（原名tazuxan bauki）。羅東鎮中正路慈德寺俗稱
「番仔廟」，有潘賢文的神位，就是紀念開墾羅東一帶的
先人。

參考書目

行政院國家科學委員會. 2006.《多樣性台灣》[The Diversity of Taiwan
　　Diary].
李壬癸. 1996.《宜蘭縣南島民族與語言》。宜蘭：宜蘭縣政府。

科學人雜誌特刊4號. 2006.《多樣性台灣》。臺北：遠流。

陳郁秀編著. 2007.《鑽石台灣》。臺北：玉山社。

Darwin, Charles. 1859. The Origin of Species.

Sapir, Edward. 1916. Time perspective in aboriginal American culture. Memoir 90, Authropological Series No.13, Geological Survey, Department of Mines, Canada. Ottawa: Government Printing Bureau.

Vavilov, N. 1926. Studies on the origin of cultivated plants. Bulletin of Applied Botany and Plant Breeding 26:1-248.

本文於2008年發表於《美國宜蘭同鄉會2008年刊》，頁9-12。

下一個消失的語言是？

　　台灣最珍貴的文化資產就是台灣南島語言。南島語族遍布於太平洋、印度洋各群島，語言總數約有一千種，卻以台灣南島語言最爲珍貴。

　　很可惜的是，許多珍貴的台灣南島語言在十九世紀末以前，就已消失了；在大台北地區的平埔族巴賽語於1937年才消失。

　　近七十年來，有十四種語言雖然都還保存著，可是會說的卻愈來愈少，年輕一代都不會說了。其中有幾種語言（日月潭的邵語、高雄縣三民鄉的卡那卡那富語、桃源鄉的拉阿魯哇語）都只剩下少數幾位老人會說，眞正說得好的都不到十人。這個星期日（十月廿四日），我們失去了最後一位會說西部平埔族巴宰語的潘金玉老太太。因此，現存的台灣南島語言只有十三種了[1]。過不了幾年，很有可能只剩下不到十種。

　　我有幸於1997年認識住在埔里愛蘭的潘金玉，從她

1　其實巴宰語還有關係密切的方言kaxabu，埔里還有少數老人會講，遲早也會消失。

那兒學到很多巴宰語。這十三年來，我跟她總共工作了四十三次，每次多則五、六天，少則幾小時。最難得的是，她已經卅多年沒有使用巴宰語，因為我常去找她，她逐漸恢復記憶，想起年輕時所使用的巴宰語，所顯示的語法系統幾乎完好如初。因為有了她，才陸續有一些巴宰語專書、論文等。對於如此珍貴的文化資產，政府做了什麼保護措施？

　　說來慚愧，因為巴宰語並非政府官方正式承認的族群，過去這些年來，雖然一再呼籲政府相關單位，要珍惜這些族群的文化資產，可惜並沒有採取任何保護或獎勵的措施。如今，逝者已矣，來者猶可追，希望各界重視和珍惜我們最珍貴的文化資產，尤其正在苟延殘喘的那幾種族群的語言！

　　　　本文於民國99年10月29日發表於《聯合報》民意論壇

作者在埔里的愛蘭調查碩果僅存的平埔族巴宰語，發音人潘金玉老太太。

作者在南投縣仁愛鄉中原部落調查賽德克語，左起（坐著）郭明正、錢成鏡、詹秋木（站著）、作者（蹲著）。

多采多姿的臺灣南島語言

一、前言：人類的特殊稟賦

　　人類跟最接近人類的靈長類動物黑猩猩，基因的差別只有百分之一。那麼，人類跟其他高等動物最大的差別是什麼？從語言學的觀點，最大的差別就是人類有語言，而其他動物都沒有。人類有語言，才有思想，才可能產生各種文明、科學、技術、文學、藝術、文化。人類有了語言，知識才能累積，知識才能無限。

　　世界上各種民族都擁有自己的語言，各種語言也都擁有它自己的知識體系。有的語言很紛歧，而有的語言同質性很高。例如，非洲、印度、從前的蘇聯、中國的西南、新幾內亞等地區都有好多種民族的不同語言，即為很紛歧的語言；而同質性很高的語言，則如通行於世界各地的英語、中國的普通話、通行於東南亞的馬來語等。

　　在十五世紀末歐美人士發現美洲新大陸以前，全世界各種民族當中，以南島民族的地理分布最廣，約占全球三分

之二的面積，他們遍布於太平洋、印度洋的許多島嶼上，包括菲律賓、馬來西亞、印尼、夏威夷等地，而且至少在三千七百年前就已如此（參見南島民族分布圖，P.261）。南島民族當初如何擴散到這麼廣大的海域？他們的起源地在哪裡？這些是國際學術界咸感興趣的研究課題。要解答這種問題，臺灣南島語言便占有極為關鍵的地位，因為臺灣南島語言具有兩大特色：（一）各種語言的差異最大；（二）它們保存最多的古語特徵。如今國際南島語言學知名的學者大都接受上面這種看法，而且他們要重建古南島語（約五、六千年前），就必須使用臺灣南島語言的資料和現象。

二、語言和思想的關係

思想不能脫離語言而存在，思想和語言有如一個銅板的兩面一樣。

二十世紀上半，美國語言學者Edward Sapir和Benjamin Whorf曾經提出語言相對論（linguistic relativity），其主要觀點乃建立在以下這兩種假設（hypotheses）：

1. 所有高層次的思考都必須依賴語言才能運作，
2. 一個人所使用的語言，其結構系統影響他對外界事物的瞭解。所以思考模式和世界觀因語言而異。

南島民族（含臺灣原住民）跟漢藏民族（含漢人）或印歐民族（含許多歐美人士）的思考模式便有顯著的差異。語言愈紛

歧，思想體系和思考模式也愈多樣，人們的生活也就愈多采多姿和有豐富的內涵。

三、解開史前之謎的三把鑰匙

南島民族過去絕大部分的歷史都沒有任何文獻紀錄，我們有什麼方法可以探尋他們史前時代的歷史？有三個學術領域在這方面可以有所貢獻：考古學、語言學與遺傳學。

古人生活過的土地會留下各種遺跡，包括他們的埋藏品和使用過的各種器物，如石器、陶器、網墜、貝殼等，還有穿戴過的玉器、珠寶，以至人和動物的骨頭。從各坑層出土的這些器物，一方面可以測定相當精確的年代（用碳14），另一方面又可以推測這些古人的生活習俗和狀況。

從現代語言的現象或古代的文獻資料，我們可以重建每一個民族大約五、六千年前的古語，藉此推斷他們那時生活的地理環境，如何逐步分化為現代的各種族群和語言，也就是如何從「祖居地」（homeland）逐步擴散到各地區的過程。這是根據語言的分支（subgrouping）、語言的地理分布以及「語言古生物學」（linguistic paleontology）來作判斷。透過語言學者所構擬的古語同源詞（cognates），含有哪些動物和植物的名稱，我們可以推論他們古時候是生活在哪種地理環境。這門學問叫做「語言古生物學」。古南島語含有豬（野豬和家豬）、鹿、猴、穿山甲等胎生的哺

乳類動物，因此可以推知古南島民族是在華理士分界線
（Wallace line）以西，因為西區才有那些動物。植物包括稻
米、小米、甘蔗、竹、籐、姑婆芋、山蘇、茅草等熱帶或
亞熱帶植物，故知古南島民族大概居住在熱帶或亞熱帶地
區，而且，稻米只在華理士分界線以西才有。此外，古南
島語含有海生動物：鯊魚、海龜、烏魚（鯔）、鰩魚、螃
蟹，再加上有砂、碎浪等詞，可知古南島民族住在靠海的
地方。研究南島民族的語言學者，例如Kern（1889），就是
應用這種方法來推求古南島民族的起源地。

遺傳學經由DNA的研究，包括粒腺體DNA（女性）和
Y染色體（男性），可以追溯人種的源流、遷徙的路線等，
相當精準。

這三個學門可說是能解開一個民族史前史之謎的三把
鑰匙，也就是能窺見過去的三個窗口。每一個學門的方
法都各有所長，也各有限制。例如，考古學挖掘出土的
器物都是死人的遺留，它們並不會說話，學者常不能確
定是屬於哪一種人的；語言學只能做到相對的年代（relative
chronology），而無法做到絕對的年代；遺傳學對於族群
（ethnic groups）的區辨仍然沒有很可靠的方法。因此，科際
整合便成為必要的手段，因為不同學門可以互補所長，希
望可以得到較令人滿意的結果。國內這幾個相關領域的學
者最近曾經通力合作，執行了跨領域的南島民族科際整合
研究計畫，並已得到不少具體的成果，其中有一部分也已
正式發表。

四、語言最紛歧的地區

　　Sapir（1916）最先提出這個重要的概念：我們可以經由有親屬關係的語言的地理分布來推論民族遷移的歷史與方向：語言最紛歧的地區，顯示其時代的蹤深最長，也就是這個民族的古代居留中心。這個古代的居留中心就是原始居留地或祖居地。

　　凡是有親屬關係的語言（如漢語、英語、南島語），今日無論其地理分布多廣大遼闊，在當初還沒有擴散（dispersal）之前，這一群語言一定有一個共同的起源地，我們可以管這個叫作「原始居留地」或「祖居地」。愈早分裂的語言距今的年代愈久遠，彼此之間的歧異也愈大；愈晚分裂的語言，彼此之間的差異也就愈小。同時，愈早分裂的語言距離祖居地愈接近；愈到後期的擴散，距離祖居地也就愈遠。臺灣南島語最紛歧，因此，臺灣最有可能是古南島民族的擴散中心。

　　臺灣南島語言最紛歧的地區在台灣南部，因此古南島民族擴散的中心很可能在臺灣西南部平原，也就是在嘉南平原那一帶。比起其他臺灣南島語言，以魯凱語、鄒語、卑南語的語法結構系統差異最大。根據以上的推論，古南島語民族從臺灣西南部嘉南平原一帶，大約在五千年前開始向北和向東擴散出去，稍後才有一分支（約四千五百年前）向南擴散到南太平洋（參見臺灣南島民族遷移圖，P.237）。

五、保存最多古語特徵的臺灣南島語言

古南島語的系統，最先由德國學者Otto Dempwolff於1930年代建立起來。後來的南島語言學者陸續對他的系統提出了修正意見，而且大都是根據臺灣南島語言的資料去做修正：

1. 只有臺灣南島語語言保存小舌音*q*，而其他地區的語言都已變成*h*或丟失；
2. 只有臺灣南島語語言保存古音*S，而其他地區的語言都已變成*h*或丟失；
3. 只有臺灣南島語語言保存兩種*t, d, n*，而其他地區的語言都已合併為一種。

以上這些現象，早在1930年代，日本學者小川尚義就已指出，並且從各種臺灣南島語言舉出許多例證。如今國際南島語言比較研究的學者都接受了他的看法。

例如，古南島語的數詞「四」是*Sepat，臺灣南島語多數保存為*sepat*或*Sepat*，而西拉雅語變成*hpat*，卑南語變成*pat*。這就是說，臺灣南島語言既保存聲母*S為*s*或*S*，但也有變成*h*或丟失的語言；而臺灣以外的語言，卻只有變成*h*或丟失的例子，如菲律賓語*hip'at*或*'ipat*。換言之，臺灣南島語言不但保存古語的特徵，而且反映古語的現象也要比臺灣以外的語言更多樣。

六、四十年辛苦不尋常

自從1970年6月回國到中研院任職以來，我從事臺灣南島語言的調查研究工作已有四十年了。我陸續調查各種南島語言和主要方言，依時間先後包括：魯凱（1970年7月）、賽夏（1975年1月）、邵（1975年6月）、巴宰（1976年7月）、雅美（1976年9月）、噶瑪蘭（1977年10月）、阿美（1978年1月）、鄒（1978年7月）、泰雅（1978年12月）、賽德克（1980年2月）、卡那卡那富（1981年2月）、拉阿魯哇（1981年2月）、布農（1982年7月）、卑南（1986年1月）、排灣（1990年11月）等。田野調查的時間長短不一，次數不一，詳略各異。

最先調查的是魯凱語，六個主要方言（大南、茂林、多納、萬山、霧台、大武）都親自去部落中調查過，除了大武以外，也都有自然的文本（texts）語料。我是以台東大南村的魯凱語作為我的博士論文：《魯凱語結構》（*Rukai Structure*），調查得比其他方言要詳盡和深入一些。另一個調查得較多的是泰雅語各種方言。我最後調查的是排灣語，時間最短，所收的資料也最少。

從早年我所調查的語種就可以看出來，除了魯凱語以外，前十年我優先調查研究的大都是瀕臨消失的那幾種語言：賽夏、邵、巴宰、噶瑪蘭、卡那卡那富、拉阿魯哇等。直到最近幾年，我才特別為巴宰語出版了二部專書《巴宰語詞典》和《巴宰族傳說歌謠集》。這二部專書跟另一部《噶瑪蘭語詞典》都是跟日本學者土田滋教授合作

完成的。最近十年來，我又積極搶救幾種即將消失的語言。另一部專書《邵族傳說歌謠集》也於2011年出版。

這些年來，我陸續發現一些具有學術價值而又很有趣的現象。例如1980年初在苗栗縣泰安鄉汶水村的發現：男性和女性語言有別。這是南島語言很少見的現象，也是臺灣和中國大陸各種少數民族語言中僅見的現象。這種差異同時也解決學術上一個困惑南島語言學者多年的問題：泰雅語和賽德克語何以會有一些不尋常的詞彙形式？明白了它們具有性別語言差異這個道理之後，泰雅語和賽德克語也就不再是很獨特和孤立的語言了。國際南島語言知名的學者戴恩（Isidore Dyen）教授有一次就對我說：「你把泰雅語拉回來了。」（You brought it（Atayal）back）

又如，我發現泰雅語群不同年齡層的人發音並不同，也就是說，不同年齡的人，他們有不同的音韻規則，這樣一代接一代地就造成音變（sound change）。1982年我得到這個結論：不同年齡和性別都會有語言上的差異（variations），這些差異也就是造成語言演變的動力或機制（mechanisms of linguistic change）。泰雅語群的性別差異，當初很有可能是男人使用祕密語所引起的。如此一來，祕密語也是造成語言演變的另一動力或機制。以上這些都是國際知名的南島語言學者很感興趣的現象。

因為各種臺灣南島語言彼此差異很大，而且又保存許多古南島語的特徵，所以每一種臺灣南島語言都值得我們做深入的研究。已經消失的語言，若有任何文獻紀錄或

筆記，也都值得我們留意和珍惜。過去十多年來，我在
這一方面也下了不少工夫，包括在臺灣西南部的西拉雅
（Siraya）語群、西部的法佛朗（Favorlang）語和大台北地區的
巴賽（Basay）語。前兩種有荷蘭時代的幾種文獻資料，後
者有日治時期淺井惠倫的田野調查筆記。根據這些原始資
料，可以掌握這三種已消失的平埔族語言的語法結構系
統，我已發表了一部專書《新港文書研究》和若干篇相關
的論文，其他專書也會陸續出版。

　　在整個南島語系當中，以臺灣南島語言保存最多古語
的特徵。這是日本學者小川尚義早在1930年代就已發現的
現象。後來又經美國學者戴恩於1960年代發表論文公開表
示贊同，挪威學者達爾（Otto Dahl 1973, 1981）的專書，以及
近二、三十年來國際南島語言比較學者，如白樂思（Robert
Blust）、帥德樂（Stanley Starosta）、羅斯（Malcolm Ross）、伍爾
夫（John Wolff），也一致支持這種看法，並奉為定論，因為
他們都大量引用臺灣南島語言的資料來重建五、六千年前
的古南島語。

　　可是，臺灣南島語言的另一重要特徵：語言最紛歧、
語言之間的差異最大[2]，卻是最近這幾年才被確定，並獲
得國際南島語言學界普遍接受的看法。這種觀點的確立，
使臺灣成為最有可能是南島民族的起源地。

2　白樂思（Blust 1999）把整個南島語族分為十大分支，其中有九支都在
　　臺灣；而羅斯（Ross 2009）分為四大分支，全都見於臺灣。

七、其他學術領域的支持或不支持

太平洋地區考古權威學者Peter Bellwood（1980, 1983, 1988）一直支持臺灣起源的說法。我國考古學者張光直、臧振華等人，卻都主張南島民族來自中國東南沿海一帶。如果後者的看法正確的話，他們所指的那個民族是南島民族的前身（pre-Austronesian），而不是較晚的古南島民族。

台南科學園區出土的器物，包括五千年前所埋藏的人和狗的遺骨，人工栽培的大量稻穀等等，都可以證實語言學研究所得的部分成果：古南島民族就已馴服狗，而且也已種植旱稻了。此外，嘉南平原很可能就是擴散中心。

遺傳學者J. M. Diamond（1988, 2000）先後提出"Express train to Polynesia"（東太平洋群島的南島民族很快速地從東南亞洲移居到Polynesia）跟"Taiwan's gift to the world"（Polynesia地區的南島民族都起源於臺灣）。瑞士的遺傳學者Alicia Sanchez-Mazas（2005, 2008）也認為南島民族起源於臺灣。

林媽利教授的研究團隊，根據他們的DNA研究，南島民族來自東南亞大陸和印尼。中央研究院生醫所陳垣崇院士（2009）的研究團隊也認為：臺灣的族群有的從東南亞大陸（continental Southeast Asia），而有的從印尼遷徙過來。

語言學的證據也顯示，南島民族的前身（pre-Austronesian）是在亞洲東南部，因為南島民族跟南亞民族（越南、高棉、緬甸等地的各種Mon-Khmer語言）很可能有最密切的親屬關係。不過，在那個階段是南島和南亞的共同祖先，稱之為Austric

語族，後來分化之後到達臺灣的一個分支才是古南島民族。這一點林媽利、陳垣崇他們所得的結論跟語言學的證據並不衝突。主要差異卻在：語言學的證據顯示古南島民族從臺灣擴散出去，而他們所採集的DNA資料卻顯示從印尼擴散出去。印尼地區的語言總數雖然很多，但它們的歧異度卻遠不如臺灣南島語言。

　　總之，南島民族的起源問題可說眾說紛紜，至今仍然沒有定論。

八、結語

　　臺灣地理環境特殊，所孕育的物種很多樣（diverse），種族也是多樣。種族的多樣經由語言的多樣性來呈現，如上面所述。

　　我們在臺灣這塊土地上生活可以說是很幸運的。臺灣的多樣性已受到國際學者的重視。我們大家更應該珍惜，善盡維護他們的責任。

　　　　本文於2011年發表於《知識饗宴》系列7，頁283-
　　　　304。

Distribution of Austronesian Language Family
南島民族分布圖

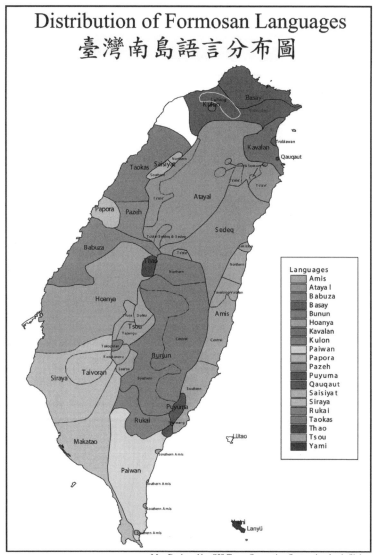

Distribution of Formosan Languages
臺灣南島語言分布圖

Map Designed by GIS Team, Computing Centre, Academia Sinica

台灣南島語言有二十種，包括在山地和在平地的平埔族。各種語言的地理分布以不同的顏色作區分。語言的名稱大都是各族群指「人」這個詞。右下方的方塊中是各台灣南島語的名稱，按照字母的次序排列。

捐贈我收藏的台灣南島語言研究資料

一、前言

　　臺灣南島語言調查研究工作至今已有一百多年的歷史，所累積的研究成果相當可觀，已可以充分證明它們就是臺灣最有學術價值的文化資產。臺灣各種人文社會科學研究領域，南島語言學研究在國際學術界可以佔有一席之地。臺灣要國際化，南島語言學絕對是值得繼續耕耘的領域，資料不可缺。

　　我個人從事南島語言調查研究工作至今也已超過半個世紀了。1968年6月我就到南太平洋 New Hebrides 群島（今萬那杜）去調查當地的語言，1970年7月起我開始調查臺灣南島語言，至今整整有54年。

　　我所累積的研究資料也可說相當不少，除了書籍，還有田野筆記、錄音、照相、稿件、電腦檔案以及過去各種研究資料的影印本，擺滿了我的研究室。除了本人蒐集的

各種臺灣南島語言資料，我也有荷蘭時期及日治時期語言學者小川尚義和淺井惠倫（約1900-1940年代）以及戰後土田滋（1960-2004）較重要的各種臺灣南島語言資料。國內大概沒有別人具有這麼完整的資料。有關臺灣南島語言的學位論文，博士論文接近80篇，碩士論文200多篇，我也有一半以上。

　　如果我的研究工作還有些微貢獻的話，必須跟很多人分享。我的師長、同事、工作團隊（包含學生和助理），尤其是許多原住民朋友，若沒有他們的熱誠和無私奉獻，我就不可能完成那些研究工作。

李壬癸院士（右）學術研究資料捐贈儀式，曾淑賢館長代表受贈。

　　我大半輩子都在中央研究院工作，原先是打算把我的研究資料都捐給中研院圖書館。可是他們只要現有館藏所缺少的書籍，其它資料一概不收。我再怎麼珍惜，也是無可奈何的事。幸而史語所同事黃寬重教授了解我研究資料的重要性，建議我全部捐給國家圖書館。他曾經擔任過該館館長，認識現任曾淑賢館長。今年7月他找我談此事，我滿口答應，他就安排於7月20日我們一起到國圖跟曾館長面談，相談甚歡，初步決定由我分批交件。8月31日在國圖舉行簡單而隆重的捐贈儀式。

二、珍惜各時期各種研究資料

　　凡是愛做研究的人都很珍惜他的研究資料：書籍、辭典、田野筆記、稿件、書信、照片、錄音等。小川尚義於1936年從臺北帝國大學退休回到日本之後，他仍然繼續做臺灣南島語言研究。既然無法再做田野調查，他就對西拉雅（Siraya）和法佛朗（Favorlang）這兩種文獻資料下工夫，累積了不少很有價值的研究成果。我利用他那一批資料，進一步整理分析並發表了兩部專書：《新港文書研究》（Li, 2010），《法佛朗文本分析》（Li, 2019），以及編輯出版了兩部專書（Ogawa, 2003, 2006）。二次世界大戰末期，美軍空襲轟炸日本，小川疏散到鄉下去，一直很珍惜和妥善收藏他那些研究資料，才沒有毀於砲火，幸而大都保存了下來。他於1947年去世之後，全部由淺井惠倫取得收藏；淺

井於1969年去世之後，他們兩人的臺灣南島語言研究資料大部分都由東京外國語大學收藏（參見Tsuchida et al, 2005），一部分由名古屋人類學研究所庋藏（Li, 2000）。擁有淺井的田野筆記，我才能順利完成《宜蘭縣南島民族與語言》（Li, 1996）那部專書的第四、第五兩章，另外又出版了一部專書 Text of the Trobiawan Dialect of Basay《巴賽族社頭方言傳說歌謠集》（Li, 2014），期刊論文〈巴賽語的地位〉（Li, 2001）等。

戰後日本學者土田滋對各種臺灣南島語言的主要方言都做了全面性的調查研究，他的研究資料也都捐贈給東京外國語大學。利用他的資料，我最近也才發表了一篇期刊論文（Li and Tsuchida, 2022）和撰成一部專書的部分（Li, 2023）。

我擁有的各種臺灣南島語言資料，包括從荷蘭時代的Gravius（1661, 1662），日治時代的小川尚義和淺井惠倫，中華民國時代（1950年代至今）。重要的書籍、期刊或專書論文、碩博士論文，我大都有了。即使還不完整，臺灣大概沒有人收藏比我更完整的臺灣南島語言研究資料。

語言研究資料要累積，研究工作要傳承，才會一直向前推進。臺灣南島語言的調查研究狀況正是如此。就這個學術領域而言，直到目前為止，我們臺灣可以算是很幸運的。假如珍貴的研究資料被銷毀，情何以堪？

我跟五位同行把國際南島語言權威學者 Robert Blust的專書The Austronesian Languages翻譯為中文《南島語

言》，今年 6 月才剛在聯經出版。我跟齊莉莎（Elizabeth Zeitoun）編輯和撰寫的*Handbook of Formosan Languages*（《臺灣南島語言手冊》），動員了三十六位南島語言學者撰稿，涵蓋所有臺灣南島語言各層次（語音、音韻、構詞、詞彙、句法）和不同角度（共時和貫時），共有 60 篇論文，編者和作者都花上很多時間，一再修訂補充改寫。前後費時四年，2022年底前全部完成，2023年底前將在 Brill 正式出版，含線上和紙本。這套書可以說是我們窮畢生之力都想要完成的一部巨著，其學術價值絕無可疑，相信將來對南島語言學界影響深遠，這可以說是我最大的心願。

三、分批移交研究資料和重要文物給國圖

（一）第一批：2022年8月2日

1. 聘書：包括中央研究院、臺灣大學、清華大學（含講座教授）、臺灣師範大學（講座教授）、政治大學、教育部（學審會、大學評鑑）、國科會（諮議委員）。

2. 獎狀和證書：國科會傑出獎及傑出特約研究員獎、教育部學術獎及本土語言著作獎、行政院傑出科技榮譽獎、總統府總統科學獎及聘書、中央研究院院士證等。國外有美國語言學會榮譽會士（Honorable Member of the Linguistic Society of America）、臺美基金會傑出人才成就獎。

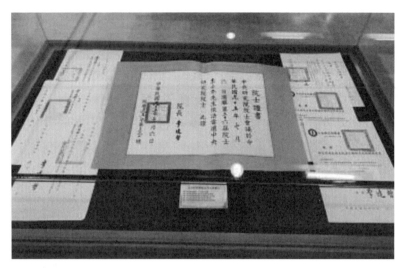

李壬癸院士證書

（二）第二批：2022年8月10日

1. 專書 16 部：其中 14 部是本人著作的專書，兩部是編輯的專書（原作者小川尚義）。

2. 卡帶：包括日治時期（1）淺井惠倫錄製的臺灣原住民族歌謠和傳說故事；（2）土田滋 1969 年所錄的 Saaroa texts & songs, Kanakanavu texts & songs, Kavalan（北里臘管）；（3）李壬癸所錄幾種語言的 texts and songs。

3. 幻燈片：李壬癸拍攝或收藏的1962年Ann Arbor；1963年美東到美西；1968年南太平洋New Hebrides群島；1969年關島，Truk和Ponape群島。

4. 底片。

5. 李壬癸著作目錄及個人簡介。

（三）第三批：2022年8月19日

1. 獎座、獎牌：總統科學獎、行政院傑出科技榮譽獎、教育部本土語言傑出貢獻獎／終身奉獻獎、國科會傑出特約研究員獎、教育部／原民會書寫系統有功、1997年臺灣本土好書、特等服務獎章；臺美基金會獎（Ken John Wang Humanities Award, Taiwanese American Foundation）。

2. 畢業證書：小學、中學（初中、高中）、大學、陸軍步兵學校、美國密西根大學碩士、夏威夷大學博士。

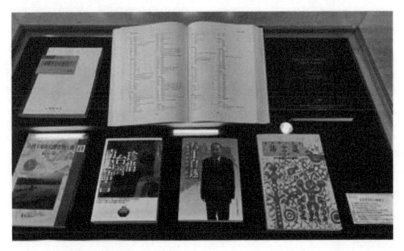

李壬癸院士捐贈專書

3. 教授證書：講師、副教授、教授。

（四）第四批：2022年9月20日

1. 清代臺灣各地區各種古文書專輯，二十幾種，共
   三十多冊。

2. 《臺灣地名辭書》，卷 1-21；洪敏麟：《臺灣舊
   地名之沿革》，第一、二冊上、下冊。

3. 《考古人類學》期刊：第一期（1953）至第六十一
   期（2003）。

（五）第五批：2022年10月4日

《中研院史語所集刊》第一本（1928）至第八十本
（2010）。

（六）第六批：2022年10月28日

1. 東京外國語大學亞非語言文化研究所出版品：專
   書、期刊。

2. 李壬癸田野筆記，Amis, Atayal, Bunun,
   Kanakanavu, Kavalan, Pazeh, Paiwan, Puyuma，以上
   第一批先送國圖掃描。後送第二批是Rukai, Saaroa,
   Saisiyat, Seediq, Thao, Tsou, Batanic（含Yami）。

參考書目

Gravius, Daniel. 1661. *Het Heylige Euangelium Matthei en Johannis Ofte Hagnau Ka D'llig Matiktik, Ka na sasoulat ti Mattheus, ti Johannes appa. Overgeset inde Formosaansche tale, voor de Inwoonders van Soulang, Mattau, Sinckan, Bacloan, Tavocan en Tevorang* [The Holy Gospels of Matthew and John. Translated into the Formosan language for the inhabitants of Soulang, Mattau, Sinckan, Bacloan, Tavocan and Tevorang]. Amsterdam: Michiel Hartogh.

—— 1662. *Patar ki Tna-'msing-an ki Christang, ka Taukipapatar-en-ato tmaeu'ug tou Sou Ka MAKKA-SIDEIA, 't Formulier des Christendoms Met de Verklaringen van dien, Inde Sideis- Formosaansche Tale* [The Formulary of Christianity with Explanations（of it）, in the Sideia Siraya）-Formosan language]. Amsterdam: Michiel Hartogh.

Li, Paul Jen-kuei（李壬癸）. 1996.《宜蘭縣南島民族與語言》。宜蘭：宜蘭縣政府。

—— 2000. Formosan Language Materials by Ogawa at Nanzan University.《臺灣史研究》5.2:147-158. Also appeared as〈南山大學所藏小川尚義による臺灣原住民諸語資料〉,《南山大學人類學研究所通信》No. 8:2-7.

—— 2001.〈巴賽語的地位〉,《語言暨語言學》2.2:155-171。

—— 2010.《新港文書研究》。《語言暨語言學》專刊系列之39,中央研究院語言學研究所。

—— 2014. *Texts of the Trobiawan Dialect of Basay*. Asian and African Lexicon Series 56. Research Institute for Languages and Cultures of Asia and Pacific, Tokyo University of Foreign Studies.

—— 2019. *Text Analysis of Favorlang*. Language and Linguistics Monograph Series Number 61. Institute of Linguistics, Academia Sinica.

—— 2023. Editor. *Saaroa Texts* by T'ung-ho Tung, Shigeru Tsuchida, Pang-hsin Ting, Paul Jen-kuei Li and Chia-Jung Pan. Research Institute for Languages and Cultures of Asia and Africa, Tokyo University of Foreign Studies.

Li, Paul Jen-kuei and Shigeru Tsuchida（李壬癸，土田滋）. 2022. Subclassification of Amis dialects.《臺灣語文研究》17.1:93-116.

Ogawa, Naoyoshi（小川尚義）. 2003. *English-Favorlang Vocabulary*, edited by Paul Li. Asian and African Lexicon Series No.43, Research Institute for Languages and Cultures of Asia and Africa, Tokyo University of Foreign Studies.

—— 2006.《臺灣蕃語蒐錄》, edited by Paul Jen-kuei Li and Masayuki Toyoshima. Asian and African Lexicon Series No.49. Research Institute for Languages and Cultures of Asia and Africa, Tokyo University of Foreign Studies. Pp.714.

Tsuchida, Shigeru et al. 2005.《小川尚義、淺井惠倫台灣資料研究》。東京：東京外國語大學アジア・アフリカ言語文化研究所。

本文於民國111年11月發表於《漢學研究通訊》第41卷第4期，頁38-44。

「李壬癸院士學術研究文獻資料捐贈儀式」全體與會貴賓合影

令人敬佩的發音人

　　回顧我這半個世紀以來的研究工作，若有什麼好的成果，首先要感謝的就是我的發音人。沒有他們的幫忙，這一切都不可能。幫助過我的發音人很多，真的不勝枚舉。以下只舉若干例子來作說明他們的重要性。

　　1970年我開始調查研究大南村魯凱語，我碰到最好的發音人林得次先生，他人非常聰明，居然從我的記音過程，他也學會了國際音標，也會記音。我（Li 1975）出版的《魯凱語料》專書，他從頭到尾都替我修改過，我們成為忘年之交。

　　1978年我到阿里山調查鄒語，安振昌校長很有語言天份。鄒語動詞變化很大，主事焦點和非主事焦點的不同形式可能完全看不出來，例如 *bonu ~ ana* "吃"，*mofi ~ faeni* "給"。為了找出這一類動詞的變化形式，我感到很頭疼。安振昌知道我的困擾，我一說出主事焦點形式，他會立刻給我非主事焦點形式，真令我感激莫名。鄒族人知識水平普遍較高。我當年認識汪明輝先生時，他還是學生身份。1991年我請他到清華大學的課堂上當發音人，班上我們談到了主事焦點（AF）與非主事焦點（NAF）。我們再向他問

林得次

左一安振昌，右二董同穌。

句子，他講出來後還會主動說出這句是NAF！眞難得！汪明輝後來成爲臺灣師範大學地理系副教授。近幾年我有時也請他幫忙採集一些重要語料。

日月潭邵族石阿松先生從小都講邵語長大，他有關邵族的傳統歌謠、語言、文化知識極爲豐富，他又有語言的天份，閩南語、日語、布農語都精通。他講的邵語相當精確細膩，例如，"懷孕"就有五個不同的詞彙：*ɫquðan*、*ɫθiðan*，前者指一般的懷孕，第二個是懷孕初期，*mambubuð*、*ʃkaðaʃan*"腹部隆起看得見"，*talisqadan*"婚前懷孕"，跟他工作可以學到很多知識，非常愉快。

苗栗縣泰安鄉汶水泰雅族湯清發先生也很有語言天份，土田滋說他講的日語如同日本人一模一樣。1980年3月我剛去找他時，他還不會講國語，但他會客語，可以溝通，不久他也會國語了。汶水尙且保存男性語言形式和女性語言形式的差異，只有他分得最清楚。女性語保存古語形式，而男性語有各種變化形式：加插中綴或後綴，取代輔音等等（參見李壬癸1983）。數十年前國際南島語言學者（Dyen、Ferrell、

汪明輝

Blust、土田）都誤以為泰雅語群保存最少的同源詞，差異最大。事實上，他們都是被男性語言形式所誤導，因而無法鑑定許多同源詞而已。由湯清發取得珍貴的語言資料之後，我們才把泰雅語群帶回到正常的台灣南島語言中來。這真是太完美了！湯清發之子湯元豐也是很好的發音人，多年來我們好幾人都向他採集汶水語言資料。

　　1975年初我開始調查賽夏語，我的發音人是東河村張慶昌、章富美夫婦，時年70多歲。章富美口齒清楚，她講傳說故事，條理分明，結構完美，確實是很難得的發音人。她賽夏語、客語、國語都講得很好。新竹縣五峰鄉大隘村的朱添福老先生（tæhœʃa ʔœmaw），1976年2月我去調查時，只有他口語中仍然還保存閃音，除了詞彙之外，從他記錄了13則文本，相當珍貴。可惜我只去跟他工作了兩次（2月5-8日，26-28日），第三次再去找他時，他已過世了。保留閃音，同源詞就容易辨認得多（Li 1978）。土田滋記錄東河方言，它丟失了閃音，但他聽得出元音加長一半，以「'」號標示，有如一種輔音。他這種處裡方式很不錯，可惜有時會聽錯或聽不出來。有閃音就清楚多了，這種發音人就是我們的珍寶。我早年調查鄒語，也有類似的情況，只有久美方言老人吉太平的口語還保留r音，可惜我跟他只做了一次，以後也就沒有機會了。

　　1977年我開始調查噶瑪蘭語，第一個發音人口齒並不很清楚，記音不夠理想。1994年才找朱阿比當發音人，1995年又找潘天利，她們口齒都清楚，族語程度又好，記

中石阿松，左袁嫦娥，右李壬癸。

左湯清發
資料來源：泰安鄉志編纂委員會，〈第十三篇　人物　第一章　先賢耆
宿〉，《泰安鄉志下冊》，苗栗縣，泰安鄉公所，民國97（2008）年。

左潘天利，右朱阿比。

錄了很豐富的詞彙和例句資料。加上參看小川在日治時代的噶瑪蘭詞彙記錄，核對朱阿比或潘天利，乃編成《噶瑪蘭詞典》，同時也修正早年記錄的文本資料之記音。可惜她們的國語欠佳，後來才找到陳夏美，她國語程度好，做句法研究好得多，可惜時日並不長她就走了。

參考書目

李壬癸. 1983.〈兩性語言的差異及其起源問題〉,《大陸雜誌》67.2:40-46。

Li, Paul Jen-kuei. 1975. *Rukai Texts*. Institute of History and Philology, Academia Sinica Speceal Publications, No. 64-2.

Li, Paul Jen-kuei. 1978. A comparative vocabulary of Saisiyat dialects. *Bulletin of the Institute of History and Philology, Academia Sinica* 49.2:133-199.

Li, Paul Jen-kuei and Shigeru Tsuchida. 2006. *Kavalan Dictionary*《噶瑪蘭語詞典》. Language and Linguistics Monograph Series Number A19. Institute of Linguistics, Academia Sinica.

Tsuchida, Shigeru. 1964. Preliminary reports on Saisiyat: Phonology,《言語研究》46:42-52。

2023/03/24

輯五 台灣學術爭論

台灣南島語言書寫系統

　　南島語言的結構系統跟漢語有很大的不同，早年基督教會都採用羅馬拼音來書寫各族群的語言，很恰當。因為中共採用羅馬拼音，臺灣在國民政府戒嚴時期禁止羅馬拼音，他們只好就採用國語注音符號來拼寫族群的語言，問題叢叢，狀況百出。

　　民國79年（1990年）教育部教育研究委員會委託本人製訂臺灣南島語言書寫系統，我為現存15種語言個別製訂了書寫系統。實際上就是羅馬拼音，但是當時還沒有解嚴，只好就稱之為「語音符號系統」。IPA語音符號難以一般鍵盤打字的，如 *ŋ*、*θ*、*ð*、*ʃ*、*ə* 都用一般字母取代，分別以 *ng*、*th*、*z*、*sh*、*e* 代替。若以兩個字母代表單一語音，碰到有輔音群（consonant clusters）的語言，如鄒語、邵語、魯凱語茂林方言，就產生很多混淆的現象。我儘量採用大寫字母來避免，如以 *T*、*D*、*L* 代表卑南語和魯凱語的捲舌音，以 *S* 代表賽夏語和邵語的舌面音 *ʃ*。書寫系統有大小寫字母看起來不整齊，但有不混淆的優點。26個字母畢竟不夠用，有些只好以兩個字母表示一個語音，如舌根鼻音 *ng*、清邊音 *lh*，排灣語的舌面音 *tj*、*dj*、*lj*，賽夏語以 *ae* 表

示*æ*，以*oe*代表*æ*。

沒有一種南島語言同時有*z*和*ð*，因此都以*z*代替*ð*最簡便，這是我最先倡導的辦法。國際慣例都以*e*代替央中元音*ə*，以'代表喉塞音*ʔ*。阿美語同時有喉塞音和咽頭音就產生困擾，尤其是阿美族人已經習慣以'代表咽頭音，跟別的語言都不同，至今仍有一些阿美族人分不清這兩種語音。

我的研究報告於民國80年5月提交教育部，次年正式公告試用。民國92年起，教育部和原住民族委員會共同召開五次協商會議，於94年底正式公佈《原住民族語言書寫系統》，含15種語言，但是仍然缺少政府並未認定的巴宰語。該書寫系統尚有不一致的地方：（一）賽夏語用大寫的*S*表示舌面音*ʃ*，而邵語卻用*sh*表示同一語音，（二）邵語用*lh*表清鼻音*l̥*，而拉阿魯哇語卻用*hl*。協調不易得到共識，而有少數人卻又很固執，堅持己見，因此產生種種缺失也視而不見，或根本聽不進去，學者和族人都有這種人。過去也曾發生過一部分族人堅持用國際音標做書寫系統，幸而後來他們也能擇善從眾，化解了不必要的紛爭。總之，現有的官方書寫系統仍然存在不少的缺失，有待改進。

標點符號都採用西式的，沒有爭議，而大小寫就有爭議。一般的習慣是專有名詞第一字母大寫，句首就不必要了。什麼才是一個獨立的自由語式（free form）？什麼要合併起來連寫？什麼要分開？這要有專業的語言學訓練來做

正確的判斷，族人的語感也很重要。

2023年3月29日

漢語拼音統一的標準在哪裡？

今日處在國際交流頻繁的世界，漢字的拼寫（transliteration）問題是必須嚴肅面對的重要課題。其實四百多年前外國傳教士就已開始使用羅馬字拼寫漢語了。以26個字母拼寫漢語就是一般人所稱的羅馬拼音。雖然同樣要拼寫一種國語，因為著眼點不同，所採取的標準也不盡相同，因此就先後產生了好幾種不同的拼音方案，包括威妥瑪式（Wade Giles）、國語羅馬拼音、耶魯式（Yale system）、林語堂式、漢語拼音（中國）、注音符號第二式（教育部）等等。這些拼音方案都各有其優缺點。無可諱言地，中國進行的漢語拼音佔有絕對優勢，因為使用的人口最多，而且已是國際所承認和採用的方案。然而這並不表示中國的漢語拼音沒有任何缺點。

無論制訂任何一種拼音系統，在選擇語音符號時都必須考慮以下這幾個原則：一、準確性，二、系統性，三、一貫性，四、共通性，五、方便性，六、傳統性。以上一至三項乃是語言本質的問題，也是大原則，必須遵循，而

四至六項乃是實用問題，也得兼顧。因此如何取得平衡而不過分犧牲大原則便是每一種拼音方案所要面對的問題。

　　要準確最好使用國際音標（IPA），可是有些國際音標之書寫和使用並不方便，最好都能用26個字母來代替，這就是為了方便而要犧牲一點準確的原則了。每一種語言或方言都有它自己一套的語音系統，有它的獨特性，在制訂拼音系統時必須全盤考慮。因此，不可能有一套羅馬拼音系統可以同時適用各種語言或方言。凡是同一個語音，都要使用同一個符號，這就是要遵循前後一貫的原則，不可違背。反之，凡是不同的語音，一定得使用不同的符號來區分。於是，使用的符號是否前後一貫，不同的語音是否都能明白區分，便成為評斷一套拼音系統成敗的主要標準。

　　一般人可能會以為能夠使用同一套拼音系統來拼寫各種不同的語言和方言最為理想。這就是所謂的「通用音標」所標榜的優點。其實這是不可能做到的，也是「通用音標」給社會大眾的誤導。上面已說過每一種語言或方言都有它的獨特性，因此必須專為它設計一套拼寫系統，才能面面兼顧。上面第一段所提到的各種拼音方案都是專為國語而設計的，對於其他漢語方言或少數民族語言都不適用。「通用音標」當然也不例外。真正稱得上「通用」的是國際音標，可是國際音標是專業語言學者在使用，對一般人而言使用起來卻非常不方便。

本文於民國88年4月13日發表於《自由時報》自由廣場

幾種漢語拼音方案
的檢討

漢字拼音是處在今日國際交流的環境中非做不可的事。不幸的是好幾種不同的拼音系統，包括威妥瑪式（Wade-Giles）、教育部早年公布的國語羅馬拼音、耶魯式（Yale system）、中國的漢語拼音、國語注音符號第二式、郵政制、通用拼音等等，先後都有人在提倡或使用。於是我國人對於姓名和地名拼寫的不一致，路標的混亂，都使人無所適從，社會也要付出相當大的成本。因此，統一漢字拼音系統是當前之急務。然而，要採用哪一種拼音系統才是最好？其實每一種拼音系統都有它的優點和缺點。主張其中一種系統的人，就強調它的優點而不認爲它的缺點有何嚴重性。因此即使專家學者也很難有共識，開過多少次的協商會議仍然沒有什麼進展。純從學理上去考量，並沒有哪一種系統佔絕對優勢，更非零缺點。若從政治立場去考量，有不同政治立場的人又可能做不同的選擇和認同了。

威妥瑪式在中國通行已有一百多年的歷史，因此過去

我國人名、地名大都採用這種系統拼寫。就語音的精確性而言，它的系統可說最合國際音標的標準。它又是和現行的台灣閩南語拼音系統最為相容的系統。但它所付出的代價也不小：不合經濟的原則。捨棄常用的*b*、*d*、*g*而不用，卻以一撇代表送氣，書寫時容易遺漏，閱讀時也不如使用*b*、*d*、*g*之清楚且易於辨認。此外，以*hs*代表「ㄒ」音並不合西方人士的習慣。它更大的缺點是使用三種上加符號，如*ü*、*ê*、*ǔ*，書寫不便。因此，學者專家大都不支持恢復使用最傳統的威妥瑪式。

中國的漢語拼音系統通行於全世界，是國際公認的拼寫系統，只有在台灣不通行。事實上，台灣地區的學者投稿到國際期刊，凡是有漢字的拼音也都得採用中國的漢語拼音才會被接受。從這個觀點而言，已經沒有什麼政治禁忌可言了。然而僅在特殊環境之下才使用，畢竟和由政府公開宣布採用在本質上有很大的不同。一旦全盤採用漢語拼音，可能使中華民國失去其政治自主性和象徵性。

從學理上來看，漢語拼音最大的特點是舌面音ㄐㄑㄒ和翹舌音ㄓㄔㄕ分別使用不同的符號，具有不混淆的優點：前者用*j*、*q*、*x*而後者用*zh*、*ch*、*sh*，而其他幾種系統卻都用同一套符號。漢語拼音充分利用26個字母，其中*q*和*x*最具特色，卻也最為不合音理（按：國際音標*q*代表小舌塞音，*x*代表舌根擦音）。另一個缺點是它的空韻（ㄓㄔㄕㄖ和ㄗㄘㄙ）都使用*i*符號，跟真正的前高元音*i*相混，而別的系統大都分別使用不同的符號。還有一個缺點是撮口呼ㄩ，

它使用 *ü*，要用「上加符號」（diacritic mark），造成輸入和輸出的不便。如果省略上加符號的那兩點，那麼姓「盧」和姓「呂」的拼音就會混淆。後來補用y字母，以lyu拼寫「呂」，以nyu拼寫「女」。

「通用拼音」是採用漢語拼音而做了局部的修改，但幾次修改的結果，有許多不合音理和前後不一致的地方，弊病不少（請詳見李鍌教授的〈「通用拼音」評議〉，《華文世界》第90期）。除李教授所指出的各種問題之外，還有一個較嚴重的缺點，就是以 *ii* 代表空韻。以 *i* 代表前高元音「一」，這是合乎國際音標的標音法，而以重疊的 *ii* 代表空韻，這顯然違背心理的真實性（按：設計人余伯泉先生是心理學出身的）。正如何大安教授所指出的缺點，原先的版本違反了符號學上所要求的一致性原則。例如 *zi* 既代表「基」的整個音節（輔音+元音），又代表「資」的聲母部分（輔音）。[1] 總之，余先生所設計的拼音方案並不曾經過專業語言學家的公開討論，其公信力並不充分。

提倡通用拼音的人標榜其系統可通用於其他漢語方言（閩南、客家、粵等等），這是給國人莫大的誤導！按上面提到的各種拼音系統，都只是專為國語而設計，本來就不牽涉到其他漢語方言的書寫系統，更談不上其他少數民族語

---

1 按「通用拼音」的版本數度修改，早先的版本是以 *i* 代表空韻（採取中國漢語拼音的辦法）。因為通用拼音把舌面音ㄐㄑㄒ跟舌尖音ㄗㄘㄙ合併，而造成「資」與「基」不分，經何大安先生指出問題之後，才改為以 *ii* 代表空韻。

言。所謂的「通用拼音」所使用的符號若跟閩南語相通，就跟客語不通，反之亦然。這是因爲若以 *p*、*b* 代表國語、客語的送氣與不送氣之分，就與閩南語的代表清濁之不同並不相通。「通用拼音」提出A式與B式兩種可以左右逢源，可是這又要同時採用兩種不同的系統了，實在說不「通」。總之，這是一個不成熟的系統，不宜貿然公布使用。

「注音符號二式」是教育部於民國75年正式公布的。它是由早年（民國29年）教育部所頒布的「譯音符號」（即「國語羅馬字拼音法式」）簡化而成。在1920年代，中國音韻學者趙元任、林語堂、劉半農、錢玄同、黎錦熙、汪怡等六位教授組成「數人會」研訂國語羅馬拼音方案，後來又加入周辨明教授而成爲「七人會」。這個「數人會」從民國14年9月26日起至15年9月6日止，總共開了二十二次會議。最後各種問題都解決了，他們的稿本就定名爲「國語羅馬字拼音法式」。教育部所公布的「注音符號二式」，事實上是這幾位前輩學者所制訂的，所修訂的主要是原來以字母表示聲調的改用調號1、2、3、4而已。

從今日的學術眼光，「譯音符號」系統有高度的精確性、系統性、一貫性，也有相當程度的共通性、方便性、傳統性，但未必都很合經濟性的原則。這個系統代表七十年前結構學派對國語音韻系統的理解，未必都合乎當代新學術潮流的看法和要求。因此，即使政府決定要大力推行「注音符號二式」，也得先做適度的修改才行。何況，這

個系統（和耶魯系統很相近），一般人對它都感到陌生，若只在台澎金馬和部分僑校通行，其生存空間恐怕很有限。

　　為顧及當前現實的種種因素，我們可以考慮把中國的漢語拼音做適度而又必要的修改。修改時所使用的符號要合乎音理，也要讓人容易理解與接受。這樣的工作是國內語言學界可以辦得到的。

　　本文於民國88年7月28日發表於《自由時報》自由廣場

漢字拼音的幾個
關鍵問題

　　漢字拼音有幾個關鍵問題，曾引發不少的爭議和討論，也因此而造成幾種拼音系統上的差異。本文就這幾個關鍵問題，分別做一些背景的說明和檢討：（一）要以什麼符號標示送氣與不送氣的分別？（二）普通話需要區分幾個聲母（21或18個）？舌面音ㄐㄑㄒ需不需要分立？若要跟其他聲母合併，要跟哪一套：捲舌音、舌根音或舌尖音合併？（三）空韻的元音要如何標示？（四）撮口呼要如何標示？（五）聲調要如何標示？（六）詞界要如何劃分？文後附「各式拼音符號對照表」，以方便讀者參考和比較。

1. 如何標示送氣與不送氣的分別？

　　因為現代漢語多數方言，聲母都只有送氣與不送氣之分，而沒有清濁之分，所以漢字拼音系統常以 p 和 b、t 和 d、k 和 g 等來區分送氣與不送氣。採用這種方案的系統包括國語羅馬字、耶魯式、漢語拼音、林語堂式、注音符號第二式、通用拼音。它的優點是系統簡單、整齊；缺點是

不合國際音標的用法，尤其是碰到聲母有清濁之分的語言，包括閩南語和吳語，就會造成很大的困擾。歷史最悠久的威妥瑪式就以p'和p、t'和t、k'和k等來區分送氣與不送氣的聲母。這種系統的最大優點是合乎國際音標和國際上許多語言的使用習慣，又可以照顧到像閩南語這種三分法的語言；缺點是只以一撇代表送氣符號並不太明顯，對於多數漢語方言，尤其通行最廣的普通話，棄置b、d、g等字母而不用，並不夠精簡。

　　從民國初年趙元任等人所設計的國語羅馬字到後來中國的漢語拼音，都只考慮到使用最廣的普通話系統，因此以p/b、t/d、k/g等來區分送氣與不送氣。這種系統固然有簡單、整齊、經濟的優點，但最大的缺點是碰到聲母有清濁之分的語言，如閩南語和台灣南島語，問題就層出不窮了。這些符號所代表的意義勢必因語言而異，造成相當大的困擾。為了維持以p/b、t/d、k/g等來標示送氣與否的不同，閩南語的濁塞音b和g得另外想辦法，於是就有以v代表雙唇濁塞音和以q代表舌根濁塞音g的權宜和奇異作法。假如台灣只有閩南語碰到這兩個聲母有困難，就讓使用閩南語的人犧牲一些，但是許多台灣南島語聲母都只有清濁之分，就再也不能採用「頭痛醫頭，腳痛醫腳」的權宜辦法了。結果是p/b、t/d、k/g代表送氣或清濁的不同，隨時因語言而異，這對初學的學童而言，可能造成心理上很大的困惑。

　　既然中國的漢語拼音已是國際通行的標音系統，如果

台灣也要採用它，不管是全部或大部分採用，恐怕只好承受以上所說的缺憾，就讓閩南語回歸到以p、ph、b區分三套聲母的分別，而不必刻意去採用v和q這兩種不正確的標音法，也不必侈談什麼「通用」吧！

2. 舌面音需不需要分立？

　　另一個較大的爭議是：普通話到底需要區分幾個聲母？是21個還是18個聲母？也就是舌面音ㄐㄑㄒ要不要分立？注音符號第一式和漢語拼音的處理辦法是分立，因此總共有21個聲母。其他系統都不分立，然而舌面音這一套聲母要跟哪一套聲母合併，這就有幾種不同的看法：（一）主張舌面音跟捲舌音合併的，包括威妥瑪式、國語羅馬字、耶魯式、林語堂式、注音符號第二式[2]，（二）主張舌面音跟舌根音合併的是郵政制，（三）主張舌面音跟舌尖音合併的，包括早期法國學者的漢語拼音系統以及最近的通用拼音。若從音理、分配互補、歷史來源等各項因素來考慮，這三種主張都有它的道理，但也都沒有佔絕對優勢的理由。若從多數人使用的傳統和習慣，第一種主張似乎佔優勢，而主張第三種，台灣社會所要付出的成本相當大。

　　謝國平做了三套輔音（舌面、舌尖、捲舌）的感知顯著性（perceptual saliency）實驗研究，得到這樣的結論：「舌面音ㄐㄑ

2　這只是大體上如此，在細節上稍微有一些出入：耶魯式的ㄒ音作s，而ㄕ音作sh，威妥瑪式ㄒ音作hs，而ㄕ音作sh，都有區別。參見後面所附「各式拼音符號對照表」。

ㄒ之感知顯著性偏低，間接支持其音位地位的不定性…但卻亦非完全不具對比的能力…似乎具有準音位的地位。」如果我們接受舌面音具有準音位的地位，就必須為它設計使用不同的標音符號。漢語拼音所使用的q、x，主要就是它們還有剩餘的利用價值，使得在台灣的許多人心理上覺得難以接受和認同。從學理和實際兩方面來說，一些台灣南島語言才是真正有小舌塞音q和舌根擦音x。這種事實更增強對漢語拼音採用q、x的排拒力量。然而26個字母除了v、q和x還沒有派上用場之外，再也沒有別的字母可用了。在沒有其他字母可用的情況之下，也只有合併的一途了。舌面音要跟哪一套聲母合併最合適，尚需更多深入的討論和溝通。

3. 空韻的元音要如何標示？

　　第三個問題是：空韻的元音要如何標示？英文26個字母只有a、e、i、o、u五個代表元音，普通話元音都已用上了，因此空韻得要另外設法。注音符號第一式並不標示，即採用空號ㄓㄔㄕㄖ和ㄗㄘㄙ，而耶魯式跟第二式分別以r和z標示空韻。國語羅馬字跟林語堂式都以y標示，而威妥瑪式以ih標示。漢語拼音以i標示空韻，難免跟前高元音相混。通用拼音後來採用ii標示空韻[3]，雖有別於

3　通用拼音早先也採用以i標示空韻，後來因為何大安先生指出：如此一來，根據通用拼音的系統，就無法分辨代表整個音節（輔音＋元音）的「基」zi和只代表ㄗ聲母（輔音）的「資」zi，余伯泉先生才把空韻改作ii標示。

前高元音，卻違背了心理的眞實性，並不恰當。

　　所謂的「空韻」，實際上也有個元音，只是這種元音跟一般所習見的元音不同而已，仍然要標示出來才好。羅馬拼音若不標示出空韻來，就會有輔音群出現，因此並不適宜。耶魯式跟注音符號第二式以*r*標示捲舌音的韻母，以*z*標示舌尖音的韻母，如此一來，也就會產生輔音群，例如「自在」拼寫作*dzzdzai*或*tzztzai*，很不合適。如果把*dz*或*tz*聲母簡化爲*z*（如漢語拼音系統），拼寫作*zzzai*也一樣不合適。威妥瑪式跟郵政制以*ih*標示空韻，頗有可取之處，可惜國語羅馬字跟林語堂式都以-*h*標示第四聲，而且它跟閩南語羅馬拼音以-*h*表示喉塞音尾，都有混淆之處。按照國際慣例，喉塞音平常都以一撇'標示，如此就沒有混淆之虞了。然而，這就牽涉到要修改閩南語教會羅馬拼音系統了。漢字拼音若不以字母標示聲調，才不會影響以*ih*標示空韻的選擇。

4. 撮口呼要如何標示？

　　第四個問題是：撮口呼要如何標示？國語羅馬字和注音符號第二式基本上是以*iu*標示，威妥瑪式基本上是以*ü*標示，耶魯式、郵政制、林語堂式、通用拼音基本上是以*yu*標示。漢語拼音基本上是以*u*標示，零聲母就以*yu*標示，只有"來"、"泥"二母之後才用*ü*標示，可是常省略*u*上面的兩點而造成混淆，如姓「盧」與姓「呂」都拼作*Lu*。有的系統固定以一個符號來標示，有的因出現的位

置不同而有不同的標示方式，例如漢語拼音分別以*u*、*ü*、*yu*三種不同的標示方式，顯然違背符號一對一的原則。符號應以一對一為原則，撮口呼也應固定使用同一符號。以*iu*標示撮口呼，看起來像元音串一樣，並不理想。以*yu*標示撮口呼，就可以避免這個缺點。*ü*這個符號有上加符號，對於有些軟體造成輸入和輸出的不便。

5. 聲調要如何標示？

第五個問題是：聲調要如何標示？不外這三種方式：調形、數字、字母。普通話只有四個聲調，處理起來不太費事。複合詞即使不標調號，多數不會造成混淆或誤解。

次方言的調值常有不少的差異，因此不容易整合統一的調形。數字的優點是容易書寫和分調類，缺點是把字母和數字混雜在一起。用字母標示聲調原是國語羅馬字系統的設計，林語堂在他的《漢語大辭典》裡沿用，但他把系統簡化：第一聲在元音之後不加什麼，第二聲在元音之後加*r*，第三聲元音重疊，第四聲在元音之後加*h*，例如*a*元音之後的四聲分別為*a*、*ar*、*aa*、*ah*。這個系統的最大優點是沒有上加符號的困難或麻煩。缺點是碰到調類多、輔音尾也多的南部漢語方言，如閩南、客家、粵語等，而且拼寫複合詞時調號跟聲母會糾纏不清。普通話只有四個聲調，用字母標示仍不失為一個好辦法。

6. 餘論——詞界要如何劃分？

漢語基本上是單音節的語言，漢字的書寫習慣是一個方塊字代表一個音節。然而，一個音節未必剛好就是一個詞，常見的雙音節詞，如：螞蟻、蟑螂、烏鴉、玫瑰、梧桐，三音節詞如秋海棠、不倒翁，用羅馬拼音時就應該拼寫在一起，分別成爲雙音節詞和三音節詞。可是有的詞界並不是很清楚，都得要個別考慮。一般人寫漢字拼音，常以英語語詞爲準，例如：今天 連 小孩 也都 很 高興。眞正拼寫起來，常常碰到不太容易決定的詞界問題。我們需要明訂出一套簡易可行的辦法來。

跟這個詞界相關的是語詞內部結構劃分的問題。因爲普通話的舌尖鼻音可以當聲母和輔音尾兩用，因此*fanan*就可能是「發難」或「翻案」，爲了有所區分，前者可以拼寫作*fa-nan*，後者可以拼寫作*fan-an*。南方的漢語方言閩南、客家、粵語等，有六個聲母*p*、*t*、*k*、*m*、*n*、*ng*也都當輔音尾用，一定有更多語詞內部結構劃分的問題，值得注意。

引用文獻

方師鐸 1965.《五十年來中國國語運動史》。台北：國語日報社。
李壬癸 1984.〈國語羅馬字的修訂經過與檢討〉,《國語日報》,6月 21、28日。
——1999a.〈漢語拼音統一的標準在哪裡？〉,《自由時報》,4月 13日。

—— 1999b.〈幾種漢語拼音方案的檢討〉,《自由時報》,7 月 28 日。

李鍌　1998.〈「通用拼音」評議－台北市政府「台北市街路譯名系統為何不
　　採用注音二式說明書」之駁正〉,《華文世界》90:27-35。

余伯泉　1998.〈跨越拼音文字與方塊文字的鴻溝:台灣的羅馬拼音問題〉,
　　《翻譯學研究集刊》3:189-204。

—— 1999.〈跨越甲式與乙式拼音的鴻溝:論「通用」拼音〉,《翻譯學研究
　　集刊》4:281-299 。

周有光 1979.《漢字改革概論》第三版。北京:文字改革出版社。

林語堂 1972.《當代漢英詞典》。香港:香港中文大學。

教育部國語推行委員會 . 1986.《國語注音符號第二式》。台北:教育部。

謝國平(Tse, John Kwock-Ping). 2000. The perceptlrnl _saliency of palatality,
　　dentality and retroflexion in Mandarin Chinese: An experimental study.
　　Studies in English Literature and Linguistics 26:97-112. 中文簡縮版〈舌
　　面、齒音、及捲舌特質在國語輔音中之感知顯著性:實驗研究〉,見
　　《漢字拼音討論集》,第 43-48 頁。

本文原載於李壬癸編《漢字拼音討論集》(2001),
頁1-7。

各式拼音符號對照表

注音 符號	國語 羅馬字	林語 堂式	注音符號 第二式	耶魯 大學式
ㄅ	b	b	b	b
ㄆ	p	p	p	p
ㄇ	m	m	m	m
ㄈ	f	f	f	f
ㄉ	d	d	d	d
ㄊ	t	t	t	t
ㄋ	n	n	n	n
ㄌ	l	l	l	l
ㄍ	g	g	g	g
ㄎ	k	k	k	k
ㄏ	h	h	h	h
ㄐ	j(i)	j(i)	j(i)	j(i)
ㄑ	ch(i)	ch(i)	ch(i)	ch(i)
ㄒ	s(i)	s(i)	s(i)	s(i)
ㄓ	j	j	j	j
ㄔ	ch	ch	ch	ch
ㄕ	sh	sh	sh	sh
ㄖ	r	r	r	r
ㄗ	tz	tz	tz	dz
ㄘ	ts	ts	ts	ts
ㄙ	s	s	s	s
(帀)	-y	-y	-r, -z	-r, -z
ㄚ	a	a	a	a
ㄛ	o	o	o	o

漢語拼音	威妥瑪式	郵政制	通用拼音	國際音標
b	p	p	b	p
p	p'	p'	p	p'
m	m	m	m	m
f	f	f	f	f
d	t	t	d	t
t	t'	t'	t	t'
n	n	n	n	n
l	l	l	l	l
g	k	k	g	k
k	k'	k'	k	k'
h	h	h	h	x
j	ch（i）	k	zi	tɕ
q	ch'（i）	k'	ci	tɕ'
x	hs	h（s）	si	ɕ
zh	ch	ch	zh	tʂ
ch	ch'	ch'	ch	tʂ'
sh	sh	sh	sh	ʂ
r	j	j	r	ʐ
z	tz, ts	ts	z	ts
c	tz', ts'	ts'	c	ts'
s	sz, s	s	s	s
-i	-ih, -iu	-ih, -u	-ii	ɿ, ʅ
a	a	a	a	a
o	o	o	o	o

注音符號	國語羅馬字	林語堂式	注音符號第二式	耶魯大學式
ㄜ	e	e	e	e
ㄝ	e	e	e	e
ㄞ	ai	ai	ai	ai
ㄟ	ei	ei	ei	ei
ㄠ	au	au	au	au
ㄡ	ou	ou	ou	ou
ㄢ	an	an	an	an
ㄣ	en	en	en	en
ㄤ	ang	ang	ang	ang
ㄥ	eng	eng	eng	eng
ㄦ	el	el	er	er
ㄧ	i	i	i, yi	yi, -i
ㄨ	u	u	u, wu	wu, -u
ㄩ	iu	yu	iu, yu	yu, yw
ㄧㄚ	ia	ia	ia	ya
ㄧㄛ	io	io	io	yo
ㄧㄝ	ie	ie	ie	ye
ㄧㄞ	iai	iai	iai	yai
ㄧㄠ	iau	iau	iau	yau
ㄧㄡ	iou	iou	iou	you
ㄧㄢ	ian	ian	ian	yan
ㄧㄣ	in	in	in	yin, -in
ㄧㄤ	iang	iang	iang	yang
ㄧㄥ	ing	ing	ing	ying, -ing
ㄨㄚ	ua	ua	ua	wa
ㄨㄛ	uo	uo	uo	wo

漢語 拼音	威妥 瑪式	郵政制	通用 拼音	國際 音標
e	ê	ê（eh）	e	ɤ
e	eh	eh	ê	e
ai	ai	ai	ai	ai
ei	ei	ei	ei	ei
ao	ao	ao	ao	au
ou	ou	ow	ou	ou
an	an	an	an	an
en	ên	ên	en	ən
ang	ang	ang	ang	aŋ
eng	êng	êng	eng	əŋ
er	êrh	êrh	er	ɚ
i	i	i, yi	i	i
u	wu, -u	wu	u	u
yu, -u, -ü	yü, -ü	yu	yu	y
ia	ya, -ia	ya	ia	ia
				io
ie	yeh, -ieh, yai, iai	yeh	ie	ie
	yai, iai			iai
iao	yao, iao	yao	iao	iau
iou	yu, iu	yu	i（o）u	iou
ian	yen, ian	yen	ian	ian
in	yin, -in	yin	in	in
iang	yang, -iang	yang	iang	iaŋ
ing	ying, -ing	ying	ing	iŋ
ua	wa, -ua	wa	ua	ua
uo	wo, -uo	wo	yo	uo

注音 符號	國語 羅馬字	林語 堂式	注音符號 第二式	耶魯 大學式
ㄨㄞ	uai	uai	uai	wai
ㄨㄟ	uei	uei	uei	wei
ㄨㄢ	uan	uan	uan	wan
ㄨㄣ	uen	un	uen	wen
ㄨㄤ	uang	uang	uang	wang
ㄨㄥ	ueng, -ong	weng, -ung	ueng, -ung	weng, -ung
ㄩㄝ	iue	yue	iue	yew
ㄩㄢ	iuan	yuan	iuan	ywan
ㄩㄣ	iun	yun	iun	yun
ㄩㄥ	iong	yung	iung	yung

漢語 拼音	威妥 瑪式	郵政制	通用 拼音	國際 音標
uai	wai, uai	wai	uai	uai
uei	wei, -ui（-uei）	wei	u（e）i	uei
uan	wan, -uan	wan	uan	uan
uen	wen, -un	wen	un	uen
uang	wang, -uang	wang	uang	uaŋ
ong	wêng, -ung	wêng,	ong	uəŋ,（-uŋ）
ue	yueh, ueh	yueh	yue	ye
uan	yuan, -uan	yuan	yuan	yan
un	yun, -un	yun	yun	yn
iong	yung, -iung	yung	yong	yuŋ

本文於2001年發表於《漢字拼音討論集》，李壬癸編，頁1-7。

口語跟書面語

　　口語文字化以後就成為書面語。並非所有的口語都方便寫成書面語，有的話也許太粗鄙，刪除之後書面語就顯得文雅一些。口語是即時的、瞬間的，而書面語卻可以保留較長的時間，也可以稍加修飾之後才寫成定稿。口語是無窮盡的，而書面語總是較有限。我們所熟悉的漢語跟英語，都有口語跟書面語的的區分。各種臺灣南島語言，因為文字化才沒幾年，口語跟書面語的差別還不明顯。

　　俚語（slang）都屬於口語，年輕人特別愛用，但是來的快，去的也快。除了小說以外，一般人都避免把俚語寫成書面語。例如，我們常會聽到人說：「超」好吃、很「夯」、太「絕」等等，但是在書面語就很少看到，大概作者都會有這種顧慮：這一類俚語恐怕壽命不長，文字上還是避免使用為妙。

　　有的話確實聽起來怪怪地，例如「不錯吃」，可是結構上它卻跟日常用語「不好吃」、「不難吃」是一致的。結構上雖然一致，這個新造的「不錯吃」，一般大眾的接受度卻很低。又如，我們日常說的「把門打開」，卻沒人會說「把門打關」，儘管結構一致，其接受度卻極低。語

言的運用，一般大眾的接受度是必須考慮的重要因素。這是屬於語用學的範疇。

有不同語言或方言的人混居在一起，語言就會相互影響。臺灣人口以閩南人佔絕大多數，因此臺灣國語就含有不少閩南語的成分。臺灣人口頭上常愛說的「比較好、比較簡單、比較好做」等等，顯然是受到閩南話的kha ho, kha kan tan, kha ho tso等等表達方式的影響。臺灣話ho khang也成為臺灣國語的「好康」（唸作hao khang），連電視主播也用了。臺灣國語，尤其口語中就常聽到「有來、有看到、有告訴他」這一類的用語，書面語很少人會這樣寫，顯然大都認為並不太恰當。從中國大陸帶到臺灣來的北方官話跟本地的閩南語接觸時間只不過七十年，還沒有真正融合成為一種全新的語言，可稱之為「臺灣國語」，有別於通行於中國大陸各地的「普通話」。

本文於民國105年4月5日發表於《國語日報》教育版

通用詞的處理原則

　　文字有表音文字跟表意文字這兩種。通行於全世界的絕大多數都是表音文字。漢字常被當作表意文字的代表。其實，即使是漢字，表意文字只占很小的比率，而形聲字本質上可說就是表音文字，占絕大多數。

　　漢語同音字詞很多，單字詞在口語中不易分辨，例如得說：幸福的「幸」，而不是性命的「性」。幸而現代漢語很多都是複合詞，通常不致於造成溝通上的困難。然而，書寫成文字，有時還是會造成困擾。例如，通用詞的問題，如「牽就」還是「遷就」？「殺風景」還是「煞風景」？「走投無路」還是「走頭無路」？從表音文字的觀點而言，這些可說都對，大都不是真正對或錯的問題，而是哪一種寫法比較經濟和合適。

　　筆畫少的當然比筆劃多的經濟。依此一原則，下面各種通用詞的例子，暫把筆畫較少的寫在前面，筆畫較多的寫在後面。請大家一起來檢討這樣的排序是否都合適？

　　有少數例子，筆畫剛好相同。如「流」跟「留」，「恭」跟「躬」等，那就看哪一個詞較恰當。例如「倒

楣」比「倒楣」恰當，因為「倒楣」的「倒」可以有上、去兩讀，代表兩個不同的意思，應該避免，「倒楣」就沒有一字兩讀的問題。可是「大相徑庭」與「大相逕庭」、「恭逢其盛」與「躬逢其盛」、「流芳百世」與「留芳百世」、「直接了當」與「直截了當」，似乎都恰當，不分軒輊。這就得另外想辦法了。一個可行的辦法是要看哪一個詞的使用較廣，語法上較不受限制。「恭」比「躬」使用廣，「直接」比「直截」通用。查《新編國語日報辭典》，「流」字有73個複合詞，而「留」字卻只有38個複合詞，顯然「流」比「留」使用廣得多。

　　此外，有一些是錯誤的構詞，例如「一昧」、「不醒人事」，本來就應該排除。有少數例子不是真正的同音詞，語意也略有不同，如「筋」（jin）與「精」（jing）韻尾不同，「接」與「捷」聲調不同，必要時不妨並存。

　　綜合以上的討論，筆畫經濟是選擇通用詞的基本原則。筆畫相同的同義同音詞，可以使用較廣或者語法的特點作為選擇通用詞的輔助原則。

　　不過話要說回來，語言具有創造性，雖然可以規範，但不能加以限制。一字之差，有時會有不同的語意內涵或修辭上的效果。例如「恭逢其盛」與「躬逢其盛」，前者指恭敬的態度，而後者指親臨現場，所強調的重點並不同，似可並存。報章雜誌等大眾媒體，常會玩文字遊戲，

藉以引起聽眾的特別注意。這是語言文字活力的一種展
現，似乎不宜加以限制。

本文於民國105年5月24日發表於《國語日報》教育版

國內人文與社會科學研究的困境

　　本文從國際化、外語能力、跨領域研究、經費、研究論文、人才斷層等幾個面向，來討論國內人文與社會科學研究所面臨的困境。要如何正面迎接這些挑戰，才能走出康莊大道，這是國內從事這方面工作的人值得認真思考的議題。國內從事人文或社會科學研究，國際性不足是一個很常見的通病。論文若只以中文發表，讀者就只限於會看中文的人，對於學術界的影響力當然也就受限了。若說中國人口有十幾億，懂中文就算是國際，那麼印度也有十幾億人，懂一種印度語，也就是國際化了嗎？若不能在國際學術界跟別人評比，就還沒有國際化。

　　至少要通曉一種國際通行的語文，從事人文與社會科學研究才不會受限制。或許有人會說：我研究的是中國歷史、經學、文學，何需外文？乍聽似乎有理。不過請想想：瑞典漢學家高本漢他也研究中國經學，國人研究經學的又有幾個人能夠超越他的研究成績？只要你年紀還不太大，要弄通一種國際語文絕非難事。試想已故的曹永和院

士，他並沒有念過大學，但他靠自學就能通曉幾種外國語文，他研究臺灣早期的歷史，才大放異彩。

眼界不夠寬廣也是一個問題。若只看中文的研究資料，無從得知該領域國際學術界的研究進展，就難以達到最前沿的研究境界了。能夠看懂多種語文的人，如英、日、德、法、俄，幾乎隨手拈來都是相關的研究資料。這種能夠通曉多種語文的研究人才，實在並不多見，就我所知，國內就只有已故的龔煌城院士一人。多數人大概只能通曉一、二種外國語文，至少比只懂中文的人，從事學術研究就要方便得多、有利得多。

另一常見的現象就是只關心自己研究的領域，而對別的學科都沒有興趣，也不想去了解，這是很可惜的。殊不知學術是相通的，每一個學門都常跟別的學門有關聯。就以語言學這個學門而言，跟它有關聯的包括人類學、考古學、歷史學、社會學、心理學、腦神經學等等，視其研究專業而定。對自己的專業領域固然要深入去探討，若能對相關聯的學科也有一些了解和掌握，對自己專業的研究工作也會有助益。

跨領域研究是當代國際學術研究的一個共同趨勢。單一學科無法解決的問題，跨學科就常能提供重要線索以至解決問題。目前中央研究院有幾個研究所就是跨學科的研究，包括生物醫學科學研究所、生物化學研究所、分子生物研究所、原子與分子科學研究所、天文及天文物理研究所、中國文哲研究所。中央研究院於1928年成立時，最早

設立的歷史語言研究所就是跨領域的研究所。後來因為語言學研究越來越專業，跟研究歷史、考古、文字的人也就越難溝通了，才導致後來分道揚鑣。究其原因，就是同所的人沒能認真去了解跟他相關的研究領域。不過這也難怪他們，語言學要有它很專業的訓練，學歷史、考古、文字的人並沒有這種專業訓練的背景，確是難以理解的。

　　偏重理工與生命科學，而忽視人文與社會科學，這是一般人所得的印象。就以經費的分配而言，這種印象似乎並沒有什麼偏差。現在科技部主要分為生命、工程、人文、自然四大領域，外加科學教育及國際合作司，共有五個學術司。以105年為例，經費的分配：生命、工程、自然的經費大約都是人文的兩倍。中央研究院含有三大領域：數理、生命、人社，有一年的經費預算大約是：數理是人社的兩倍，生命是人社的三倍。數理有十一個研究所或中心，生命有八個，人社有十二個，這三大領域的研究人員人數大致上也相近。誠然人社研究並不像生命或數理研究那樣需要很先進和昂貴的儀器，只要有足夠的資源（含圖書）就可以展開各種研究工作了。學門的不同，經費的需求會有很大的差距。例如，天文所的研究一定要國際合作，得在國外跟人合作建造極昂貴的天文臺，才能執行必要的研究工作。據了解，理工跟生命科學研究經費的分配遠多於人社，不僅在臺灣如此，歐美各國也是如此。只要有足夠的研究資源，能夠做出國際一流的研究成果來，那才是最重要的。

　　當代理工與生命科學研究日新月異，可能認爲凡超過五年的著作就已經過時，或許沒有多大學術價值了。人文與社會科學是否也是如此？撰寫一本有份量的專書常須費時三年至五年。眞正有學術價值的專書，絕不是短短五年就過時了，可以幾十年甚至百年還屹立不倒。理工與生命科學界最重視的是一流國際期刊論文，而人文與社會科學則更重視眞正有份量、有學術價值的專書論著。

　　李羅權院士在國科會當主委時，他開始推動學術攻頂研究計畫，以較長的五年甚至十年的期間執行國際級的研究計畫，每件計畫以五年期計者其經費額度可達一億元。每年能通過審查的研究計畫不超過五件，目前幾乎都是理工與生命科學所提出的，人文社會領域因各種原因較不易出線。後來人文處也因而增添了一些更合適的人文行遠計畫、旗艦計畫等。那是體認到人文與社會科學研究跟理工與生命科學研究本質上的基本差異，可以說是很正確的政策調整。人才的斷層是人文與社會科學所面臨最爲嚴重的問題。有不少研究領域好不容易才開展出來，卻常後繼無人，老一輩的一旦退休，他們的研究領域也就束之高閣，再也無人問津。李方桂院士晚年就曾感嘆：他所開創和他一生用功最勤的傣語比較研究工作，在臺灣竟然找不到可以繼續做下去的人。龔煌城院士所開創的漢藏語比較研究工作，在他去世之後也就停擺了。本人跟土田滋所開創的臺灣南島語言全方位調查研究以及比較研究工作，我們都已年過八十，　恐怕也會遭遇同樣的命運。人文與社會科

學研究，尤其近幾年來常苦於找不到好的人才來做。人才斷層遠比經費問題嚴重，亟需及時積極補救。

本文於2017年發表於《人文與社會科學簡訊》18.2

發展、困境與挑戰
—— 臺灣語言學研究

一、前言——語言學發展的困境

　　人文社會科學研究最大的挑戰就是國際化問題，是要能在重要的國際期刊上發表具有新創獲的論文。臺灣語言學研究發展的一個困境就是很多人只以中文發表在臺灣或中國大陸的語言學期刊，國際能見度顯然不足。許多具中文系背景的語言學者常有這一方面的問題，梅廣、蔡維天、林宗宏等人卻是難得的少數例外。其實有些以中文發表的論文，其內容似乎頗有創獲，若能請人翻譯成英文，是有可能在國際期刊上發表的。但是極少人嘗試做這種努力，殊屬可惜。建議國科會應該有機制並且提供經費鼓勵作者去做這種事。

　　臺灣從事語言研究的人常缺少專業語言學訓練。沒有充分的語言學專業知識，如何做好語言研究？這是目前臺灣語言學界一個相當普遍的困境。

　　國內人文社會科學研究能在國際學術界占有一席之地

的學術領域似乎並不多。大致上說來，臺灣語言學界的表現還算不錯，能夠在重要的國際期刊上發表具有創新論文的並不乏其人。研究漢語的人仍然占絕大多數，競爭也很激烈，想要出人頭地確實較困難。研究南島語的雖然只是少數人，但他們常能以英文發表在知名的國際期刊，如Oceanic Linguistics，臺灣南島語言學學者的國際能見度還算相當不錯。研究漢語的歷史悠久，做漢語研究的人數很多，要創新較不容易。臺灣南島語言只有少數人在做調查研究，語言種數較多，彼此之間的差異又很大（Li, 2008），容易有新的發現，新的語言現象幾乎是「俯拾皆是」。可惜國內的語言工作者大都只想做自己熟悉的語言，而怕陌生語言，不願意去做新的嘗試。這是臺灣語言學發展的另一個困境。

臺灣語言學界明顯的可以分為兩個陣營：以理論為導向（theoretical-oriented）和以實際語言資料為導向（data-oriented），兩者似乎互不相容，且忽視另一陣容的意見。其實他們息息相關，相輔相成，若能把他們好好整合起來，一定可以大大提升語言學的研究品質。自然科學和生命科學也有類似的問題，近年來他們的整合已有若干成效。語言學界尚有待努力，其他人文社會科學各種學術研究領域恐怕也有待整合的問題。

目前國內人才斷層也是一個困境。少子化現象嚴重，各級學校招生人數逐年遞減，只好被迫縮小規模。語言學就業市場並不看好，研究生修博士學位的意願也就愈

來愈低。殊不知語言學就是解決重要學術問題的關鍵。正如國際公認現代最偉大的哲學家Wittgenstein 所說的："The sole remaining task for philosophy is the analysis of language."（哲學餘下的唯一工作就是語言的分析）人類的思想、創作、發明全部都要靠語言才能運作。

二、語言研究的出路和挑戰

學術要有新進展，得要靠這幾方面：一、新材料；二、新工具；三、新理論。創新理論，談何容易！利用電腦軟體做研究，這是當代學界都在使用的新工具。我們能夠有所表現的大概就是取得新材料，發掘新的語言現象。國內語言學界可以在這一方面多下功夫。

黃正德（Huang, 1981）在疑問詞方面曾提出創新的見解：有的語言疑問詞沒有移位，如漢語，而有些語言卻移位，如英語。以這種觀點去觀察臺灣南島語言，就發現不少有趣的語言現象，是多年來研究相關課題沒見到的（請參見蔡維天，1997）。

近幾十年來，由於媒體極發達再加上過去語言政策上的嚴重偏差，人口偏少的漢語方言和少數民族語言都面臨消失的危機。臺灣閩南語和客語也都有消失的危機，客語人口少，其危機較嚴重一些。最嚴重的就是臺灣南島語言，尤其是人口只有數百人的邵語、拉阿魯哇語、卡那卡那富語，這三種語言如今還會講流利族語的人已不到十

位，且都年事已高。恐怕不出幾年它們大都會完全消失，如何及時搶救和做最有效的紀錄，這是當前我們所面臨最大的挑戰。每一種語言都是無窮盡的，我們永遠不可能做到完整的紀錄。臺灣南島語言學者都在跟時間賽跑，時機稍縱即逝。

最好是挑選較少人做過的研究課題，避免炒冷飯。若能挑選較少人走的路，容易有新的發現，做出別人所做不到的研究成果來。目前國內語言學工作者能夠嘗試這樣做的似乎並不多。

三、我國語言學的重要發展[1]

中國大陸於1930年代才開始做有系統的語言調查研究，臺灣卻早在1900年左右就開始了。日本學者小川尚義先做閩南語和客語，接著做各種臺灣南島語言和方言，由他一手奠定了臺灣語言學的基礎，他是臺灣語言學的拓荒者。他培養年輕一代的淺井惠倫跟他合作並繼續做下去。二次大戰後，臺灣的南島語言調查研究工作，才由我國學者李方桂、董同龢銜接下去，並更進一步推展。1970年以後才由李壬癸持續發展至今。

1950年代，在臺灣只有董同龢在臺大中文系、林瑜鏗在臺師大英語系講授普通語言學。如今語言學已經成為獨

1　第三節前半部分內容請參見李壬癸（2012）。

立的學科，清華大學率先於1986年設立語言學研究所，接著政治大學（1993）、臺灣大學（1994）、中正大學（1995）也先後設立，培育語言學研究人才，包括調查研究各種臺灣南島語言和主要方言。

在人文社會科學各種研究領域，我國學者在國際學術界中，能占有一席之地的，語言學便是其中之一。尤其臺灣南島語言學更累積了眾人多年的研究成果，成績很突出。日治時期小川尚義在1930年代所發表的一系列論文和他們（小川尚義、淺井惠倫，1935: 6-7）的專書中，證明了臺灣南島語言保存最多古南島語的特徵。1970年代以後，有關臺灣南島語言的研究更為多樣化，尤其近幾十年來充分證明了在整個南島語族中臺灣南島語言的歧異性最大（Li, 2008），顯示他們定居在臺灣的時間最長久，因此臺灣最有可能是南島語族的發源地。時至今日，臺灣南島語言學已從冷門變成了顯學，臺灣南島語言也成為學術的寶庫，這是半個世紀之前不可思議的事。

最近又有新的發展，令人欣慰：日本學者小川、淺井、土田的臺灣南島語言調查資料都可望於近期內捐贈給我國國家圖書館。日本語言學者小川尚義是第一位調查研究臺灣南島語言的人，第二位是淺井惠倫。這兩人的調查研究資料（共約四百件）大都保存在日本東京外國語大學亞非語言文化研究所（簡稱AA研）。第三位是土田滋，於2019年把他所有的臺灣南島語言調查研究資料（約一百多件田野筆

記和部分稿件、數十卷錄音帶、詞彙卡片等）[2] 也都捐贈給同一機構 AA 研。該機構已經完成掃描工作，並將上網提供查詢。

我去年（2022年）11 月4-17日到東京外國語大學查閱和整理土田滋的資料。據瞭解，該機構有意轉讓那一批資料，臺灣國家圖書館也將樂意接受。土田滋本人也已同意他的資料在臺灣會更有用處。若一切順利，我國國家圖書館有關臺灣南島語言調查研究資料的收藏將更趨完整，包括小川尚義、淺井惠倫、土田滋、李壬癸[3] 四人所有的相關資料。

土田滋有各種臺灣南島語言及其主要方言的錄音檔，包括詞彙、文本、歌謠，極為珍貴。李壬癸的錄音資料只有部分文本和歌謠，沒有詞彙。因此，土田滋的錄音資料比我的更完整。他的田野筆記具有很多優點，精確可靠，確實可以彌補我的不足。何況他比我早八年就開始調查研究臺灣南島語言了。

除此以外，我跟該機構相關人士洽談，如果一切順利，小川和淺井的資料也可望全部轉讓給國圖收藏。國圖將擁有有史以來全世界最完整的臺灣南島語言調查研究資料了，值得慶幸！

小川、淺井、土田、李壬癸都是曾經調查研究各種臺灣南島語言及其主要方言，並且做過全面性的調查研究工

---

2 細目請詳見 Li（2023）。
3 我已決定將個人的研究資料全部捐贈給國家圖書館，並分批移交；請參見李壬癸（2022）。

作。這一百多年來臺灣南島語言調查研究歷史資料幾乎全部集中在此，深具學術特色。

預定於2023年底前在歐美著名出版社Brill推出的 *Handbook of Formosan Languages*（Li, Paul et al. ed.）含六十篇精選的論文，涵蓋面最全面、也最有深度，將是一個學術里程碑。

四、結語

臺灣語言學研究發展的一個困境就是國際能見度顯然不足，必須努力提高國際能見度，要多以英文發表在國際期刊上。英文寫作能力不足的人，可以請人協助翻譯成英文在國際期刊上發表。建議國科會應該要有機制並且提供經費鼓勵作者去做這種事。

弱勢語言面臨消失的危機是全世界普遍的現象，臺灣南島語言瀕危的程度尤其嚴重，得要特別努力去設法搶救，儘量多蒐集這些語言材料，還要跟時間賽跑。這是目前我們一大挑戰。

一般學者都愛做熱門的研究，應該多嘗試較少人做的研究課題，才可望有更多創新的發現。要有冒險一試的精神，不要怕困難，才會有更佳的學術成果。不同理論導向的整合也是有必要積極進行的工作，同行之間彼此要多溝通、多協調、多合作，成果會優於單打獨鬥。

國內高級人才斷層是目前急需設法解決的問題。執政

者必須積極面對，提出有效的解決措施並認眞去執行，千
萬不可以等閒視之。

參考文獻

小川尚義、淺井惠倫. 1935.《原語による台灣高砂族傳說集》，臺北市：
　　臺北帝國大學言語學研究室。

李壬癸. 2012.〈百年來的語言學〉，《台灣語文研究》7卷1期，頁1-36。

── 2022.〈捐贈我收藏的台灣南島語言研究資料〉，《漢學研究通訊》41卷
　　4期，頁38-40。

蔡維天. 1997.〈台灣南島語疑問詞的無定用法──噶瑪蘭語、鄒語及賽德克
　　語的比較研究〉，《清華學報》新27卷4期，頁381-422。

Huang, Cheng-Teh James 黃正德. 1981. Move *wh* in a language without *wh*-movement. *The Linguistic Review*, 1: 369-416.

Li, Paul Jen-kuei 李壬癸. 2008. The great diversity of Formosan languages. *Language and Linguistics*, 9（3）: 523-546.

── 2023. Tsuchida's materials on Formosan languages. *Taiwan Historical Research*, 30（1）（in press）.

Li, Paul Jen-kuei, Elizabeth Zeitoun, & Rik De Busser, editors. 2023. *Handbook of Formosan Languages: The Indigenous Languages of Taiwan*. Leiden and Boston: Brill（in press）.

　　本文於2023年發表於《人文與社會科學簡訊》第24卷
　　第2期，頁71-75。

島嶼奇遇

輯六

南太平洋的奇遇
—— 回憶新赫布里斯群島

　　南太平洋新赫布里斯（New Hebrides，今改稱Vanuatu）群島的總理卡爾沙考，偕同工商觀光部長馬樂利、資源部長拉武迪亞及內閣秘書長巴勞士，於九月五日抵達我國訪問八天，也勾引起我許多美好的回憶，因為十年前（1968），我曾經到那風光迷人的新赫布里斯群島調查當地的原住民語言，在那裏度過了多采多姿的兩個月，至今仍然回味無窮。十多年來，想該島必然又有了一番新面貌，畢竟時代是在不斷進步的啊！

　　新赫布里斯群島位於西南太平洋，在澳洲與斐濟島之間（大約在澳洲以東一千英里，在斐濟以西六百英里），面積一萬四千餘平方公里，人口數約十萬人。島上的居民絕大多數是當地的原住民族—新赫布里斯人，只有少數的歐洲人、亞洲人（華人與越南人）、其他太平洋島嶼的人以及一些混血兒。這個地區由英國與法國共同管理，也是世界上唯一由兩國政府共管（Condominium）的地方。他們將於兩年後獨立，屆時擺脫兩個歐洲國家的統治。

　　新赫布里斯群島包括13個大島與60多個小島。島嶼由珊瑚礁層及火山岩所組成，其中三個島仍有活火山，時常噴出瑰麗壯觀的火焰來。

　　我從夏威夷飛經斐濟群島，再轉往新赫布里斯群島。旅行於異域，除了語言的障礙外，幣制的不同更增加不少的麻煩。在斐濟用的是英鎊、先令、便士等並不是十進法，而且幣值又有很多種，如一便士、三便士、六便士等等。初次使用總得在手中把玩很久，熟識之後才能辨認。腦子裡還得想想折合美金或台幣多少，否則買東西上了「當」怎麼可以呢？到了新赫布里斯群島，更是麻煩，同時使用三種不同的幣制：法國的法郎、澳幣，以及紐西蘭幣。在同一條小街上進入幾家店舖，三種幣制都會使用到。

　　語言的情形比幣制還更複雜。在小城裡所使用的官方語言是法語跟英語，但當地的島民卻有一百多種不同的南島語言，甚至連鄰近的村子都可能彼此不相溝通。還好他們有一種通用的語言：洋涇濱英語，基本上是美拉尼西亞（Melanesia）區語言的結構，套上簡單的英語單字。

　　新赫布里斯群島的原住民族還是十足的原始社會。住的是小小的茅草房子，室內很簡陋，沒什麼陳設，在戶外燒飯吃。許多部落都住在沿海一帶，但也有許多部落住在蠻荒濃密的叢林中，很少跟外界接觸。幾千年來，他們的生活都沒有什麼改變。最不開化的一個島叫做馬列古拉（Malekula），島上的叢林人用人骨製造毒箭。幾年前聽說

他們還會吃人。不過，我所接觸到的島民大都很友善。我走到他們的村子去，他們都很親善地跟我打招呼。他們看我帶著照相機，就圍著要我給他們照相，拉手拍肩，哈哈大笑，一點也不像要「吃」我的樣子！

靠東邊的一個島叫做潘地寇斯（Pentecost），島上有一種習俗，用木頭架起一個一百呎的高塔。每一個成年的男人都要從塔頂跳下來。為什麼摔不死呢？因為兩腳上各繫著一條長達百呎的籐條，有彈力。從高空上跳下來最多只會摔暈，卻摔不傷。看得我心驚肉跳，問他們為什麼要做這種傻事？他們說這種習俗代代相傳，一個男人一生至少得跳一次才算成年，才算「長大」。男人在那兒跳高塔，女人卻上身赤裸地在塔前跳舞。台灣原住民（如鄒族），男人得單獨與野豬肉搏並把牠打死，才有資格討老婆。這兩種習俗實在有異曲同工之妙。

新赫布里斯南部一個島叫做塔那（Tanna），仍有活火山。當地的男人喜歡喝一種汁，叫做「卡瓦」，是由一種植物製成的。先在口中嚼碎吐出來，再絞出汁來。略呈乳白色。積一大瓢後即仰起頭來喝。看起來髒得很，他們也不忌諱是別人嘴裏嚼過的，而我看了覺得噁心，不敢嚐試。據說，那比酒還能醉人。這種飲料盛行於南、北太平洋各島嶼民族。

那一帶的婦女出門帶小孩的方式很特別，是用帶子繫於腋下（右或左），不像台灣背於背後或抱在胸前。風俗習慣與我們不同，看起來好奇怪。

南島民族的歌舞有其特色，是舉世聞名的。各地方島嶼的土風舞都富有地方色彩，如大溪地、東加、薩摩亞……。凡是去過夏威夷的「波里尼西亞文化中心」的人都欣賞過他們的歌舞（前些時台視「大銀幕」介紹了一部分）。許多人都知道夏威夷的呼拉舞者穿著草裙，配合著優美的旋律，舞姿美妙好看。在斐濟島上一個夜總會，我曾看了一個晚上的舞，許多青年男女都跳著時髦的「阿哥哥」或「靈魂舞」，依照音樂的節奏誰愛怎麼扭就怎麼扭。有一個骨瘦如柴的印度人做出很多可笑的姿態。在新赫布里斯看到他們醉酒狂歡，一對一對的男女跳，倒沒啥稀奇，有的卻是女的跟女的跳，男的跟男的成對跳，看起來很彆扭。還有的沒舞伴自己一個人也跟著亂跳，實在好笑。

七月上旬是他們的節日，有兩三天的慶祝活動，爆竹連天，日夜人聲鼎沸。我住在法國人開的港口旅館裏，7月13日的夜裡，聽見他們鬧得通宵達旦，喝酒、唱歌、跳舞，鬧個不停。清早我走到碼頭以及他們聚會的場所一看，遍地都是空啤酒瓶子，破瓶子碎片，港內水中漂浮著密密麻麻的啤酒瓶子。只見一大群原住民還在那兒搖頭晃腦，人手一瓶，又唱又叫，醉眼惺忪，走路踉踉蹌蹌。他們的人生觀是「今朝有酒今朝醉，明日愁來明日憂」。他們手中有錢就花在酒上面，因為他們有的是肥沃的土地，可以生產芋頭、番薯、椰子，海裏可以捕魚，儘夠他們吃的。沒有錢照樣可以生活。有錢就花掉，沒有儲蓄的習慣。他們認為鈔票是白種人帶來的玩意兒，故不甚愛惜。

住的是簡陋的茅草小房子，破破爛爛，人卻都很樂觀。

晚上在微拉港邊（Port Vila）看法國人放焰火，從海上的船上放，五光十色，煞是奇觀，喝采之聲不絕於耳。

15日清晨四點多鐘我就被吵醒。我披上厚衣，走到他們已經鬧了兩天兩夜的會場，兩隊少年彈著吉他高唱新赫布里斯的歌曲，一對對的青年男女跳著簡單的但很有節奏的舞步。我急步回旅館拿我的錄音機去現場錄音。起初我有點擔心他們會不高興。而他們發現我正在錄他們的歌曲，唱得更賣力、更起勁，並且騰出位子來給我。

四面八方鞭炮聲不停地響。錄完了一隻曲子，我回頭放一遍聽聽看，效果還不錯。他們聽了更高興。以後一個曲子接一個地錄了一個多小時。要離開時天已大亮，會場的人也漸漸走散了。一群人圍上來說要為我唱歌錄音，他們已喝醉了。我不便拂逆他們的好意，只好再接著錄音。這個當兒來了一個醉漢，手裏拿著空酒瓶子破口大罵，要砸碎我的錄音機，我趕緊護著我的第二生命—錄音機。天下有兩種人最難對付：一、瘋子，二、酒鬼，我碰到其中一種，只好自認霉氣。幸好其他的人都未真醉，為我抱不平，半勸半罵地把他拉開了。雖然有這一段不愉快的「小插曲」，我卻慶幸著豐收而歸。然而，一波未平，一波又起。我收拾好了正要走開時，剛才那一群勸架的人卻又纏上了我要錢，說錄他們的歌就得給錢。我明知他們半醉的人瞎鬧，邊應付邊走，一群人也一直跟著我鬧到旅館門口才一哄而散。

　　上午十時開始進行各種比賽節目。第一個節目是獨木舟賽，上裝有帆布，每人駕一隻，乘風航行於海上。第二個節目是水中趕鴨子。哨聲一響，幾個人躍向水中去捉。鴨子游得比人快，好不容易逮住。第三個節目是水中捉活豬。我沒想到豬也會游水！其實豬並不會游，只不過藉著肥胖的身體有如救生圈，可以漂浮在水中，不會沉下去罷了。第四個節目是水上拔河比賽，原住民族與法國人兩隊比賽。各隊駕著一隻船，用力一拔，很多人就翻身落水。

　　第二天，我們幾個同伴走進熱帶叢林去探險。高大的樹木遮蔽天日，矮叢野草，到處遍佈，我們沿著一條荒蕪小徑走了一個小時，既看不到太陽，又絕無人煙。走到後來，岔道愈來愈多。怕迷路，休息了一會兒折返。那裏是鳥兒的世界。啾啾啁啁，入耳動聽。別小看那一個島，要是一直走下去，也許一天也走不出那濃密的森林。我們回到旅館時，肚子已經餓得咕咕叫，兩腿也發軟了，吃午飯時胃口奇佳。

　　休息過後，下午坐車子到海港入口處的兩個頂端，在燈塔下遙望著汪洋的大海，望著太平洋的彼岸，想著台灣，想著故鄉的一切。岩石上坐著一位妙齡的女郎在那裏默默地遐想。我們悄悄地走開了，她似乎仍未發覺有人來過似的。沿砂灘的海岸，長了很多帶刺的植物，那是在台灣也有的「林投」。

　　新赫布里斯群島的首都是微拉（Vila）。向東五十哩處便是佛拉利（Forari），那裡是產錳礦的中心。週日在當地

開雜貨店的一位廣東青年開車載我去參觀，漫山遍野都是錳礦。提煉中心也頗具規模。有運輸系統把成品直接輸送到靠在碼頭的船上，時間與人力都經濟極了。那是法國人開創的礦業。當地的原住民酋長不知地下有寶藏，以為是廢地，故以極低賤的價格賣給法國人。法國人在發大財，原住民卻惟以飲酒為最大樂事！

　　除了陸地上可以探險獵奇外，坐船出海又可以得到完全不同的經驗，當地人盛行的一種交通工具是獨木舟，叫作outrigger canoe。這種船相當輕快靈活，舷外有一條平行的浮材藉以防止翻船。頭幾次划船技術還不熟練，我只在離海岸一哩內划，準備萬一翻船還可以游上岸來。後來膽子大了，一個人划著獨木舟到數哩外的一個小島（Fila）上去玩。划船時可以看到自由自在的游魚、海星、珊瑚等。從海上看島上的風景，畫面自然又是不同。

　　在斐濟群島時，我坐大一點的汽船出海觀賞海上公園。坐在船上看沿岸的海光島色，看大海的碧藍，海浪打來，水花濺溼了衣服，絲毫也不會感到厭倦。那是一種特製的船，船底有一大塊是用透明的玻璃做的，因此海底的珊瑚，各色各樣的魚都玲瓏滿目，儘看也不覺得脖子酸。

　　夜晚又是一種景象。我住在微拉海港時，當大海平靜得像一面鏡子，天上徘徊著明月，向南方望去，離地平線約四十度便看到有名的「十字星」（cross stars）。這個星群只有四顆星星，成十字形排列，在南半球才看得到，在台灣是看不到的。據說在夏威夷早晨二、三點也可以看到，

剛好在地平線上。越往南極走，十字星的位置也越高。我住在新赫布里斯的那段時間，只要天空不被濃雲遮住，每天晚上都可以看到。而且，它們的位置與形狀也隨時間而改變，愈晚愈往下沉，直到全部消失不見。

我國漁船到南太平洋海面作業的，新赫布里斯群島是他們重要的根據地之一，常到那裏補給。所以值得我們努力去增進雙方的友誼關係。因此，我們有進一步了解他們的必要。

有不少的華僑在那裏經商，多為廣東人，跟當地人處得都很好，有的做原住民的生意，有的做白種人的生意。我在首都微拉港認識一位開電器行的中年人，從他那裏借看到從台灣寄去的書報。有一位青年開雜貨店，跟原住民都很熟，為人很熱誠。我們一直保持連繫。

新赫布里斯群島的氣候宜人。一年分兩季，從五月到十月是冬季，氣溫是華氏七十多度，而從十月到五月是夏季，華氏八十多度，天然資源豐富，以產椰子乾核為主，凍魚與錳次之，此外還有可可、牛肉等。觀光事業的前途不可限量，因為人口稀少，民風純樸，天然美景極吸引人，許多澳洲觀光客都愛去那邊旅遊，去看那尚未被文明破壞的淨土（unspoiled lands）。

新赫布里斯群島上的原住民族雖然在那裏已住了數千年之久，但直到三百多年前歐洲人才發現他們的存在。公元1606年葡萄牙探險家豈洛斯（Quiros）首先發現那個群島。法國航海家布甘微（Bougainville）於1768年去探訪。六

年後有名的庫克船長繪製了各島的地圖。十九世紀英國與法國的傳教士、貿易商、耕種人在那裏建立他們的勢力。隨後兩國設立聯合海軍部以保護他們的公民。他們共管那個群島。自治政府兩年後（1980年）正式宣佈獨立。

　　南太平洋中的一些小島國（如斐濟、薩摩亞、東加）在國際上雖沒有什麼政治地位，但他們的友誼卻有爭取的價值。中共與蘇俄正在爭取這些小島國的友誼，競爭激烈。據美國駐斐濟大使康頓說：「中共與蘇俄近來對南太平洋發生興趣，可能刺激新的小島國獨立。」南太平洋的群島很多，如新不列顛、新加利福尼亞、所羅門群島……。如果這些地方相繼獨立，他們將來可能造成一種新的勢力，有如今日非洲新獨立的國家一樣，我們不能不注意這個局勢的發展，他們對於我們遠洋漁業將產生深遠的影響。

　　　　本文於1978年9月24-27日發表於《聯合報》萬象版

南太平洋的小島國：斐濟

　　斐濟群島（Fiji）包括大小三百多個島。其中有人居住者只佔三分之一，其餘的島嶼，斐濟人只用來當耕種或捕魚的臨時住所。全部面積是七千平方哩，最大的島叫做Viti Levu，佔全部面積的一半以上。其他較大的島是Vanua Levu、 Taveuni、Ovalau、Kadavu。Viti一詞的意思是「大」。斐濟群島原為英國的殖民地，幾年前（1970年）才獲得獨立，成為南太洋的小島國之一。

　　民國57年6月15日，我們一行四人從夏威夷檀香山國際機場搭乘泛美航空公司波音七○七噴射機飛往斐濟。飛行了六小時，抵達斐濟的南地（Nadi）國際機場時，天上微露曙光。在旅館下榻，吃過早點後，就在附近散步，欣賞野外風景。到處都是甘蔗園。那邊生長的熱帶植物、花草、椰子等等大都跟台灣、琉球、夏威夷等地差不多。五月至十一月是冬季，氣候涼爽；十二月至二月間是夏季，天氣稍熱。一年就只分這兩季。

　　斐濟最有名的節日是跳火。他們跳過燒得燙紅的石頭。那是一種宗教儀式。在碑押島（Beqa）上的居民通常於每年八月間舉行神奇的跳火儀式。台灣在光復初期也有

跳火的祭典儀式，抬著神像跳過一堆燒紅的木炭或冥紙。跳以前先在炭火上灑上一些鹽。近年來台灣似乎已不見有跳火的儀式了。

斐濟有許多種特殊的節日與慶典活動。最盛大的是首都蘇瓦（Suva）的木槿花節，其次是老多加（Lautoka）的蔗糖節，南地的布拉節。其他富有地方特色的各種節慶，不勝枚舉。大部分的節日都在年中七、八、九月舉行。因此，觀光客也大致配合那個時節前往觀賞。

斐濟群島的居民以原住民族斐濟人與印度人佔多數，有少數的華人與日本人。農產品以蔗糖與椰子乾核為主。礦產以金與金屬礦為主。漁業也是他們收入的一大宗。斐濟與日本、澳洲、英國有連環的貿易，關係密切。斐濟所出產的農、漁、金屬品多銷往日本，而他們的工業產品也多由日本輸入。因為可以享受免稅的優待，許多觀光客喜歡到那裏購買電晶體收音機、照相機、錄音機、香水、珠寶、絲綢等。觀光事業是這個南太平洋小島國所極力拓展的「無煙囪的工業」，那裡的觀光客多半來自澳洲。

我在南地所住的那家觀光旅館（Skylodge Hotel）看到一個很有趣的小設備，他們在高壓電變電器處用鐵絲網與水泥柱做了一個圍欄，上面有一個警告牌寫道：「這個圍欄是為了白吃住而不付帳的旅客而設的！」我好奇地問旅館侍者：「那裏真的關過人嗎？」他一笑置之。

早晨我跟派克教授沿著甘蔗園中的小徑，向山的方向行走。他是業餘的鳥類學家，帶著望遠鏡，一路上看鳥。

他沿途為我說明我們路上所看到的各種鳥類的飛行速度、顏色、大小、習性，打開了我的眼界不少。走到後來，太陽高照，晒得派克教授汗流浹背，他把汗衫也脫去了，打赤膊繼續獵奇。

17日上午我們從西岸的南地搭乘國內班機飛往東南岸的蘇瓦首都，只費時四十五分鐘。蘇瓦是觀光名勝，風光明媚，花草樹木的色彩鮮豔，是全斐濟的第一大城。我們下了飛機，叫了一部計程車到旅館去。計程車沿一條河開行，河中有人划著扁舟捕魚。那是別有一番風味，我確實領略到異國的情調。

下午上街買免稅的貨品。我買了錄音機、幻燈機、幻燈片及西裝褲。晚上到夜總會去喝酒，看跳舞。斐濟女郎身材健美，跳得非常起勁，許多日本海員都跑到那邊去醉酒狂歡。

午夜散步走回旅館，沿海濱而行，有高大的棕櫚樹，空氣清新，有沁人心脾之感。

斐濟已婚婦女的穿著打扮跟未婚少女有分別。已婚的都要穿拖地長裙，而未婚的都穿短裙，露出小腿，這種習俗的確有它的優點，給男士方便，不至於追錯了對象。

18日坐船遊蘇瓦海港，去看珊瑚。船底是用玻璃做的，所以海底的珊瑚、各色各樣的魚、海水顏色的變化，都清晰可見。從大島到小島，迎著海風，有時浪花打上來，濺溼了我的衣服。那小島上只住有一戶斐濟人家，專門負責該島之整理與維護。隨船的斐濟人時時潛水，捉上

來很多好看的小魚、石魚、海星等，放在船上魚缸中。到了小島海邊，他鏢到一隻很大的章魚。兩隻小狗跳下海去吃魚，潛水夫帶麵包下海，魚群就圍上來吃，似乎不怕人。

我們上午九點出海，下午三點返回。整個六小時的旅程相當愉快。每人收費二磅15先令，招待點心、午餐，內含一杯酒。

在碼頭閒逛，看貨船卸貨，卻因此無意中看到從台灣來的一條遠洋漁船，掛著國旗。好像他鄉遇故知，遇到親人似的感到非常興奮。

19日飛回南地之後，我獨自一人搭巴士向北到第二大城─勞都加（Lautoka）去玩。沿途很多蔗園。印度人用牛或馬在耕田，路上也有人騎馬，又有糖廠的小火車載運甘蔗，與台灣頗相似。公路沿西海岸由南至北，沿海岸望去，可以看到一縱列的小島群，叫做Yasawa Group。

斐濟群島的風光確實不同凡響。我只能以照相機攝下一些鏡頭，可惜大部分的美景都無法留住。

靠左邊走是英國、日本的習慣，斐濟取英國制，所以車子都靠左邊走。在台灣或美國住慣的人，忽然到那地方會覺得汽車靠左邊走是「錯」了，有時下意識就緊張起來，生怕汽車迎面互撞！

「國際分日線」（International Date Line）剛好通過斐濟群島，把他們分在兩邊。同一時間，如果在線以東是九月九日，那麼線以西就是九月十日了。斐濟人曾開玩笑說：

「如果這條線通過一家店舖，那麼前門逢星期日依規定歇業，而後門卻因非假日仍可照常營業！」事實上，國際分日線到了斐濟群島只需略加調整，把分日線略向右移，這樣一來他們全國就可以使用同一日曆作息了。

本文於1978年12月22-23日發表於《聯合報》萬象版

關島風情畫

　　關島在臺灣東南方向，在日本之南，三處剛好成正三角形，都在西太平洋赤道以北地區。關島是美國最靠西的領土，是它到遠東各地的航空與水路之交通大站，也是它在遠東地區的海空基地。其地位之重要，近年來更為明顯。

　　關島的原住民族叫做查莫洛（Chamorro），跟臺灣的原住民族有血緣的關係，都屬於南島民族。他們的語言跟菲律賓語言較接近。如同許多太平洋島嶼的民族一樣，關島的查莫洛民族有很多傳說。他們在島上定居已有數千年之久。民族溫馴、樂觀、好客，也善於適應局勢的變化。西方人最早到關島的是葡萄牙航海家麥哲倫。他在公元1521年發現關島。從此以後，西班牙人到東方尋財寶的常到此地落腳。那時海盜也常到這個地方來劫掠。公元1565年，西班牙正式宣佈關島為其屬地。一百年後西班牙傳教士去傳教，建立他們的勢力，島上民族的風俗習慣與信仰都受到很深的影響。公元1898年，在美國與西班牙戰爭結束之後，西班牙以二千萬美元的代價割讓關島與菲律賓群島給美國。而二次世界大戰日本偷襲珍珠港之後，關島被日本

佔領了幾年，直到1944年七月才又被美國部隊奪回。1955年關島正式成爲美國領土，島上的民族也成爲美國公民。

　　關島最大的城市是首府亞加那，爲一海港，居民只有二千多人。由於舊城已在美國從日軍奪回時被炮火給全毀了，現在完全是一個新建的現代化小城。所有政府機關、航空站、工商業中心都在這個新市區。較原始以及畫面較美的鄉村都在山區或在環島公路的旁邊。鄉村的生活方式仍然顯露早年西班牙的影響。鄉村的中心便是廣場，有教堂、鄉下小店舖等。鄉村的附近有一些廢墟。關島位於赤道以北八百哩，馬尼拉以東一千五百哩，地形狹長、小山起伏，南北長約三十哩，東西長才只四至八哩，中間有「蠔腰」。環島公路全長約五十哩，低矮的山丘與連綿不絕的高地是關島地形的特色。南南山看上去並不怎麼高，海拔也只不過一千三百呎，但大部分的山都在深海中，馬利安那溝渠深達三萬七千八百呎，是已知全世界最深的海洋。因此，論其全部高度，雖埃弗勒斯峰也望塵莫及。

　　凡是到關島旅遊的都不要錯過租車環島旅行。沿途可以看鄉村野外之美，也有十多處名勝，值得瀏覽，包括：海港（美國海軍基地）、二次大戰美軍登陸的海灘、南南山、古西班牙橋、尤特麥克海灣（即麥哲倫登陸處）、一對戀人點、珊瑚岩石公園等等。其中，古西班牙橋是二百年前動員囚犯所造的石橋，經過多年之地震、颱風、戰亂，如今河流已不存在，橋仍在陸地上，保存爲古蹟之一。

　　四百多年前，麥哲倫帶著一群人離開Cape Horn已有

98天，幾乎饑渴而死，在尤特麥克海灣上岸，當地原住民上船去偷他們的東西，今有麥哲倫紀念碑。

「一對戀人點」，傳言有一對戀人常幽會於此，因其婚事遭父母反對，乃雙雙跳海自殺，海水在某些季節會變紅。曾有一個小女孩在此處失足墜落海中，竟未受傷，豈非奇蹟？

在亞加那的珊瑚岩石公園，有狀如石柱者，傳說是他們祖先精魂所造。那些精靈住在榕樹中，他們閃爍的燈光有時顯現在暗礁水面上。全島已發現珊瑚岩石的約有二百處，有許多埋沒在濃密的叢林中。這些珊瑚岩石是關島的一大特色，其起源仍然不明，是考古學家最感興趣之物。

關島屬於熱帶氣候，吹著涼爽的海風。一年的氣溫最低華氏七十度，最高不超過八十九度。全年的雨季從六月到九月。每年夏季常遭颱風侵襲。1962年的一次大颱風，原住民的房屋全毀，據說百分之九十的原住民因而死亡或失蹤。

二次世界大戰末期，美日兩軍在關島大決戰。1944年七月，日軍眼看大勢已去，據說有二萬人退到絕崖，大喊「天皇萬歲！」然後集體跳海自殺。崖下深海中有大群鯊魚全部把他們果腹了，戰死者更不止幾倍。有少數日軍逃到叢林中躲藏了二十多年。十多年前曾發現二名披髮消瘦的日軍，後來遣送日本。其中一位在日本成家，又一度訪問關島，已經紅光滿面，西裝筆挺了，並計畫把二十年如何生存的經歷寫成書。戰爭的破壞力是夠大夠慘的，關島

農作物全毀，三十年來可以說沒有什麼生產。美國政府推
行救濟政策，每個椰子以五角美金計算，每棵椰子樹以結
十個椰子為準，再計算一片椰子林共有多少棵樹可以生產
多少個椰子，就發給多少補償費，行之有年。

　　關島的觀光事業還不發達，旅館雖夠舒適，但數量不
多。觀光客飛經關島停留一、二天的住宿沒有問題。如果
是旅行團，事先要做安排。首府有好餐館，可以吃西餐、
東方餐點、原住民食物等。觀光客可以買到免稅的貨品，
如日製的照相機、手錶、望遠鏡、瓷器、絲織品，及香港
的衣料、鞋、珠寶、衣飾等。當地除了旅遊欣賞風景外，
沒有什麼特別娛樂。偶爾有些觀光客會被帶進去看鬥雞、
賽牛的玩意兒。

　　　　　　　本文於1979年8月31日發表於《中央日報》

東加羅林群島歷險記

　　1969年暑假期間，我應美國和平工作團（Peace Corps）之聘，到麥克羅尼西亞（Micronesia）地區的東加羅林群島（Eastern Caroline Islands）去訓練義工（volunteers）學習島上的語言，這些義工招募自美國公民。我的任務是去編寫語言教材，對他們進行十周的訓練，以便他們在島上為民服務。

　　6月21日，我從檀香山搭飛機，途經關島再飛抵東加羅林群島之一的Truk（今稱Chuuk）群島。我的目的地是Ponape（今稱Pohnpei）島。可是從Truk島到Ponape島，那時只有水上小飛機，每次載客只有15人。我等了好多天都搭不上，心裡很是焦急，卻無計可施。輪船不定期，也無法如期趕到。後來我提前好幾小時到機場去候機，才終於搭上。

　　麥克羅尼西亞地區在第一次世界大戰前屬於德國勢力範圍，一次大戰結束，才由日本接管。二次大戰後成為美國託管區（Trust Territories）。日本的影響很深，當地人認為日本人認真經營地方，有不少公共建設。我造訪時，有不少當地人還會說日語。有一次我跟發音人走在路上，唱著日本童謠「桃太郎」，當地人也跟著我們一起唱，大家都

很開心。

　　Truk群島曾經是日本太平洋地區海陸空最大的根據地，地勢險要。美軍反攻，日軍被封鎖了兩年，最後兩天海空大決戰，美軍軍機性能較優越，日本軍機六百架全部被擊落，戰艦也全部被擊沉。直到1969年那時海港中仍然留有日本海軍廢船，看起來全都是鐵鏽了。在那之前，日軍統帥山本五十六曾駐紮在Truk指揮部，有次他從該地區前往南太平洋地區去視察日軍的防衛狀況，事前消息被美軍截獲，途中就被美軍戰機擊落了，因而喪生。數十年之後，我在日本東京都府中區的多磨墳場看到山本五十六佔地很大的墳墓。

　　日軍偷襲夏威夷珍珠港很成功，由山本五十六一手策劃，因此羅斯福總統欲去之而後快。後來山本又策劃偷襲中途島，卻慘敗了，從此局勢逆轉。日本戰敗，怕走漏消息，因而禁止那些軍人跟家人通信，唯獨山本仍然照常通信！

　　我搭水上小飛機從Truk島飛到Ponape島上去，那邊的機場只有停機坪，沒有跑道，利用海面作爲跑道，其聲勢很驚人。

　　Ponape群島的首府是Kolonia，在島的北端，只有一條主街，住戶並不多，全島人口兩萬多。島上有高山，全島的交通主要靠汽船，海岸附近有珊瑚礁，汽船在珊瑚礁內（稱之爲lagoon）航行，沿途風光明媚。我從Kolonia搭汽船到島的南端，地名叫做Wene，那裡是美國和平團義

工的訓練營區。我們在那裡住了八星期，密集的做語言訓練。每天三餐都雇有專人準備。當地的美食就是烤豬，把整隻豬和麵包果（breadfruit）放在已燒熱的大塊石頭上，再以香蕉葉鋪蓋在上面，等烤熟了才掀開來，切開分享給眾人。這種烤豬味道鮮美，夏威夷原住民語叫做lu'au。我在夏威夷大學念了三年書，卻不知lu'au是什麼，有一位教授笑道：要把我的博士學位收回！

當地風景優美，食物充足，有新鮮的魚（禁忌上不能吃鰻魚），但沒有電或自來水，只能在溪中洗澡。很多蚊子，得要掛蚊帳或點蚊香才能睡覺。幾乎每天中午都會下大雨，雨量驚人，每年雨量高達350吋（非毫釐），中午不下雨就很悶熱。

當地居民都喝椰子汁，他們最愛喝的是sakau，那是一種植物，搗碎了絞汁來喝。他們把它連根拔起，還夾著泥土也不清洗掉，絞出來的汁看起來有點髒。他們邊喝邊

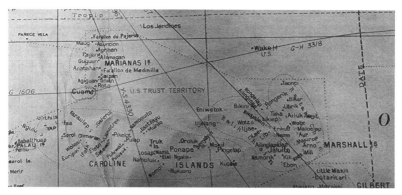

麥克羅尼西亞分布圖

唱歌，自得其樂。這種飲料有麻痺神經的作用，喝多了會
醉倒。味道淡淡的，不像酒那樣刺激，喝了以後覺得比喝
了酒還要舒服。我喝了就得吐掉口中的泥沙。那一帶人禁
酒，但是啤酒不算酒，可以喝，一喝就好幾罐。

　　當地人養的豬都在外頭到處跑。有一次（1969/07/27）我
看到幾隻狗圍攻兩隻肥豬，肥胖的白豬到處奔逃，狗在後
頭猛追狂吠。當地人也跟著跑，大概是想要去解圍。

　　我在Truk和Ponape島上前後待了兩個多月。9月4日從
Ponape飛到Truk停兩天。我回程仍須從Ponape先飛到Truk
島，然後一路上都向東飛回Honolulu，途經麥克羅尼西亞
地區的好幾個小島停留，Kwajalein島、Majuro島，最後
一站是馬紹爾群島（Marshall Islands），沿途體驗麥克羅尼西
亞地區的風光和風土人情，人都很友善可愛。

　　太平洋中的島嶼都是由火山生成，因為火山爆發，
日子久了，突出的面積越來越大，終於變成今日不小的島
嶼。有的還是很小，叫做環狀珊瑚礁島（atolls）或珊瑚礁
（coral reefs），不能住人。那些島嶼上的植物都很類似。據了
解，植物傳播的媒介有這幾種方式：風吹、鳥或昆蟲、洋
流。鳥類吃了果子，種子隨著糞便排泄到另外的島上去。
種子大如椰子就得靠海水漂流傳播到各海島上去，而且常
生長在沿海一帶。那些島上都沒大型的野獸或胎生的哺乳
類動物，也沒有種稻，太平洋上的群島生態都很類似。

2023.04.23

夏威夷大島的活火山

　　2005年元月我跟劉彩秀到夏威夷大島去看活火山。我們先是利用下午大白天走過去熔岩那邊。我們不少人，走很難走的路，事實上並沒有路，而是崎嶇不平的火山熔岩冷卻後的地，走向火山熔岩。跌跌撞撞的大概走了一小時，才到達火山熔岩旁，紅紅的會流動，很光亮，非常壯觀，很震撼！我用手杖去試探熔岩，杖頭很快就被燒掉了。彩秀爲我拍照留念，我就朗誦著聖經第23首*Psalm Twenty-three*：

The Lord is my shepherd; I shall not want.
He maketh me to lie down in green pastures;
He leadeth me beside the still waters.
etc.

　　站在附近的人聽到我的朗誦，開心的笑了。大家都在那邊等到天黑才看得到很壯麗的火山熔岩流動景象。我們在那裡逗留了不少時間，捨不得離開。回程時我一手拿枴杖，另一手拿手電筒，一群巴基斯坦的留學生沒有帶手電

筒，我們走在他們後面讓他們藉著我們的光走回去。大家都走得很快，儘管地上崎嶇不平，很不好走。我們才剛共享了大地上的奇觀，同行的人都很友善，相互協助。我回來時鞋底都脫落了，第二天還到購物中心去買一雙新球鞋。

　　我第一次到夏威夷大島是1970年5月，跟鄭良偉一家人到柯文雄家去作客。文雄開車帶著我們到山區去看風景，剛好碰到火山才開始爆發，只見噴上來一陣陣的黑煙，但還沒有火焰。過不久，警察就趕到現場來疏散遊客，以策安全。並非隨時都有活火山可以現場去觀賞。

　　夏威夷大島上最高的山海拔超過四千公尺，比台灣的玉山還高。山頂上設有大型望遠鏡，觀測天文星象。中央

研究院天文研究所也參與該研究計畫，派有研究人員長年住在那裡的半山上，需要時才上去山頂的觀測所。由於儀器的精良、技術的改進、國際的合作，2019和2022年才先後兩次發現黑洞的存在。2005年開車載我們上大島天文台的是陳明堂研究員。我上去參觀，因空氣稀薄而感到不適，得要用氧氣筒。

2023/04/06

體驗雅普島的傳統習俗

　　雅普島（Yap）是個小島，只需要一天半的時間便幾乎走遍全島。據說雅普島的居民大約在西元前1500年或更早時間從印尼東部或菲律賓移來。考古學者還在研究他們的遷移史，目前尚不清楚他們何時從何地遷移過來。唯一在雅普做過考古發掘的是日本大阪民族博物館的人員，考古器物也都保存在該館。有關雅普人的來源，雅普的口傳歷史（神話）跟人類學學說並不同。進入歷史時期後，西班牙和德國爭奪雅普的控制權，後來西班牙把它賣給德國。第一次世界大戰後（1914），日本佔領雅普島，待第二次世界大戰結束（1945），由美國接收了雅普島，託管幾十年。1986年，麥克羅尼西亞聯邦（Federated States of Micronesia）成立，雅普州（Yap State）成爲四大邦聯之一（其他三個邦是Chuuk、Pohnpei、Kosrae），才脫離美國而獨立。

　　雅普州有134個島或環礁珊瑚島，其中只有22個島有人居住。雅普島保存最原始的地理環境、地貌，包括道路兩邊的叢林、紅樹林等，住屋也較簡陋。捕魚用小船或竹筏，竹筏也作爲在lagoon小海灣內的交通工具。

　　雅普語只在雅普島上使用，別的島上居民所講的語言

都跟雅普語很不同，包括Ulithian、Woleai等語言，夏威夷大學40多年前曾有人去調查研究過，因為那些地方當時都還是美國的託管地。語言學上雅普語（Yapese）的地位未定。我在夏威夷大學的同學John Jensen曾在雅普住過多年，學會說流利的雅普語，出版了一部語法書和一部辭典。他當年就說無法判定雅普語的隸屬關係。事隔多年，Malcolm Ross仔細比較雅普語的音韻系統跟大洋洲幾個地區的語言，發現雅普語混雜好幾種不同層次的語言。島上的居民普遍都會講英語和雅普語。

　　雅普人的社會組織嚴密，每一個村是一個獨立的政治單位，別村的人未得允許不能隨便進入，否則會被綁起來毆打，得要用石幣（stone money）去取贖。階級制度分七個等級，不容易更改。若兩村戰鬥，勝者可以升級，而敗者要降級。

　　雅普島上的人至今仍然保存很傳統的生活型態，部落跟部落之間的界限分明，沒有得到他們的許可，不得擅入。部落入口處擺著幾個傳統的石幣，每個部落都有個男人集會所，每人收取參觀費US$5，一到部落就得去。而婦女上半身都裸體，日常生活、歌舞、慶典的場合也都是如此，她們邊唱邊跳。2009年元月我們還看得到上半身裸體的婦女在街上走，或在住家附近走，可見這種習俗至今仍然保存，這是外來人感到特別的地方。島上的人生活基本上自給自足，不需仰賴外來的資源。

　　我們到雅普去考察，參訪傳統部落村莊、大圓石塊

做的錢幣、傳統祭典和舞蹈。我入住在ESA Bay View Hotel，在旅館的庭園中擺著3塊stone money，拍了幾張相，雅普工作人員也一起入鏡。旅館就在海灣上，視野很不錯。我們三人沿著海灣公路走，在右邊小山上就有一家旅館，Pathways Hotel，有別緻的房舍（Cottages，每天單人US$120）。走過了橋左邊是一間小屋Information center，打聽之後才知道Historic Preservation Office就在附近，兩年前才從遠處（向右再走十幾分鐘）搬過來。還好問了，否則會多走半小時冤枉路。

辦公室主任James Lukan說雅普人並沒做過考古挖掘工作。工程中無異間挖出地下的器物，也無法處理，既無處收藏，也沒專業的人才做記錄，只有在電腦database中記了六百多筆書面／文獻資料。我問他是否認識我的夏威夷同學John Jensen，他做過雅普語（Yapese）研究，James說認識他，Jensen會說流利的雅普語，而且本地人都認識他，他原來當美國Peace Corps volunteer（美國和平團義工）。

而辦公室還有另一個John，曾在美國念過一年書，說流利的英語，下午陪同我們到部落中去考察，路過Rumuu' 村莊就有好幾塊limestone discs of stone money。但未經村裡的人同意，我們不便前去看，只在馬路邊照相，繼續開車到Makiy村中看到好幾排的stone money，接著去看男人集會所，其旁就是傳統的墳場，每座墳上面都疊了不少石塊，但沒有墓碑，都不知是何人何時的墓。受到基督教化之後，先人都送到教堂去埋葬，不再使用傳統

的墳場了。不遠處有canoe house，是存放獨木舟（outrigger canoes）的地方，據John說，可以駕駛著這些獨木舟往返帛琉，雅普至今還有兩位居民擁有這種遠洋航行的知識，不靠現代科技，航行距離遠到夏威夷、大溪地等地方，聽起來很神奇。

我對雅普人的初步印象大都很友善，男人都愛抽菸和嚼檳榔。男女出門都帶著一個小包，裝著檳榔。自然環境保存得很好，沒有開發，保存原始的熱帶雨林（rain forests）、紅樹林（mangroves），土地肥沃，不工作也不愁吃：有許多野果（香蕉、木瓜、芒果）可以採，有豐富的漁業資源，很容易捕獲吃不完的魚蝦，種芋頭、薯蕷都很容易生長。

元月11日下午三時在東部海邊的Gachpar村女人要跳傳統歌舞。James約我們14:30到旅館來接我們去觀賞，15:40開始村中的婦女排成一排弧形，穿著草裙，赤裸上身，坐在地上歌舞。其中三人主唱，最靠兩邊的都是小女孩，有幾個小女孩第一節還沒唱完就哭著找媽媽了。一直在場中歌舞的婦女身材都很健美，胸部豐滿結實。傳統上，雅普婦女雖然裸露上身，但不得露出大腿，如今，她們日常也穿一件寬闊的罩衫。其中一位是美國少女，她是美國的Peace Corps volunteer，到雅普島的教育部門服務，就在Gachpar村的小學中教英語。

雅普女性上半身裸體（照片中左四是美國婦女）

雅普大圓石塊錢幣

輯七 獲獎感言

千山我獨行
─ 母語著作得獎感言

一、前言

　　四十多年來，今年（1995）教育部首次舉辦八十三年度獎（補）助母語研究著作。獎補助的對象包括台灣南島語言、漢語方言（閩南語、客家）暨中華民族其他語言（藏緬語、傣語、彝語、維吾爾語、滿洲語、苗瑤語等等，以及其他漢語方言）。這些母語著作獎共分為四大類：南島語，閩南語，客語，其他語言。每一大類共分五組，南島語言類的五組是：母語之特質及文化背景論述，語彙詞書，語法分析論著，教材或輔助教材，傳統歌謠、神話傳說。其他三類也是分成五組，除了第五組改為"書寫問題研究"外，其餘四組都相同。每一組都分為三個等級：優等、甲等、佳作。優等和甲等各一名，而佳作三名。另於每組選出一至三名已達相當水準而作品尚未出版者，發給出版補助金。本人獲得原住民母語之語法分析組的優等獎，以及原住民母語之特質及文化背景論述組的甲等獎。也是各類組所有的獲獎人當

中唯一獲得優等獎的人，可說非常幸運。

　　今年教育部母語獎補助頒發儀式和「台灣南島民族母語研討會」閉幕式合併舉行，於五月二十二日下午在中央研究院學術活動中心國際會議廳正式頒獎，由教育部次長李建興先生主持，參加觀禮者有教育部執行秘書毛連塭先生、立法委員蔡中涵先生、中研院史語所所長管東貴先生等人。在每一類的所有得獎人都接受獎狀之後，再由一位得獎人代表發表得獎感言：南島語由本人代表，閩南語由洪惟仁先生代表，客家語由徐運德先生代表，其他語言由孫天心先生代表。

二、得獎感言

　　首先感謝教育部今年這個創舉：從八十三學年度起辦理獎（補）助母語研究著作，使得從事母語工作者受到相當大的精神鼓勵。教育部歷年辦理的學術著作獎，文科得獎人幾乎年年都是頒給研究歷史的，其他學科很少有得獎的機會。今年教育部教研會開創的這個新局，對於今後母語的維護與發展將有很大的助益。得到這種獎的應該感到很光榮，因為許多獎都從缺，可見評審過程都很慎重，寧缺勿濫。

　　其次，我要感謝歷年來協助過我的所有的原住民朋友。沒有他們的熱心幫忙，我就不可能從事各種台灣南島語言的調查和研究。我常常單獨一個人從一個部落走到另

一個部落。初到一個地方，誰也不認識，可是經我說明來意之後，部落的人大都對我非常友善，儘量協助我。他們對我這個素昧平生的陌生人熱情款待，把他們最好的客房讓給我睡，給我吃他們認為最好吃的食物，常令我十分感動。他們的友善和熱情的確使我銘感於心，久久不能釋懷。我感到對他們虧欠太多，希望能為他們多做一些有意義的事。我所能做的就是儘量把有關台灣南島語言的研究工作做好，促使國內外人士重視這些語言的真正價值。上天不負苦心人，我陸陸續續都有一些研究成果提供給學術界，終於獲得國內外的一致肯定，使我感到很欣慰。

如果今日我有一點研究成績，凡是關心過我的每一位恩師和我的每一位親友都是功不可沒。我的語言學啟蒙老師是師大林瑜鏗教授。大學畢業後她繼續關心我和培植我，給我到美國密西根大學進修的機會，我才會走上語言學這一個冷門的學問。我在夏威夷大學唸博士學位的時候，遇到另一位恩師李方桂院士。他一直鼓勵我回國從事台灣南島語言研究，並且主動推薦我到中研院史語所專心做研究。我不敢辜負這兩位恩師對我的期望。此外，我的父母、我的兄長、我的妻子都因我的工作關係而犧牲他們自己。若干年前我常出去調查，讓幼小的子女和妻子在家擔心害怕，我深感內疚。

從1970年起我到中研院史語所任職以來，我的調查研究工作一直得到史語所負責人的支持。歷任所長李濟先生、屈萬里先生、高去尋先生、丁邦新先生、管東貴先生

都給了我許多方便，我的工作才可以順利進行，我的研究論文也有最佳的發表園地。我的同行、同事，以至我的學生、我的助理（先後有陳秀雲、李慧敏）都給了我很多、很大的協助。沒有他們，我就無法完成和發表那些著作。

許多年來，國內人士大都不重視南島語言的維護和研究。過去政府雖然不怎麼重視人文社會科學的研究，幸而國科會歷年來都支持基礎的科學研究，包括人文社會科學。我歷次所提出的研究計劃都獲得經費上的支援，我的調查研究工作才能順利展開，不致於中斷。國科會每年也都給我個人獎助：從普通獎到優等獎，以至傑出獎都得過，使我精神上得到不少的鼓勵。

有的學術研究工作是很孤獨的。二十多年來我絕大部分的時間都在孤軍奮鬥。當我揹著旅行袋，單獨一個人在山上行走時，我的心境、我的感覺有如楚留香連續劇主題曲中的一句話，「千山我獨行！」每當我到一個部落去蒐集語言資料，常常有人好奇地問我：「你為什麼要學我們的話？學它有什麼用？離開這個村子，就沒有人聽得懂我們的話了。」我的回答是，「你們的語言很有學術價值。年輕人知道的愈來愈少了。我要把它記錄下來，免得後代的子孫沒有人知道我們曾經有過這麼有特色有價值的語言存在世界上，存在台灣這個地方。」

調查工作相當辛苦，多數年輕人都不願意從事這種工作。語言的調查研究、分析工作並不容易做，難度也較高。少數有能力從事台灣南島語言研究工作的人，卻又工

作意願很低，除了調查工作不方便，怕吃苦之外，另一個影響因素就是：一般人都懷疑研究少數民族語言會有什麼前途？寫出來的研究成果又沒有什麼人要看，何必自討苦吃？二十多年來是什麼力量在支撐著我，使我從未中斷這一方面的研究工作呢？這就是使命感。我不做，誰做？何況，這是很有意義的工作。我想做一個對社會真正有用的人，但沒有野心做一個「最有價值的男人」（墨西哥拍攝的一部片子）。

我總覺得個人的能力很有限，過去所做的實在不夠多、不夠好。今後仍有待加倍努力，爭取更好的研究成果，來報答所有關心我的親友。希望大家繼續支持我、督促我。

本文於1996年發表於《山海文化雙月刊》14，頁88-89。

《宜蘭縣南島民族與語言》編撰感言

　　以專史體裁重修地方志，宜蘭縣史系列首開先例。本系列首刊專書《宜蘭縣南島民族與語言》，於民國86年2月4日假台大校友會館舉行公開發表會，李遠哲院長、呂溪木校長、游錫堃縣長都到場致詞。

　　一本新書的出版，對作者而言，有如生了一個孩子一樣的感覺。那產前的陣痛，和產後的喜悅，都要身歷其境的人才能眞正體會個中的滋味和複雜的感覺。我的第一本專書在23年前出版，也是我的第一個孩子即將出生的那一年。我的第二本專書在21年前出版，也正是我的第二個孩子出生的那一年。事隔21年，才出版第三本專書，有如老年得子一樣的心情。雖然我的太太並沒有眞正爲我生下第三個嬰兒來，而我興奮的心情並不亞於當年！

　　我的第一個孩子在國外出生。過去二十多年來，我大都在國內工作任職，從事調查研究工作，但所寫的專書和論文大都用英文發表，是希望國際南島語言學界能夠分享我的研究成果。所幸我的希望並沒有落空，知名的國際南

島語言學家現在都了解台灣南島語言的重要性了，而且對
這些語言也有高度的興趣和關注。我覺得我也應該回饋自
己的社會，最近六、七年來，用中文寫成了二本專書和
二十多篇論文。另一本專書是《高雄縣南島語言》，不久
也會由高雄縣政府出版。二十多篇論文，也已集成兩本論
文集：《台灣南島民族的族群與遷徙》和《台灣平埔族群
的歷史與互動》，下個月會在常民文化出版公司正式出
書。

　　此書《宜蘭縣南島民族與語言》所做的調查研究工作
前後長達六十年，由兩代人接力完成。第四章宜蘭地區噶
瑪蘭語各種方言資料以及第五章巴賽語的兩種方言資料，
都是日本學者淺井惠倫教授於1936年在蘭陽平原和三貂新
社所蒐集的。剛好我也在那一年出生。凱達格蘭族巴賽
語語法結構系統首次由本人整理出來，在本書（第五章）披
露。噶瑪蘭語法以及二十多種長短篇語料（texts），用原語
記錄的各種傳說故事，也是首次由本書提供給學術界。這
兩種平埔族語言的各種方言，如今在原居地都已消失了，
因此這些僅存的語言資料更顯彌足珍貴。除了極為珍貴的
語言資料外，本書也提供較詳盡的語法分析。

　　向各位報告一個重要的插曲：淺井惠倫生前的田野筆
記資料，他生前並未發表，多虧土田教授主動和積極地提
供。今日對蘭陽平原上平埔族的歷史，我們可以得到進一
步的認識，土田滋功不可沒。除了他提供的資料之外，我
在研究過程中曾向他進一步求助：當初我們完全沒有巴賽

語的語法資料，只見到土田等（1991）所公布的近一千個單字。我寫信給他，並請他查看淺井的田野筆記中會不會有一些句子或片語。依常理判斷，當年（1936）淺井仍然能記錄下三貂新社Basay語近一千個詞彙，不太可能沒有記下任何句子或片語。承蒙土田把淺井調查新社Basay語的田野筆記，原件全部影印了一份寄給我，我才從中爬梳出四十多個例句，並且找到了兩個短篇故事來。因此，我才能寫出巴賽語語法綱要（本書第五章）來。這是有關巴賽語句法唯一僅存的珍貴資料。

除了兩種平埔族語言外，本書也首次提供宜蘭地區各種泰雅方言的資料和分析。特別是大同鄉四季方言，非常具有特色，是全台灣絕無僅有的（unique）。

本書的寫作過程，前後費時兩年以上，修訂所謂的「定稿」和校對工作又費時一年多。屢次的修訂和增補，為宜蘭縣史館的工作人員增添不少作業上的麻煩和工作負擔。國芳電腦打字公司的打字小姐，到後來都感到不勝其煩了，甚至是忍無可忍的地步，她說：「再要改動，我就要殺人了！」她並沒有真正殺人，反而一一替我改正了。許美智小姐因此而胃痛了好幾個禮拜。對於以上受牽累的女士們，我在此表示無限的歉意和敬意。不僅本文，而且附錄的幾篇文章，有的也是經過不止一次的修訂或增補。

胡適先生在他的《胡適文存》第一集自序中曾說：「我自己現回看我這幾年所做的文章，覺得我總算不曾做過一篇潦草不用氣力的文章，總算不曾說過一句我自己不

深信的話，只有這兩點可以減少我良心上的慚愧。」我想
借用胡適先生這幾句話來形容我這本新書的內容和我的研
究工作態度。

　　本文於民國86年2月16日發表於《自立晚報》本土副刊

行政院傑出科技榮譽獎報導

　　行政院傑出科技人才由國科會承辦，今年是第二十六屆，首度將獎項正名為「行政院傑出科技榮譽獎」，過去共評選出一百一十七件表揚案，表揚過一百六十七位傑出

左：行政院長游錫堃

人才，但過去評選多偏重於自然科學與技術人才，人文社
會科學組的得獎者已多年從缺，今年獲獎的南島語言大師
李壬癸，是二十六屆以來唯一以語言學家身份獲獎的學
者。

　　李壬癸在致詞時非常感謝行政院的肯定，並強調台灣
雖是小島，卻佔有亞太地區非常關鍵的地位，孕育了高度
歧異性的語言和文化，但多年來受到侵蝕和人為破壞，若
政府和國人再不加以正視，恐有崩毀的一天。

　　李壬癸說，台灣要走出自己的路，就要發揮自己的專
長和特性，南島民族在台灣生活已有五、六千年，南島民
族特有的語言體系和文化內涵，是中國、東南亞和其他島
嶼所沒有的。

　　　　　　　　　　民國92年1月3日《自由時報》報導

2009年總統科學獎得獎感言

　　剛才馬總統提到，這次同時獲獎的錢煦院士（生命科學組）跟廖一久院士（應用科學組）都可以賺大錢，雖然他們沒有去賺錢。我要跟各位報告，我們做語言學這行的並不賺錢，只會花錢，可是我們可以賺另外一種錢，這個錢是肉眼看不到的，是人類最值得珍惜的文化資產。我們台灣有什麼了不起的文化資產？就是南島民族的語言，所有的原住民語言就是南島民族語言，等一下我會稍微做一點說明。

　　我今天能夠得到這個獎，的確覺得非常高興，同時也非常惶恐，因為我做夢也沒有想到有這麼一天，會得到總統科學獎（社會科學組）。我不敢說我是一個科學家，但是我得這個獎的確是做了點事，應該是終生難忘的。謝謝，非常謝謝，我要由衷地感謝各位評審委員對我的包容。

　　語言是人類獨有的特殊才能，人類跟其他的動物有什麼分別？我們也知道，人類跟黑猩猩的DNA只差百分之一而已，那麼人類跟其他的動物又有什麼分別？從我們的

觀點來看，語言就是最大的差別：只有人類才有語言，沒有任何其他動物有語言這個東西。語言是一切文明、科學的基礎。沒有語言，就不可能有科學，不可能有文明，不可能有技術，不可能有藝術、文化、文學……。要有語言才可能有這些東西，所以我說我們做的是這種無價的文化資產的工作。思想不太可能脫離語言而存在，因此任何發明跟創作都非得使用語言不可。比較高層次的思想，都必須依賴語言才能運作。每一種語言都有它自己的知識體系，也代表一種獨立的思想、運作的方式。所以，漢人有漢人的思考模式，英美人有英美人的思考模式，南島民族也有南島民族他們一套的思考模式，跟漢人、歐美人士都不同。

國內一般人所熟悉的就是漢語跟英語，但不太了解南島民族的語言。簡單的說，南島民族包括台灣所有的原住民，台灣現在大約還有十幾種南島語言，包括阿美族。剛才總統也說了ngaiho這個問候詞的阿美族話。還有泰雅、鄒、布農、排灣……等，有十幾種。這十幾種之間的差異非常大，遠比任何漢語方言差異還要大。漢語方言包括我們的國語、閩南話、客家話、廣東話……，它們的差異比起台灣南島語言之間的差異，簡直是小巫見大巫。

全世界南島民族的語言，大約有一千多種，遍佈於太平洋、印度洋、以及眾多島嶼之上。台灣雖然只有二、三十種，可是台灣南島語言彼此的差異性非常大，遠比菲律賓、馬來西亞、印尼、馬達加斯加大得多；不管哪個地

方的南島語言的差異都沒有台灣這麼大。語言之間的差異
大表示什麼呢？表示它們分化的期間非常久、年代非常久
遠；差異越大，表示它們年代的縱深越長。這一點使學者
想到，台灣這個地區，從語言學的證據來看，最有可能是
南島民族擴散的起點，也就是我們所謂的祖居地，以英語
講就是homeland。

　　台灣南島語言還有一個特色，那就是保持最多古語的
特徵。從事南島語言，從事語言學研究的人都可以做、知
道怎麼樣去重建一個語言的歷史。漢藏語族可以做漢藏語
族的古語重建，同理，印歐語系可以做印歐語系的古語重
建，南島語言也是可以做南島語言的古語重建。重建的語
言大概離現在有五、六千年這麼久。台灣的這些語言，是
國際研究南島語族的古語重建所必須使用的資料，絕對不
可或缺。因此，我們雖然不賺錢，但是我們所賺到的，是
一種無形、看不見的、更珍貴的一種文化資產。我們在座
的有原住民主委，他可以證實這一點，他是真正會說南島
民族語言的孫大川主委。我們生活在台灣的人可以說是非
常幸運的，因為我們擁有最有價值的文化資產—台灣南島
語言。台灣南島民族確實是學術研究的寶庫，最值得我們
珍惜，但我要提出一個呼籲：這些語言都面臨消失的危
機，要及時搶救！

　　學術研究的重要成果，常常是經過許多人、很多年的
努力累積起來的，從日治時代，日本學者小川尚義教授奠
定了台灣南島語言研究的學術基礎以後，許多同行、許多

長輩，包括我的老師李方桂院士、董同龢教授、還有我許
多的同事，都有很重要的貢獻，還有我的指導教授Stanley
Starosta教授。所以我今天得這個獎，得這個榮譽，是應
該屬於我的所有的老師、所有的同事、所有幫過我忙的原
住民朋友、甚至我的助理；沒有他們，我大概沒有辦法完
成這麼艱鉅的工作。所以這個獎，我的理解是，它是對
我、對我們所研究的這個領域的一個肯定，而不是對我一
個個人。中央研究院提供最適合我做學術研究的工作環
境，而且又有非常安定的生活。國科會這幾十年來，對我
各種研究計劃的支持，我才可能順利的調查研究各種台灣
南島語言跟方言。

　　台灣各地原住民朋友的熱心、耐心，對於他們無私的
奉獻，我只有萬分的感激並表示最崇高的敬意。我希望孫
大川主委把我這個心意帶給所有原住民的朋友：我要感謝
歷年來協助過我的所有的原住民朋友。沒有他們的熱心幫
忙，我就不可能從事各種台灣南島語言的調查和研究。我
常常單獨一個人從一個部落走到另一個部落。初到一個地
方，誰也不認識，可是經我說明來意之後，部落的人大都
對我非常友善，儘量協助我。他們對我這個素昧平生的陌
生人熱情款待，把他們最好的客房讓給我睡，給我吃他們
認為最好吃的食物，常令我十分感動。他們的友善和熱情
的確使我銘感於心，久久不能釋懷。我感到對他們虧欠太
多，希望能為他們多做一些有意義的事。我所能做的就是
儘量把有關台灣南島語言的研究工作做好，促使國內外人

士重視這些語言的真正價值。上天不負苦心人，我陸陸續續都有一些研究成果提供給學術界，終於獲得國內外的一致肯定，使我感到很欣慰。其實，三十多年前，國際知名的南島語言學家，如Isidore Dyen、Otto Dahl就已給我不少精神上的鼓勵了。

最後，我要感謝我的太太，王心玲教授，及我的一對子女，他們都在座。在小孩還小的時候，我經常一個人揹著背包就走了，把整個家都丟給我的太太。這幾十年來，他們無怨無悔，讓我無後顧之憂地專心做我的工作，我要對我的家人特別表示謝意，謝謝！

本文是2009年12月總統科學獎的演講稿，後經增修而成。

左一：馬英九總統

宜中傑出校友得獎感言

宜蘭中學傑出校友很多，他們對國家、社會、家鄉都有很大的貢獻，真的值得國人的尊敬。我只不過是一個很平凡的人，尤其對他們的成就和功勳有無比的敬佩。

我小時候是在農村長大的，本來自以為只能上六年的小學，沒想到竟然會一路升學上去，經中學六年（含宜蘭高中三年）再到大學四年，加上碩士班一年和博士班三年，前後在學校念書總共20年之久。我在建國中學、北二女各教了一年書，在國內的大學，我先後在臺灣師範大學、臺灣大學、清華大學等校，共教了二、三十年之久。我在新加坡教了一年書，又在美國夏威夷大學、俄亥俄州立大學、康乃爾大學當過短期客座教授。我從中央研究院退休，這一生都在學術界服務。

游錫堃先生當宜蘭縣縣長時，我為宜蘭縣政府完成了第一部專書《宜蘭縣南島民族與語言》（1996），在新書發表會上，李遠哲前院長到場致詞，他盛讚游縣長的政績，我感到與有榮焉。我獲得行政院九十一年傑出科技獎，是行政院長游錫堃院長親手頒給我的獎牌跟獎金，我感到非常榮幸。四年後我當選中央研究院院士時，游先生特別打

電話給冬山鄉公所，請他們張貼海報，以申祝賀之意。我
何德何能，受此榮寵？

　　現在回想起來，在宜蘭高中部念了三年書，對於我這
一生的學術生涯的確有深遠的影響。要不是有宜蘭高中那
三年的養成教育，當年我就不太可能考上大學（台灣師範大
學），也就不可能有機會赴美留學，更不可能到大學任教
及在中央研究院任職了。

　　我文科比數理要好，高二時，全校作文比賽我榮獲第
一，高三的模擬入學考試，我的國文分數最高，國文、英
文歷年的學期成績都在90分左右，代數、三角、平面幾何
的成績也都超過90，但是解析幾何卻只有73，而化學也只
有74分！

　　宜蘭中學校友當選中央研究院院士的共有四位：莊炳
湟（資訊、數學）、陳良博（細胞生物學）、胡勝正（經濟）、李
壬癸（語言）。為了激勵宜中的學弟妹們，宜蘭中學特別安
排我們分別返母校進行演講。2012年10月23日我回來作了
一場公開的演講，我的講題是〈我的學思歷程〉。演講前
他們要我以英文寫幾句勉勵學生的話：

Lead a decent life and be serious about your own work.
There's no free lunch in the world. You get only what you have
worked for. God helps only those who help themselves. You
can distinguish yourself by hard work. There's no other way.
Use your brain and imagination. Try to do your best. Enjoy

your work. You may make a difference if all goes well.

中譯：要過著適當的生活，做任何工作都要認眞。天下沒有白吃的午餐，要怎麼收穫先那麼栽。人必自助而後天助之，認眞工作才能出人頭地，沒有其他的辦法。要善用頭腦以及想像力。做什麼事都要做到最好，要樂於工作。如果一切順利，你就可能與眾不同。

國內三家報紙：自由時報、聯合報、中國時報於次日都大篇幅報導我的演講活動，也有照片。第二天成立了宜蘭中學第一屆（我們那一屆）同學會，大家推舉我爲首任會長。宜蘭中學在校園裡作了一個銅鑄的拱門，鑄有中英文說明它所代表的意義，英文版由我譯寫。

本文於2017年發表於《宜中人通訊》10，頁36-38。

教育部終身奉獻獎得獎感言

　　能夠獲得這項很難得的年度大獎，是我最大的榮幸。我要跟所有幫助過我的原住民朋友一起分享這個榮譽。我調查研究台灣南島語言從1970年至今已經長達半個世紀之久了。

　　台灣要國際化，就得想辦法自己走出一條路來，得要同時發展硬實力和軟實力。硬實力如台積電，軟實力如台灣的自由民主，如台灣南島語言這種珍貴的文化資產。國際南島語言學界都已公認台灣南島語言的學術價值。我們有幸擁有這種隱形的語言文化資產，確是可遇不可求。

　　經過百年來許多語言學者的努力，已經可以充分證明台灣南島語言確實是一個學術寶庫。它們已經受到國際學術界的重視，包括語言學、考古學、遺傳學，而以語言學做引領。

　　在整個南島語系中，台灣南島語言最分歧、最多樣性，顯示它們在台灣的歷史最悠久。同時台灣南島語言保存最多古語的特徵，因此是重建古南島語不可或缺的語言

材料。若要研究整個南島民族（橫跨太平洋、印度洋），無疑地台灣是最重要的一環。

　　歐美著名出版社Brill主動邀約台灣南島語言學者編輯台灣南島語言手冊（Handbook of Formosan Languages）和台灣研究百科全書，由數十位專家學者撰稿，已經進行了兩年了，預定 2023 年正式出版，含紙版和網路版。白樂思教授（Robert Blust）的巨著《南島語言》（The Austronesian Languages）全書已經由國內六位台灣南島語言學者分工合作翻譯成中文（約一千頁），今年（2022）上半年由聯經出版社公開發行。

左：潘文忠部長

　　過去台灣南島語言在國內原先並不受重視，也沒幾個人對它們眞正有興趣。許多年國內的研究生都以漢語研究撰寫學位論文，一直到 1975 年才有楊秀芳和王旭以台灣南島語言研究撰寫成碩士論文，而本人的博士論文《魯凱語結構》於 1973 年才首度出版。

　　我在台灣大學考古人類學系教了10 年書（1974-84），該系並沒有任何學生想要研究台灣南島語言。1987 年春季我在清華大學語言學研究所開了台灣南島語言田野調查方法課，從此每年都有研究生以台灣南島語言撰寫學位論文。到目前爲止，國內外所產生的相關碩士論文至少有 208 篇，博士論文也有 76 篇。50 年前，這是不可思議的事情。如今台灣南島語言學居然成爲一門顯學，令人欣慰。

　　有的立法委員曾經關切台灣本土研究的對象和課題，我們有信心對他們說：對台灣南島語言研究，我們一直兢兢業業，克盡職守，大概還對得起納稅人的錢。

　　我調查研究過各種台灣南島語言及其主要方言，首次爲現存 15 種台灣南島語言制訂了書寫文字系統，繪製出台灣南島民族遷移圖，所出版的專書和論文都展現對本土語言之推廣與保存的貢獻。我個人所做的研究工作已經陸續獲得國內外學術界的肯定：

　　國內：國科會語言學研究傑出獎，教育部原住民母語研究特殊貢獻獎，教育部學術獎，行政院傑出科技榮譽獎，台灣語言學會終身成就獎，中央研究院院士，總統科

學獎，清華大學榮譽講座教授，臺灣師範大學講座教授（現職）。

　　國際：台美基金會傑出人才成就獎，美國語言學會榮譽會士（honorable member of LSA），國際期刊 Oceanic Linguistics 編輯諮詢委員（editorial advisory board）。

　　本文於2022年發表於《台灣語言學學會通訊》第二十四卷第二期，頁2-3。

序文

輯八

楊南郡《平埔族調查旅行》序

　　中國有一句古諺說「秀才不出門，能知天下事」，這句話不知貽誤了多少中國文人。自古以來，中國知識份子很少願意出門去做實際的觀察和體驗，只會坐在家裡吸收書本上有限的知識。中國史書也常著重於帝王將相的記錄，對於普通老百姓很少著墨，對於非漢族更是缺少關注。因此，對於中國境內的少數民族，我們缺少通盤的了解。清朝統治台灣二百年（1683-1895）的歷史，可曾為在台灣土生土長的南島民族留下多少記錄？這二百年漢人所做的記錄卻還不如荷蘭據台38年（1624-1662）所留下相關的文獻記錄，更不用說和日本統治台灣50年（1895-1945）日本人所做的成績相比了。這不能不說是一件令人汗顏的事。陳第在明朝萬曆32年（1603）所發表的〈東番記〉是根據他到台灣實地觀察所得，可說是一篇有關台灣平埔族極難得的短篇報導了。黃叔璥（1722）所寫的《台海使槎錄》，其中「蕃俗六考」才有關於平埔族較詳細的觀察和記錄。可惜它們竟成為後人輾轉抄襲的對象，後人所撰寫的相關報導

並沒增添多少新收集的資料。這也是一件相當令人遺憾的事。

日本人治學的精神極可佩服：他們不畏艱苦，不怕危險。有的一年到頭幾乎有一半的時間都在外頭做實地的調查。1895年台灣割讓給日本之後，很快就有一批日本學者到台灣來做調查研究，包括伊能嘉矩、鳥居龍藏、小川尚義等人。這些前輩學者對台灣學術的貢獻和他們所奠定的台灣學術研究基礎是後人無法取代的。他們的調查報告在《東京人類學會雜誌》、《民族學研究》、《蕃情會誌》以及其他各種刊物上發表。伊能在台灣做平埔族調查，以「台灣通信」的方式陸續寄往《東京人類學會雜誌》披露。有關台灣平埔族，我們的認識很不夠，主要是相關的資料非常缺乏。幸虧有伊能當年積極做調查所留下的資料，即使有的地方零碎一些，在今日對我們來說，卻成為非常珍貴的唯一參考資料。

近一百年前發表的日文資料，台灣沒有幾家圖書館會擁有這些資料，對於研究者要找尋這些資料並不容易。年輕學者精通日文的並不多。有鑑於此，楊南郡先生將伊能當年在台灣實地調查所寫的研究報告，陸續譯成中文，以嘉惠學者。楊先生說，「希望透過文字重編，來顯現為學術冒險的熱忱與成果，是我最大的期盼。」這些譯文曾分別在《北縣文化季刊》和《宜蘭文獻雜誌》分期陸續刊登。我是眾多愛讀楊先生譯文的讀者之一，有好幾個原因，其中一個就是楊先生的「譯註」最令人激賞。

　　當年趙元任、羅常培、李方桂三位語言學前輩合作翻譯瑞典漢學家高本漢（Bernhard Karlgren）的《中國音韻學研究》一書（從法文譯成中文），傳為學術界的佳話，因為中譯文勝過原著，訂正了原著不少的錯誤。楊南郡先生的譯文也一樣勝過伊能嘉矩的原著，主要是因為譯者為各篇通信增添了不少的譯註，使讀者更能瞭解平埔族的風俗習慣和當時的實際情況。何以楊先生能做到超越譯者的基本職責呢？這主要是要歸功於他這二十五年來一直很積極地從事原住民及古部落的調查研究，他走遍了台灣各地的史蹟和各條古道，尤其人跡罕至的山區。因此，他對於當年伊能調查所走過的途徑和路線都能瞭如指掌。在台灣精通日文的人儘管仍有一些，但要能像楊先生那樣走遍各個舊部落和古道的，恐怕再也找不到第二人了。

　　楊先生對於探求先住民的遺跡，態度非常積極。今且舉一個例子，就可想見其一斑。我在《台灣風物》發表的〈台灣平埔族的種類及其相互關係〉，提到蘭陽平原上的猴猴社是一種屬於很特殊的民族；他們的語言在一百多年就已消失了，我曾親自到舊猴猴社（今蘇澳鎮龍德里）去訪查，可惜都找不到猴猴族的後裔。楊先生看到這篇報告之後，就跑到蘇澳附近一帶去到處打聽，循著馬偕醫生和伊能走過的路線找到了猴猴族居住過但今已成廢墟的山區。因此他受到不少皮肉之苦，大腿還受了傷（詳情請見中研院《平埔族研究通訊》第一期，頁15-16）。他千辛萬苦地訪查到猴猴社的五、六個後裔，才採錄到五、六個單字，回來很興奮

地打電話告訴我。只可惜那些其實都是噶瑪蘭話，而不是
真正的猴猴語。不過，對於楊先生探求真理的熱誠，我還
是深受感動。

任何人的工作都不可能完美無缺，伊能的原著和楊
先生的譯文自然地也不例外。畢竟伊能並沒受過專業的語
言學訓練，他所記錄的各種平埔族語言資料，其精確度不
無疑問。不過他採用羅馬拼音，而不是用日文片假名來記
音，這在當時已是難能可貴了。幸而有他記錄了淡北各番
社的若干詞彙，藉此我們才可以判斷：淡北一帶都屬於凱
達格蘭族，只是有一些方言上的差異。至於他記音的精確
度如何，有關凱達格蘭語言今日已無法找到發音人來核
對了，但有淺井在1936年所做的貢寮新社方言調查可作比
對。至於他在宜蘭調查的噶瑪蘭語言，我們今日仍然可以
到花東沿海一帶去找還會說母語的人做核對和比較。我發
現伊能的記音欠佳，分析語句結構也有一些錯誤。現在就
以伊能的第二十六回〈台灣通信〉第152號中，他所記錄的
噶瑪蘭語和本人所記錄的差異舉若干例子，比較如下：

伊能嘉矩	李壬癸	詞義
ā ā	*qaqa*	兄姊
uho	*uRu*	頭
vuho	*vuqəs*	頭髮
unom	*unuŋ*	鼻
kayal	*kayar*	耳
ŋoyok	*ŋuyuR*	嘴

伊能嘉矩	李壬癸	詞義
vanhao	vaŋRaw	牙齒（動物的）
urus	qulus	衣服
zapo	zəpu	鞋
naon	nauŋ	山
aiso-pasano	aimu	你們
maut	mawtu	來
tavahi	tvaRi	紅色
sutane	staŋi	今天

他記音的主要問題在分不清：（一）*l*和*r*，（二）*n*和*ŋ*，（三）擦音*R*和塞音*q*，（四）*u*（或*o*）和*ə*；小舌音*q*他常聽不見而遺漏。並請注意：伊能所調查的噶瑪蘭方言，小舌塞音*q*已變成擦音*X*（或*h*），小舌濁擦音*R*也已清化為*X*（或*h*）了。詞義誤解的包括：*vayi*是"祖母"，不是"祖父"；*vaqi*是"祖父"，不是"祖母"；*vaqi-so*是"你的孫子"，不是"別人的孫子"。構詞或語法的分析欠妥，例如：

yaut-iko 應作 *yau-ti-iku* "我有了"

　　　　　有-了-我

諸如此類，不勝枚舉。我指出這些問題，主要目的是在提醒讀者：在引用伊能的平埔族語言資料時，要格外小心。最好親自去做田野調查，加以查證。

伊能在奇武荖採集的〈戀妻歌〉，我根據花蓮新社朱阿比（api，女，68歲）所唱的改訂如下，以供讀者參考：

ravayayu　　ravaika　　masukaw
男名　　　女名　　　惡劣
譯文：ravayayu（的妻子）ravaika（死了，丈夫）心情惡劣。

anəm-ku　　nanam-su.
心-我的　　　習慣-你
譯文：你習慣我的心＝你熟悉我的感覺。

masaŋ　　masurun ita　m-kiyar　tu　tamun.
從前　　　一起　咱　摘　斜格　菜
譯文：從前咱們一起摘蔬菜。

ma-patay ti　isu,　muRiŋ　ti　iku　sukaw.
死　了　你　哭　了　我　惡劣
譯文：你死了，我痛哭，非常傷心。

masukaw　　ti　anəm-ku.
惡劣　　　了　心-我的
譯文：我的心情惡劣極了。

masaini　　ta　vuRuRan　　na　paRin.
煩惱　　處　下面　　屬格　樹
譯文：他煩惱（至死），（死後就埋藏）在樹下。

　　譯者只是忠實地按照原著譯出這些平埔族語言資料，可惜都沒有做任何的訂正工作或加上「譯註」。其主要原因是他們兩位的專長並非語言學，我們也不應該苛求。其實，我們都應該以感激之情來閱讀這些很有學術價值的田野調查報告，藉此瞭解平埔族的過去，是認識台灣歷史很重要的一環。

　　本文於1996年發表於楊南郡《平埔族調查旅行》序，頁39-44。

鄧相揚《霧重雲深》序

「只要立足臺灣，奉獻鄉土，就會被大家認同」，這是本書作者鄧相揚先生所說的話。我們在這塊土地上安身立命的人，也都有同感。

霧社事件是怎麼發生的？它的前因後果又怎麼樣？隱藏在事件背後的真相又是什麼？相信多數臺灣人對於霧社事件只有模糊的概念。詳讀鄧相揚先生這篇報導《霧重雲深──一個泰雅家庭的悲情故事》，就可以解開種種疑惑而對霧社事件有更正確和深入的瞭解。

有關霧社事件的報導雖然不少，但能如此深入而又「筆鋒常帶情感」的報導，這是第一篇。作者為了瞭解事實真相，多次親自到霧社去採訪當事人的後裔、詳做紀錄，而且遠渡東瀛到日本去採訪劫後餘生者。全篇以霧社事件的男主角─日本人佐塚愛佑─為主軸，述及他的泰雅妻子亞娃伊和他們異族婚生的子女，以至他們第三代的生平事蹟，也都一一展現在讀者的眼前。這一篇所報導的人物和事情雖多，但卻有條不紊，都有明白的交代，我們讀完後對於事件中的人與事都非常清晰，而且深受感動。

這篇報導本文雖然不長（近二萬字），但相關的參考資

料卻相當豐富,包括人物關係表、名詞解釋、霧社地區相關事件年表（二十多頁）、相關的各種圖表、照片（一百六十多張）等等,都是很珍貴的參考資料。這些都是作者花了十多年的時間去挖掘所得的資料,是他苦心經營得到的成果。本書既是優美的文學作品,又是翔實的歷史記錄。

　　鄧相揚先生的本行是醫學檢驗,對於地方文史的保存工作卻是非常關懷和投入,數十年如一日。因此,他有時也會以「不務正業」自我解嘲。他不僅親自調查、採集地方文史資料,而且對於從事相關工作的朋友,他一向都很熱心地提供幫助,不遺餘力。我有幸在十多年前結識了這位朋友。從我個人到埔里一帶調查研究平埔族語言和傳統歌謠,到我帶一群研究生去調查賽德克語,他都替我做最完善的安排和引導,使我們都能在最短時間內順利地蒐集到我們所需要的語言資料。因此,鄧先生的貢獻不只是他個人所做的調查、採集和整理工作而已,那些受到他的協助而完成的學術研究成果,更是不勝枚舉。鄧先生對於地方文史的保存工作,其影響一定是很深遠的。

　　作者自然會在作品中表達他自己的意見,讀者不一定完全贊同作者的解釋。霧社事件是一個臺灣歷史的悲劇。造成這種悲劇的原因是什麼?鄧先生提出的解釋是:異文化所造成的衝擊和外來強權的壓制。道理可真這麼單純嗎?讀者不妨多去想想。

本文於1998年發表於鄧相揚《霧重雲深》序

王錦堂《紮根──華人教育在美國》序

　　本書作者王錦堂博士是我大學的同班同學。他除了籃球打得好以外，平常喜歡唱歌，還會拉小提琴，無師自通。我們當年都很佩服他的多才多藝。他個性豪爽、率直，連我們平常很嚴肅的老師林瑜鏗教授也很疼愛他。

　　他於1965年赴美國留學，學成之後就留在美國教書，後來在加州政府任職當教育廳顧問直到退休，至今四十多年。他把歷年在《明報月刊》、《廣角鏡》、《海外學人》、《大同雜誌》以及其他報章雜誌上發表的文章收集在一起，共34篇，成為《紮根集》這個集子。我先睹為快，許多文章讀起來都輕鬆愉快，趣味盎然，而且可以學到很多知識，需常年住在美國且有像他經歷的人才會知道的許多事情。例如，如何面對華童教育問題，怎樣自己動手修補老舊的房子，怎樣種蔬菜和果樹，怎樣對付惡房客（不付房租而又賴著不搬走的人）等等，都是值得我們細讀和學習的。

一般人都把美國當作天堂一樣，夢想到那邊去過快樂的日子，卻沒想到要在不同語言文化背景討生活有很多適應上的問題，成人固然如此，小孩更是如此，兩代之間又有價值觀差異的問題。華人的孩童在美國成長，還有認同的問題。諸如此類，本書都把各種問題呈現出來，加以檢討，並且指出如何妥善因應。作者出身於台灣師範大學，又是科班的語言學出身，他對於學童的語言學習和教育問題都瞭如指掌，提供家長正確的觀念和適宜的作法。他的文章看起來輕鬆易讀，但往往含有深意，值得讀者深思。

錦堂兄在新竹中學跟李遠哲先生同班。原來李先生在初中就已立志將來要當像居禮夫人那樣偉大的化學家了。根據作者的描述，他的「同學們不但注意學業，對課外活動也非常看重」，例如，李先生的棒球、乒乓球、網球都是學校的代表隊，而且在學校樂隊裡吹喇叭。「班上像李遠哲這樣的人才，還有五、六位，當然要獲得諾貝爾獎和一個人的專業、研究的課題、指導教授、本人的努力、毅力和天份都要配合得好。」本人完全贊同作者的看法。

作者有個美滿的家庭，他夫人氣質極好、落落大方，他們一子一女都在加州大學（戴維斯分校）電機系畢業，每人都有一份很適合自己專長和興趣的工作。本人於1989-1990到加州大學（柏克萊分校）當訪問教授，我們一家人曾到他家去做客，很羨慕他家的庭院、菜園和果園。他們賢

伉儷都很注重兒女的教育，平時也注意自己的養生，凡事
看得開，令人羨慕。

本文於2007年發表於王錦堂《紮根—華人教育在美
國》，頁iii-iv。

吳明義《阿美族語辭典》序

　　阿美語第一部辭典是日治時期日本語言學者小川尚義（1933）所編的袖珍詞典《アミ語集》，收了約六千條日語—阿美語對照的詞彙。他兼用日文片假名和國際音標來記音，相當精確，而且他對於阿美語的語言結構也有研究和瞭解，因此他的語言資料可信度足夠，也有頗高的學術參考價值。可惜他的編排方式是根據日文的字母，對我國人來說，查詢很不方便。方敏英（Virginia A. Fey）所編的《阿美語字典》（Amis Dictionary）於1986年出版以來，許多人都曾參考使用，我也常參考。這部詞典的內容跟編排方式大致上都合乎要求，可惜並沒有索引，查閱不便。同時，它所收的語詞並不多，常找不到想要查尋的語根或詞形。曾思奇教授所編的《台灣Amis語常用詞彙與動詞詞根手冊詞典》於2008年出版，其詞彙資料要比前一部詞典豐富得多。很可惜的是，都沒有例句。編者曾對我說明，那是受到經費和篇幅限制，才忍痛刪去所有的例句，令人遺憾。其他阿美語詞典，如法籍神父杜愛民（Antoine Duris）

所編輯的*Dictionnaire Amitsu-Français*（阿美－法語詞典）和
Dictionnaire Français-Amitsu（法語－阿美詞典），只是油印
本，流傳並不廣，所收的詞彙也不多，而且以法語來編
寫，國人使用起來並不方便。

　　吳明義先生的《阿美族語辭典》是多年來大家所期盼
見到的重要編著，希望更能滿足大眾的需要。阿美族是台
灣南島民族中人口最多的族群，會使用阿美語的也有幾萬
人。但是眞正精通阿美語的人數並不太多，能夠編寫像這
樣一部大辭典的人更是寥若星辰。我們很高興吳先生願意
犧牲奉獻。他「只憑對本族語言文化的愛好與熱忱，埋
首於蒐集編纂本辭典」所得到的「十年寒窗的成果」（編
者於2011/01/10致本人函），值得大家珍惜。要認眞編輯一部大
辭典到出版，常須費十年以上的苦工夫，不爲名，也不爲
利，只是爲了保存我們珍貴的語言文化資產，我們由衷感
謝吳先生的辛勞。

　　大約三年前（2010），他的初稿就有一千多頁了，語言
資料之豐富令人嘆爲觀止。我曾經大致翻閱過，提出若干
修正意見供吳先生作爲修訂的參考，主要目的是希望使本
辭典更方便讀者參考和使用，而沒有太大的偏差。

　　這部辭典所收的阿美語詞彙和例句，絕大多數都是編
者自己採集或自己想出來的。小川尙義手稿中有不少有關
阿美語的資料，包括詞彙和文本；我從日本影印回來借給
吳先生參考使用，他也都全部補入辭典了，使其內容更爲
豐富和完備，令人感到欣慰。除此之外，他還編了英文索

引，方便一般人查詢，這又是本部阿美語辭典勝過前人所編寫的另一個優點。

　　編者的辨音能力應無庸置疑。例如l（閃音）跟r的分別，以及'（咽頭化清塞音）跟?（喉塞音）的分別，編者大都分辨得很清楚。較年輕的阿美族人常不能分辨前者（l和r）的不同，而一般的阿美族人常不注意後者的分別。

　　我不敢說這部阿美族語辭典已經很完美。事實上，應該還有一些可以改進的空間。語言是無窮盡的，詞彙永遠蒐集不完整，例句更是永遠補不完。任何人的經驗、知識都是有限的。因此，讀者若發現本辭典漏收什麼，不宜苛責編者，而是要懷著感恩的心情來使用這部得來不易的《阿美族語辭典》。將來如果有人能編出更好的阿美語辭典，我們當然表示歡迎。

附說明：

本辭典在台北市南天書局出版（電話：（02）2362-0190，郵政劃撥帳號：01080538），印刷精良。主要由編者吳明義先生出資出版。定價NT$2,000，預約價$1,800，可逕向書局或編者訂購。吳明義先生的郵政劃撥帳號：06006958，email: w561007@ms2.hinet.net，電話0933-993333。

　　本文寫於2013年9月30日，發表於吳明義《阿美族語辭典》序。

楊南郡譯註《台灣原住民族移動與分布》序

　　楊南郡先生數十年來對台灣研究的貢獻主要有這兩方面：（一）將日治時期日本學者的重要著作翻譯成中文並詳加註釋，（二）古道的調查研究並且撰交調查研究報告書。前者包括《鳥居龍藏》，《探險台灣：鳥居龍藏的台灣人類學之旅》，《鹿野忠雄》，《山、雲與蕃人》，《生蕃行腳》，《台灣踏查日記》，《平埔族調查旅行：伊能嘉矩〈台灣通信〉選集》，《台灣原住民族系統所屬之研究》等等。這些書的內容都是經過譯者精選才著手翻譯的。對於無法直接看日文原著的人，楊先生的翻譯工作可真是助益匪淺。其實，即使日文程度好的人也未必都能完全了解那些日文原著，看楊先生的註釋仍然有很大的助益。他的譯文流暢，我也喜歡拜讀楊先生譯註的書。楊先生對台灣原住民研究的貢獻已經得到學術界的肯定，於2010年獲東華大學正式頒贈榮譽博士學位，2011年獲頒台大傑出校友獎，2012年獲吳三連獎。

　　楊南郡先生最近把《台灣高砂族系統所屬の研究》

（1935）這部鉅著譯註出版之後，接著又著手翻譯馬淵東一的三篇論文：（一）〈高砂族の分類—學史的回顧〉，（二）〈高砂族の系譜〉，（三）〈高砂族の移動および分布〉。馬淵教授是日治時期曾經實地參與調查研究各種台灣原住民族很重要的人類學者，他的相關論著也都很值得重視，事實上也常被引用。

我的本行是語言學，自然常會引用日本語言學者小川尚義、淺井惠倫、土田滋等人的相關論著。可是我卻也常引用人類學者馬淵東一的著作，尤其是他〈移動與分佈〉那篇論文。這篇論文不但內容很踏實，而且又有很多創見，過去六十年來，還沒有其他學者能夠超越他。楊先生不辭辛勞，把這篇洋洋灑灑的長文譯成中文，又加上許多註解，真是功德無量。其他兩篇論文雖然篇幅較短，但是也都還有參考的價值。

楊南郡先生能夠譯註這種學術論文，不但因為他對日文有很深的造詣，也許更重要的是他熟悉各地的古道，對於舊部落遺址他都瞭若指掌。在我們看不太懂的地方，他都能及時伸出援手，把難解的地方替我們解釋清楚。台灣學術界大概再也找不到第二人。

〈分類〉這篇論文是一種研究史的回顧，可說仍然有參考的價值，但是難免稍嫌過時，請讀者留意。台灣各族群之間的區分及其相互之間的關係，今日已比1954年要清楚多了。例如，馬淵認為日月潭的邵族既不屬於鄒族，也不屬於布農族，把它看成一個獨立的族群比較適宜，他這

種看法完全正確。可是馬淵所引述的說法有的顯然並不能成立。例如，他引述淺井認爲魯凱族萬山方言（Mantauran）應該是獨立的族群。萬山方言固然跟其他魯凱方言有較大的差異，但它仍然是百分之百的魯凱語言，毫無疑問。

　　楊先生翻譯過的日本學者著作或其相關資料包括鳥居龍藏、伊能嘉矩、移川子之藏、森丑之助、鹿野忠雄等人。這是他首次翻譯專屬馬淵東一的著作。馬淵對於台灣南島民族研究的貢獻其實並不在前面所列的那幾位學者之下。馬淵跟宮本延人都是移川子之藏的學生，他們三人通力合作完成了《台灣高砂族系統所屬の研究》，馬淵對該部書所做的貢獻應該佔相當大的比重才對。鳥居、伊能、移川、鹿野等人，都可說是第一代的日本學者，他們都是台灣研究的開創者，可惜他們大都在日治時期或稍晚就已先後過世了。二次大戰之後，還能到台灣繼續做調查研究的，大概只有馬淵東一和極少數幾人了（如國分直一），又如中村孝志對於台灣史研究有很大的貢獻。我有幸於1970年在中央研究院見到馬淵教授。後來於1975年，我想找語言學者小川尚義跟淺井惠倫的田野筆記或手稿，曾寫信去向他請教，他很快地寫了長信回覆我（附於後）。大學者的風範，確實令人欽佩。

本文寫於2013年1月10日
2014年發表於楊南郡譯註《台灣原住民族移動與分布》序

Toichi Mabuchi
Dept. of Anthropology
Nanzan University
Nagoya, Japan.
16 th September, 1975.

Professor Paul Li
Institute of History & Philology
Academia Sinica
Taipei, Taiwan, China.

Dear Professor Li :
Thank you for your letter of 27th August. Surely I do
remember that I met you at the guest house of Academia Sinica
sometime in 1968. I am glad to hear from you that you are
now engaging in the three year research project on Formosan
aboriginal languages of which the importance is being more
and more recognized in the study of Malayo-Polynesian
linguistics.

In march 1972 I retired from Tokyo Metropolitan University
and subsequently I had begun teaching at the University of
the Ryukyus. After having taught there for about 2 1/2 years
I visited East Indonesia where to stay for about half a year,
mostly on Sumba Island. I returned from Indonesia to the
University of the Ryukyus on the 31st March 1975, the very
day when I had to retire — better say "re-retire" — there-
from. Since the middle of April 1975, I have been teaching
at Nanzan University where Prof. Erin Asai, an ex-student of
Otto Dempwolff, was teaching. My "migration" from Okinawa
(the Ryukyus) to Nagoya resulted in a series of confusions,
combined with various kinds of trifle "busy-ness". Usually
I teach at Nanzan in the early part of every week and stay
home in Tokyo in its later part. I am now writing to you
from Tokyo : I am staying home for the most part of this
month.

I think, I had no chance to visit Prof. Asai during the
period when he was teaching at Nanzan. However, I knew that
he had succeeded in persuading the administration of Nanzan
to purchase linguistic material of the late Prof. N. Ogawa
(books and notes survived the fire caused by the US airraid
during the War ; most of the material was destroyed). When
I began teaching at Nanzan, I asked my colleagues about Ogawa's
material. But, nobody knows about the details concerned, and
my colleagues told me that I had better inspect the Nanzan
University Library and Anthropology Department Library. It
was around 1950 that Nanzan Unversity purchased Ogawa's
material and I guess, they seem to have failed to classify
the material — especially Ogawa's notes — in a good order.
Still now the Anthropology Department of Nanzan University
has no assistant or secretary. Professors should do everything.
It was natural that Prof. Asai had "monopolized" Ogawa's
material.

- 1 -

After the death of Prof. Asai, Mr. Tsichida ispected the
linguistic material kept at Asai's house (close to Tokyo, not
to Nagoya) so that the A.A.Institute (I don't know the exact
name in English–––– perhaps "Institute for the Study of Linguisitcs
and Cultures in Asia and Africa", where Mr. Tsuchida has been
working) could purchase Asai's material as far as possible
from Widow Asai. Because Prof. Asai was not informed of the
fact that he was after all destined to die of cancer, he seems
not to have strictly classified between his own property and
those properly owned by Nanzan University, before his death.
Accordingly, it would have been often hard to identify Ogawa's
material among all the material which the A.A. Institute has
bought from Widow Asai.

You wrote me : (1) "Recently I heard from Mr. Sh. Tsuchida
... that notebooks of Taokas, Papora, Babuza, and Hoanya by
Naoyoshi Ogawa were discovered in Nagoya. I wonder if there
is any way to get xerox copies of them?" Then, I phoned Mr.
Tsuchida to inquire about the real situation, because I wondered
how he could discover at Nanzan University. Mr. Tsuchida, however
simply imagined that some material assembled by Ogawa might be
found there if one would persistently search for it. Among the
materials bought from Widow Asai, even though fragmentary one,
might be found at the A.A. Institute, but this Summer Mr. Tsuchida
has been terribly busy in teaching Tagalog language for some
people by the request of the UNESCO.

Ogawa's material

(2)"Prof. Sung Wen-hsün ... discovered some word lists of
Formosan languages put in index cards and believes that some of
them were collected by you...." I do not remember that I had
ever made index cards, but I can suggest such a possibility as
follows : in 1941 The Imperial Academy, Tokyo, published a volume
Dictionnaire de termes de droit coutumier des aborigènes de
Formose (tentatively in Japanese due to the outbreak of the War
in Europe) as a supplement to Dictionnaire de termes de droit
coutumier Indonésien (in French and Dutch) issued from Royal
Academy of Amsterdam. The Imperial Academy of Tokyo asked
Professors Utsurikawa (移川) and Asai to collaborate with the
compilation work concerned. In the last stage of the compilation
work, I was mainly charged with the task. But, the cards from both
professor had arrived too late and only partially. I could use
none of their cards. The "card lists" which Prof. Sung discovered
might be those by both professors or by either.

(3) You wrote me about "a lot of problems and difficulties in
collecting data on the extinct languages" of aboriginal peoples
sinicized long since. This is also the case with their ethnology,
and in the very near future, with ethnology of these "sinicized"
peoples too. This year I have failed to visit Taiwan. Next year,
however, I wish to do so, though depending on time and money.

Hoping to see you again in the nearest future, yet.

Sincerely yours,

馬淵東一

T. Mabuchi

P.S. This Fall, I shall be busy in
compiling a preliminary report on
Sumba. First I intend to publish
a text of myth-history in both West
Sumba dialect and standard Indonesian,
along with ethnological comments, toward the end of March, 1976.

馬淵東一來信

《世界各國語文教育政策研究》序

　　我們日夜都在使用語言，也絕對不可能脫離語言而生活，正如我們每天都在做事、吃飯、睡覺一樣，反而不覺得它的重要性。其實不僅是我們日常生活必須依賴它，連作夢也在使用語言。假如缺少語言，我們就無法過正常的生活了。文字是從語言衍生而來，有了文字，我們就更能超越時空的限制。語言文字的重要性，由此可見一斑。因為有了語言，科學技術才能持續向前邁進，我們的知識才成為無限。

　　語文政策主要是在規範語言文字的使用。一個國家不能沒有語文政策。「他山之石，可以攻錯」，我們可以參考世界各國如何制訂他們的語文教育政策，以便制訂適合我國國情的語文教育政策。本論文集收錄了十二篇有關世界各國語文教育政策的論文，涵蓋亞洲、歐洲、美洲、澳洲等四大洲（只缺非洲），包括：中國、日本、馬來西亞、法國、德國、英國、俄國、西班牙、美國、加拿大、澳大利亞等十一個國家以及一個地區（歐盟）。感謝十三位作

者，不辭辛勞收集了各地的語文教育政策以供國內各界參考，希望能夠制訂出較為完善並適合我國國情的語文教育政策。這些論文都曾在「世界各國語文教育政策論壇」研討會上宣讀並且討論過，又經過作者修改。

由這些論文我們可以看出，世界各國語文政策大都隨著時代的進步做必要的調整，愈來愈開放。愈是早期所訂的政策，愈是獨尊國家的共同語言；愈是近期的，就愈能尊重各種少數民族語言及其使用權。過去執政者都誤以為若不使用國家的共同語言，就會阻礙國家的統一；近年來基本態度改變了，採取比較健康的態度：語言文化的多樣性對於一個國家整體而言，確實是有正面的價值，絕非負面的。因此，任何少數民族語言都值得珍惜，應該立法加以維護。

過去教育部國語推行委員會也曾嘗試制訂過語文政策，例如民國74年所提出的「語文法」草案。可惜所訂的條款並不合理，不能被社會大眾所接受：因為所訂的條款獨尊國語，若不使用國語，明訂有罰則。當時引起社會一片譁然，輿論界也加以嚴厲譴責，國民政府才及時踩煞車，使該「語文法」胎死腹中。

今日世界各國的語文政策都尊重少數民族的語言及其使用權，即使共產國家也沒有壓抑少數族群語言的措施。我們是自由民主的國家，參照世界各國的語文教育政策，可以包括民主跟共產國家，採取他們政策的優點跟措施。這也是出版這部論文集的一個主要目的。

　　編者曹逢甫教授是傑出的語言學者，他對社會語言學跟語文政策問題都有極良好的掌握，並且曾經於民國九〇年代擔任過教育部國語推行委員會主委，對於語文政策的制訂過程一向都很關注。本論文集由他負責編輯是最恰當的人選。感謝他的辛勞和付出。

　　因為事前對論文的撰寫沒有加以規範，所以並無統一的格式，內容繁簡不一，有的寫了很多細節，而有的只寫大綱式的內容；有的甚至超越語文教育政策的範圍，而討論到整個國家的教育政策及其主要改革方向（如馬來西亞一文）。這些都有參考價值，讀者可以挑選著看。

　　除了本論文集所收的各篇論文可供制訂語文政策之參考外，還有一些論著也值得參考，包括：

　　施正鋒編. 2002.《各國語言政策：多元文化與族群平等》。台北：前衛出版社。

　　黃宣範. 1993.《語言、社會與族群意識－臺灣語言社會學研究》。台北：文鶴。

　　黃沛榮編. 1994.《當前語文問題論集》。台北：台灣大學中文系。

　　鄭錦全、何大安、蕭素英、江敏華、張永利編. 2007.《語言政策的多元文化思考》。台北：中央研究院語言學研究所。

本文寫於2018年3月15日

2018年發表於《世界各國語文教育政策研究》序

「2019南島語言復振國際論壇」論文集序

《南島起源：2019年南島語言復振國際論壇實錄》導言

　　「2019南島語言復振國際論壇」由原住民族委員會主辦，於2019年9月29日在帛琉召開，從太平洋一些島國前往出席的有數十人。上午宣讀論文四篇，下午也是四篇，各半小時。頭兩篇是主旨演講（keynote speakers）：1. Peter Bellwood: The origin and spread of the Austronesian speaking Peoples, 3000 BC to AD 1500（南島語族的起源與擴散，公元五千年前至公元一千五百年）、2. Paul Li: Language contact and language shift in Taiwan（李壬癸：台灣的語言接觸與語言轉換）。其他六篇依序是：3. Matthew Spriggs: The genetic history of Pacific islanders: Evidence from ancient DNA and support from other disciplines（太平洋島民的遺傳史：來自古代DNA的證據以及其他佐證）、4. Kuo-Fang Chung: Taiwan is the origin of paper mulberry（鍾國芳：台灣是構樹的起源地）、5. Alexander

Smith: Language loss in modern Austronesian societies（現代南島民族語言的消失）、6. John Toribiong: The state of Palau language（帛琉語的現況）、7. Philleman Mosby: Revitalization of Kulkalgaw Ya（澳洲原住民語的復振）、8. Anggy Denok Sukmawati: Lesson learned from documentation and revitalization of Kui language（從奎伊的語言紀錄與復振所學到的一堂課）。其中第5、6、7等三篇因未能如期交稿，只好割愛，不無遺憾。

　　由以上可見議題相當廣泛，但是語言瀕危和復振卻是大家共同關切的重要課題。這些論文在會議宣讀之後，再由作者親自執筆完稿，並請熟悉內容的人翻譯為中文（只有鍾國芳先生的論文是自己譯成中文），編者也都校訂過。除了在會議上宣讀的八篇論文外，本論文集另外又收入了兩篇：楊正斌先生的〈台灣原住民族語言復振政策與發展〉和Una Pania Matthews的*Lived experience of pioneering students in Māori immersion education*（學生受毛利語言沉浸式教育的實際經驗），共計十篇。

　　參加論壇的人以台灣和帛琉的人居多，來自澳洲的有兩人（Peter Bellwood和Matthew Spriggs），印尼一人（Anggy Denok Sukmawati），並沒有菲律賓和馬來西亞的與會者，有點可惜；大都來自小島國，如Tubi、吐瓦魯（Tuvalu）、諾魯（Nauru）、關島（Guam）、馬紹爾（Marshall）等，但我沒有看到來自斐濟（Fiji）、所羅門（Solomon）、薩摩亞（Samoa）、萬那杜（Vanuatu）、庫克（Cook）等。太平洋小島國很多，

也許籌備太匆忙，未能及時都連絡上，不無遺憾。然而，即使數十個小島國都有人出席，大會議程也無法容納太多論文，我們只好處之泰然了。想要對全部南島民族與語言狀況做通盤了解的人，可以參看Robert Blust（2013）：*The Austronesian Languages*（白樂思：南島語言，中譯文：李壬癸等，2022）。

　　開會之外，大會安排一些參訪和活動，參觀了帛琉博物館，也搭船到別的島（Olong）上去拜訪，分站說明帛琉的遷移歷史、生態環境、當地特有的鳥類和植物等，節目安排得相當好且富有意義，讓訪客對帛琉有更深入的認識。

　　　本文於2021年發表於《南島起源：2019年南島語言復振國際論壇實錄》序

《台灣南島語言叢書III ──詞類及其教學》推薦序

　　臺灣南島語言在國際南島語言學界佔有極為重要的地位。因此，相關的論著都是很受歡迎的。為了滿足國內的需求，2000年遠流出版了一套臺灣南島語言叢書─各族語言《參考語法》，2016年原住民族委員會又出版了另一套臺灣南島語言叢書，稱之為各族語《語法概論》，14本，兩年後又補了卡那卡那富語和拉阿魯哇語兩本，共計16本專書，方便各界參考之用。今年原住民族語言研究發展基金會推出了全新的一套詞類及其教學叢書，每種詞類都再進一步做次分類，內容越來越全面和深入，後來者轉精這是必然的道理。我們首先要感謝各書作者的辛勞，更要感謝推動調查研究和寫書計畫的大功臣黃美金教授，她為我們的學術寶庫留下了這些珍貴的語言資料，前後三套叢書，可供語言學界與族語教學者參考。出版前我已看過本叢書的其中四本：魯凱語、噶瑪蘭語、太魯閣語、卡那卡

那富語，作者都很稱職，各章節都處理得相當完善，看不出有什麼大的缺失。相信其餘那幾本也都有同樣的學術水準。

臺灣南島語言的詞類比印歐語言少得多，都沒有形容詞。印歐語言的形容詞在南島語言都是靜態動詞，只是動詞中的一個分類。絕大多數的臺灣南島語言都沒有助動詞，只有極少數語言有助動詞，包括鄒語、泰雅語、賽德克語、布農語和太魯閣語。副詞的數量都很少，印歐語言的副詞在臺灣南島語言大都當動詞用。除了最常見的動詞和名詞之外，臺灣南島語還有什麼詞類呢？這些語言當然都有代名詞、指示詞、疑問詞、否定詞和數詞等，但是它們常不是當名詞就是當動詞用，本質上仍然屬於動詞或名詞這兩大類。當然還會有別的詞類：連接詞（例如：和、或、可是、因為、如果、主題標記等）、語法助詞（嗎、呢、語氣助詞等）、感嘆詞等。詳情請參看這一套叢書所寫的內容，各種語言的細節難免有一些出入，但是這一套書頗能把各種臺灣南島語言的特色都呈現出來。

相較印歐語言，臺灣南島語言的詞類研究數量較少，其中Starosta（1988）寫過一篇通論，我則寫了四篇這一方面的論文，一篇是邵語的動詞或副詞（Li 2016）、一篇是九種臺灣南島語言的副詞（Li 2021），另有一篇是臺灣南島語言的助動詞，還有一篇西拉雅語的連接詞（Li 2022）。這一套叢書描寫十六種個別語言，確實提供了更多更詳盡的資訊。有些詞類我還沒研究過，例如這套書

中有些作者探討了感嘆詞，對我來說是很新穎的研究課題。

這套叢書每一本都分為兩大部分：詞類與教學。詞類部分除了說明每一種語言包含了哪些詞類，它們的功能是什麼，如何正確地使用在句子裡；教學部分則介紹如何設計教學活動，並提供了具體的指引和說明。語言和文化互為表裡，族語教材的內容最好也要能反映台灣南島民族的傳統文化才好，很可惜現有的各種族語教材大都不符合這個需求。例如：打獵、農耕、祭典、禁忌、婚喪喜慶、祖靈崇拜等習俗，以及洪水、射日這一類的傳說故事都應該盡量納入較高階的族語教材中。此外，現有的族語教材常呈現漢人或西洋文化，例如，一星期有七天，從周一到周日的名稱其實是多數族群沒有的概念，但是卻沿用日語的說法來呈現，諸如此類是很不恰當的。希望在未來的教材中，都應該盡可能使用本族自己的詞彙和傳統文化為宜。

語言教學要有重點，教學者必須能掌握基本的語法結構系統，教學過程也必須循序漸進，由簡易到繁難，如此方能使學習者獲得最佳學習成果。這套叢書即結合了語言結構理論和教學實務應用兩大面向，協助教學者和學習者能深入瞭解各語言之詞類，並提升詞類教學或學習之成效。

再次感謝推動本叢書出版的研究團隊，為臺灣南島語言學術寶庫保存更多語料和研究，相信會成為未來學者專

家及族語教學者的寶貴參考資料。臺灣南島語言有很多迷人的現象，值得大家來欣賞和繼續發掘。

本文於民國111年發表於《台灣南島語言叢書III——詞類及其教學》推薦序

索引

五劃

六劃

七劃

台灣
經典寶庫
Classic Taiwan

番俗六考

十八世紀清帝國的臺灣原住民調查紀錄

文白對照
註解版●

黃叔璥——原著
宋澤萊——白話翻譯
詹素娟——導讀註解

臺灣文學史上古典散文經典「雙璧」之一
臺灣原住民史研究最關鍵歷史文獻
文白對照、歷史解密,再現臺灣原住民的生活風俗

清領時期,首任「巡臺御史」黃叔璥將其蒐羅之臺灣
相關文獻,以及抵臺後考察各地風土民情之調查報告
與訪視見聞寫成《臺海使槎錄》。其中〈番俗六考〉對
當時的原住民,尤其是平埔族群的各方面皆有詳盡的
描述與記載,至今仍是相關研究與考證的重要可信文
獻。

本書擷取〈番俗六考〉與〈番俗雜記〉獨立成書,由
國家文藝獎得主宋澤萊,以及中央研究院臺灣史研究
所副研究員詹素娟攜手合作,以淺顯易懂的白話文逐
句翻譯校註、文白對照;另附詳盡導讀解說與附錄。
透過文學與史學的對話,重新理解這一部臺灣重要的
古典散文與歷史典籍。

國藝會
NCAF

前衛出版
AVANGUARD

甘為霖牧師 原著

素描
福爾摩沙

Eslite
Recommends
誠品 選 書 2009.OCT
二〇〇九・十月

一位與馬偕齊名的宣教英雄，

一個卸下尊貴蘇格蘭人和「白領教士」身分的「紅毛番」，

一本近身接觸的台灣漢人社會和內山原民地界的真實紀事……

譯自《Sketches From Formosa》(1915)

原來古早台灣是這款形！

百餘幀台灣老照片

帶你貼近歷史、回味歷史、感覺歷史……

前衛出版
AVANGUARD

誠品書店
www.eslite.com

國家圖書館出版品預行編目資料

台灣語言人與事/李壬癸著.
-- 初版. -- 臺北市：前衛出版社, 2023.07
　424 面；15×21公分

　ISBN 978-626-7325-12-4（平裝）

　1. CST: 李壬癸　2.CST: 臺灣傳記　3.CST: 文集

783.3886　　　　　　　　　　　　112008409

台灣語言人與事

作　　者　李壬癸

責任編輯　番仔火
美術設計　江孟達工作室
電腦排版　宸遠彩藝

出 版 者　前衛出版社
　　　　　10468 臺北市中山區農安街153號4樓之3
　　　　　電話：02-25865708｜傳眞：02-25863758
　　　　　郵撥帳號：05625551
　　　　　購書・業務信箱：a4791@ms15.hinet.net
　　　　　投稿・編輯信箱：avanguardbook@gmail.com
　　　　　官方網站：http://www.avanguard.com.tw
出版總監　林文欽
法律顧問　陽光百合律師事務所
總 經 銷　紅螞蟻圖書有限公司
　　　　　11494 臺北市內湖區舊宗路二段121巷19號
　　　　　電話：02-27953656｜傳眞：02-27954100
出版日期　2023年07月初版一刷
定　　價　新臺幣 480 元

ISBN：978 626-7325-12-4
ISBN：9786267325148（PDF）
ISBN：9786267325155（EPUB）

＊請上『前衛出版社』臉書專頁按讚，獲得更多書籍、活動資訊
　https://www.facebook.com/AVANGUARDTaiwan